张 伟◎著

中国名人大传

洪秀全传

太平天国政权开创者 通过宗教改革推翻清朝统治

贵州大学出版社
Guizhou University Press

图书在版编目（CIP）数据

洪秀全传 / 张伟著. -- 贵阳：贵州大学出版社，2024.8. --（中国名人大传）. -- ISBN 978-7-5691-0979-5

Ⅰ．K827=52

中国国家版本馆 CIP 数据核字第 2024JV6225 号

洪秀全传

著　　者：张　伟

出 版 人：闵　军
责任编辑：葛静萍
装帧设计：立丰天

出版发行：贵州大学出版社有限责任公司
　　　　　地址：贵阳市花溪区贵州大学东校区出版大楼
　　　　　邮编：550025　电话：0851-88291180
印　　刷：三河市金兆印刷装订有限公司
开　　本：787 毫米 ×1092 毫米　1/16
印　　张：13
字　　数：230 千字
版　　次：2024 年 9 月第 1 版
印　　次：2024 年 9 月第 1 次印刷

书　　号：ISBN 978-7-5691-0979-5
定　　价：68.00 元

版权所有　违权必究

本书若出现印装质量问题，请与出版社联系调换
电话：0851-85987328

目　录

第一章　横空出世
一、乱世出英雄 / 001
  1. 生逢衰世 / 001
  2. 洪氏家族 / 003
二、一个文人的转变 / 005
  1. 科举失意 / 005
  2. 改旗易帜 / 007

第二章　创业之初
一、洪秀全传教 / 011
  1. 家乡受阻 / 011
  2. 传教两广 / 012
二、"拜上帝会"的发展 / 013
  1. 建立根据地 / 013
  2. 潜心著书 / 015
三、力量的壮大 / 021
  1. 二次入广 / 021
  2. 规范教义 / 023
  3. 结识群英 / 024

第三章　金田起义
一、斗争的转化 / 028
  1. 挑战神权 / 028
  2. 冯云山被捕 / 029
  3. 矛盾的激化 / 030
二、准备起义 / 032

1. 完善核心铸造武器 / 032
　　2. 拉拢罗大纲 / 034
　三、揭竿而起 / 036
　　1. 会聚金田 / 036
　　2. 震动清廷 / 038
　　3. 建规立制 / 039
　　4. 首战告捷 / 042
　　5. 转战各地 / 044
　　6. 永安期间 / 051

第四章　定都天京
　一、舍弃永安 / 058
　　1. 困守永安 / 058
　　2. 永安突围 / 059
　二、北进湖南 / 061
　　1. 攻打桂林 / 061
　　2. 挥师北上 / 063
　　3. 挺进湘南 / 065
　　4. 进军长沙 / 067
　三、夺取武昌 / 071
　四、进军南京 / 073
　　1. 钱东平献策 / 073
　　2. 轻取南京 / 075
　　3. 定都天京 / 076

第五章　地上天国
　一、天国的政权建设 / 078
　　1. 各建宫邸 / 078
　　2. 天国官制 / 079
　　3. 军队建设 / 081
　二、天国的经济 / 082
　　1.《天朝田亩制度》/ 082
　　2. 土地政策 / 085
　　3. 经济政策 / 086

4. 创办商业 / 087
　　　5. 对外贸易 / 088
　三、天国的教育 / 090
　　　1. 思想教育 / 090
　　　2. 人才的吸收 / 092
　四、天国的外交 / 093
　　　1. 天国的影响 / 093
　　　2. 反侵略的领袖 / 096
　　　3. 天国与"洋兄弟" / 098

第六章　征战南北
　一、失败的北伐 / 105
　　　1. 北伐雄师 / 105
　　　2. 怀庆受挫 / 107
　　　3. 转入困境 / 107
　　　4. 援军覆没 / 109
　　　5. 北伐惨败 / 110
　二、首次西征 / 111
　　　1. 胜利进军 / 111
　　　2. 遭遇湘军 / 112
　　　3. 进入低谷 / 116
　　　4. 大败曾国藩 / 121
　三、保卫天京 / 123
　　　1. 一破江北大营 / 123
　　　2. 初战江南大营 / 125

第七章　由盛及衰
　一、天京事变 / 129
　　　1. 皇权主义的危害 / 129
　　　2. 天京大屠杀 / 132
　二、走向衰落 / 136
　　　1. 变乱后的朝政 / 136
　　　2. 变乱后的战事 / 138

第八章　重现曙光

一、洪仁玕执政 / 147

    1. 干王与《资政新篇》/ 147

    2. 干王的改革措施 / 149

二、扭转战局 / 151

    1. 二破江南大营 / 151

    2. 曾国藩二次出山 / 154

    3. 东征苏、常 / 160

第九章　江河日下

一、后期朝政的败坏 / 165

二、再次西征 / 166

    1. 英王受骗 / 166

    2. 祁门洞开 / 168

    3. 错失良机西征败 / 169

三、安庆沦陷 / 171

    1. 安庆之围 / 171

    2. 安庆之争 / 173

    3. 英王之死 / 175

第十章　天国覆亡

一、石达开败亡 / 178

二、浙江悲歌 / 180

    1. 横扫清军 / 180

    2. 宁波陷落 / 182

    3. 左宗棠镇压太平军 / 183

三、混战江苏 / 189

    1. 再攻上海 / 189

    2. 苏、常失陷 / 193

四、天王陨灭 / 195

    1. 雨花台会战 / 195

    2. 兵败如山倒 / 197

    3. 血染天京城 / 200

第一章 横空出世

一、乱世出英雄

道光二十八年（1848），两广闹饥荒，很多人做了盗贼，广西的东南一带成了土匪窝。著名的盗贼有庆远府的张家福、钟亚春，柳州府的陈亚葵、陈东兴，浔州府的谢江殿，象州的区振祖，武宣县的刘官生、梁亚九，他们横行霸道，大肆劫掠。巡抚郑祖琛年老体弱，胆小怕事，偏偏这帮强盗神出鬼没，搅得当地鸡犬不宁，百姓怨声载道，纷纷报官。地方官派遣几个衙役，到乡里缉拿，却一无所获。还有一帮奸吏，与强盗同流合污，里应外合，坐地分赃。百姓心急如焚，推选当地绅士，上报抚院。这位尸位素餐的老抚台，见盗案一个接一个，只好命几位老夫子写就了缉剿公文，要求府州县严行捕盗。发出公文后，郑老抚台又退入内室，大吃大喝，逍遥自在。这班府州县各官，深知郑抚台的一贯作风，也学郑抚台睁一只眼、闭一只眼，敷衍塞责。百姓无奈之下只好自办团练，守望相助。从此，百姓与官吏各不相顾。郑老抚台的部下们也都只顾纵情享乐，搜刮百姓。不料桂平县金田村中，突起晴天霹雳，偌大的中国因而震荡不安，直到十五六年后，才得以平定，这就是洪秀全领导的太平天国农民运动。

1. 生逢衰世

正如爱尔维修所说："每一个社会时代都需要有自己的伟大人物，如果没有这样的人物，它就要创造出这样的人物来。"

洪秀全所处的时代是中国由封建社会沦为半殖民地半封建社会的时代。

十八世纪末，世界发生了翻天覆地的变革，英法等国家相继进入了资本主义发展的新时期。而中国仍然是一个闭关自守的封建国家。在经济上以个体农业和家庭手工业相结合的自然经济为主导。清朝中期以后，皇室、官僚、地主手中集中了越来越多的社会财富。土地作为最基本的生产资料是农民赖以生存的基础，封建统治阶级拼命兼并和掠夺土地以满足其永无止境的物欲，社会生产力因此而严重倒退。在变化万千的新世界，中国仍然被小农经济牢牢地束缚着。

清中期以后，曾纵横天下、以骁勇善战闻名的八旗军也逐渐腐败。以汉人为主的在各省驻守的绿营兵，到十九世纪初也失去了战斗力。将领们腐败堕落，扣发士兵军饷。

清朝入关以后，对大批满洲、蒙古贵族和一些功勋卓著的汉族追随者大肆加封，一大批新官僚出现了。作为统治者的满族几乎全民族非官即兵，不事生产。清政府每年为供养这一寄生阶层都要拿出大笔资金。

贪污腐化越来越严重。京官除了得到国家俸禄之外，还找各种理由勒索地方官，外出视察的时候也常常趁机大肆搜刮。地方官吏则更加猖獗，他们经常巧立名目，强取豪夺。官场上应酬送礼之风日益盛行。统治阶级日益腐朽，激化了封建社会内部的各种矛盾，清王朝形势每况愈下。

这时，以英国为首的西方世界，亟须寻找外部的廉价原料产地和商品市场，早已开始的对华鸦片走私因而加紧进行。据英国东印度公司的报告，1820年，有四千五百七十箱鸦片输入中国，1830年增为一万九千九百五十六箱，1835年更增至三万零二百零二箱。中国人民深受鸦片走私贸易的毒害。然而得自非法贸易的利润并未使英国当局满足。1840年6月，英国悍然发动了对中国的侵略以使这种贸易合法化。1842年8月，腐朽的清政府战败，被迫签订中国近代史上第一个不平等条约中英《南京条约》。随后，英国又迫使清政府于1843年7月和10月签订《五口通商章程》和《五口通商附粘善后条款》。英国因上述三个条约获取了诸多特权。紧接着，美国、法国、比利时、瑞典、荷兰等西方列强也都打着"利益均沾"的旗号，它们也都享有英国在中国的一切侵略特权。

西方资本主义势力在鸦片战争后加紧渗透，使中国逐步转变为半殖民地半封建社会，广大人民更加苦不堪言。

清中期以后土地兼并愈演愈烈，自耕农和半自耕农纷纷破产。据《明史》载，洪武二十六年（1393），全国只有8.5亿亩的可耕地面积。清朝嘉庆年间更减少为8.08亿亩，比明朝初年还要少，却拥有相当于明初六倍以上的人口，因而大大减少了每人可耕地面积。

第一章　横空出世

被剥夺土地的农民被迫租种地主的土地，不仅承担高额的地租，还有名目繁多的各种赋税，通常只能维持最基本的生活，不可能扩大再生产。万一发生天灾人祸，连最起码的生存都成了问题。尤其是广西，自然条件恶劣，粮食产量较低，每亩两季通常只可获五百斤，人均拥有 1.1 亩土地，全部粮食无法保障生活，因此很多人被迫涌出农村，成为四处漂泊的游民。安徽巡抚直疏称："今日之患，则莫甚于游食者多。"

激烈的社会动荡，使人民群众遭受到封建主义和西方殖民主义的双重剥削与压迫。人民掀起风起云涌的反抗斗争以争取生存的权利。嘉庆元年（1796），较大规模的白莲教起义爆发了。四川、陕西、湖北、甘肃及河南五省是起义军活动的主要地区，人数三年间发展到二十多万。

清政府先后动用了十余万官兵及几十万地主"团练"乡勇，花费两亿两白银来镇压起义。白莲教起义坚持了 9 年之久，沉重地打击了清政府。

差不多与白莲教起义同时，湖南、贵州还爆发了前后坚持了十二年之久的苗民起义。不久后林清、李文成等人领导的直隶（河北）、河南、山东等地区的天理会起义也爆发了。这些起义最终都以失败告终。

正当北方白莲教等起义遭到镇压之际，南方的天地会活跃起来。天地会十九世纪初传入广西，众多贫苦游民纷纷响应，力量大增。地方官员十分惧怕天地会的发展。巡抚因兵力不足而无法严厉镇压，上奏皇帝，又担心受到斥责；又没有充足的财力招募乡勇。在这种情况下，不得不敷衍塞责，过一天算一天。下层官吏更是上行下效，危机重重的统治阶级无奈地哀叹"因循敷衍，断难痊愈，终必有溃烂不可收拾之一日"。

日益激烈的社会矛盾已使中国农民苦不堪言，整个社会酝酿着一场巨大的暴风雨。在这种情况下产生了像洪秀全这样的优秀的农民起义领袖。

2. 洪氏家族

洪秀全于嘉庆十八年十二月初十日，即公元 1814 年 1 月 1 日出生，祖籍广东潮州府，他的先辈后来迁到嘉庆州（今梅县），以后又迁到花县境内。花县位于广州以北，多平原，有小山、河流，土地肥沃。

洪氏祖先原为中原望族，北宋徽、钦二宗蒙尘后，洪皓于高宗建炎戊申，以徽猷阁待制假礼部尚书充金通问使，留金十五年，达成和议后才被放回，高宗称赞他在苏武之上。后来他因为得罪了秦桧而被迫害致死。

中国族谱有以古代名人为远祖的惯例。今花县洪氏族谱，即以洪皓为远祖。

洪秀全的祖父名国游，父亲名镜扬。洪镜扬的结发妻子王氏，育有三男二女：长子仁发、次子仁达、三子仁坤（即洪秀全），及长女辛英、次女宣娇。王氏死后，李四妹又嫁给了镜扬，李氏没有生儿育女。

洪秀全在县城西北约二十里的芙蓉嶂山下的福源水地方出生。因为家里人多地少，生活十分困难。为了谋生，在洪秀全两岁时，举家迁居到更为荒凉的官禄布村。

魏晋南北朝和宋元间，一部分汉人从中原地区渡江南下以避战乱，在江西、福建、广东、广西等地定居，被叫作"客家人"，以同原来居民相区别。通常，清初迁到两广来的人均称"客籍人"或称"来人"。

迁来较晚的"客家人"，大多在边远地区或山区居住，以耕作为生，生活清贫。

官禄布位于花县中西部，除了村北三里有小山，其他各处都是平原，非常适合移民垦殖。这里本来没有人烟，后来形成村落。客家移民开发建成了居民村。其时，洪氏一族有三百人聚居在这个村。官禄布村位于县城西南约六十里，与广州省城之北相距约百里，村子地处一片平原上，适合耕作。洪、凌、钟、巫四姓人家居住在村内，都是来自外地的客家人。在这个荒凉的村落里，没有地主，每个人都从事耕种。

中国封建社会农民家庭勤劳、俭朴、诚实、善良的典型特点都在洪秀全一家得到了体现。

洪秀全的父亲洪镜扬农民出身，尽管没有文化，但有很强的办事能力。洪镜扬经常对族内和村内的纷争进行调解与仲裁。因为他办事公允，在族中及村中赢得了广泛的威信和尊敬。

洪秀全的两个哥哥小时都因为家里没钱供他们上学，只好跟着父亲务农，是洪家的主要劳动力。姐姐洪辛英，小名凤，亦帮助父母做家务和农活。妹妹洪宣娇幼年时家境得到了改善，从小活泼开朗，敢作敢为，勇于追求，广西妇女豪放不羁的个性在她身上得到充分体现。哥哥洪秀全的影响使她极端痛恨"男尊女卑""三从四德"的封建伦理道德。后来她与哥哥共同参加了金田起义，经受了农民革命大风暴的洗礼，成为一位优秀的女军领袖。

父亲带领全家经过几年的艰苦奋斗，到洪秀全七八岁时，家里终于有了几亩薄田、几间土房和一些基本的生产工具，生活上已能自给自足。自家承担了全部农活，即便农忙季节，也没有雇用短工，以节省开支。为了不承受地租负担，洪镜扬坚持不租种地主的任何田地。一年到头，基本生活尚能维持。

二、一个文人的转变

1. 科举失意

鸦片战争前,中国已经实行了一千多年的科举制度。封建统治阶级以这种方式来选拔人才、巩固统治。科举在理论上是公平的,封建社会各阶层的知识分子,尤其是中下层知识分子只能通过它跻身统治阶级行列。在特定的情况下,个别贫穷知识分子的确实现了从平民到高官的转变。

两千年来的传统封建儒学深深影响着洪氏家族,当家中有了土地、解决了温饱问题后,父兄们打算让洪秀全去读书,希望他有出人头地、光耀门楣的一天。而出身劳动农民的洪秀全,从小就深切地体会到广大贫苦农民的艰辛和悲惨境遇,他也希望有金榜题名的一天,改变其卑贱的社会地位和经济困境。

嘉庆二十四年(1819),六岁的洪秀全进了村里的私塾读书。他天资聪颖,勤奋好学,五六年间,已牢牢掌握了四书、五经、古文和孝经,后来又广泛涉猎有关中国历史和文学的书籍。"他一读就懂,并能融会贯通"。

《太平天国起义记》记述说:

> 秀全自幼即好学,七龄入塾读书。五六年间,既能熟诵"四书"、"五经"、"孝经",及古文多篇,其后更自读中国历史及奇异书籍,均能一目了然。读书未几即得其业师及家族之称许。其才学之优俊如此,人皆谓取青紫如拾芥,行见其显父母光宗族矣。

道光八年(1828),洪秀全经过9年苦读,满怀自信地参加了县考。依据清朝的科举制度,仕途考试要经过秀才、举人、进士三级。考生必须先在州府考取了秀才,才有资格去省城考举人,中了举人后才能进京考进士。秀才虽是最低一级的科举考试,但也须通过三关。首先是由本县县官主持的县试,通常并不严格。各县的士子们县考合格后要到所在的州府参加府试。府试合格者才能到省会参加道试,通过道试后才能称作举人,也称得上有了"功名"。这尽管是第一步,却十分关键。县考中洪秀全名列前茅,然后他满心欣喜地首次到广州去参加考取秀才的府试,但这次却失败了。

开创于隋朝时期的科举制度,在最初几百年间发挥过积极作用,但随着封建制度日益衰亡,科举制度的种种弊端越来越明显地暴露出来。

清朝初年，封建统治者大大增加了科举取士的名额以巩固政权，缓和民族矛盾，吸引更多的地主阶级知识分子到政府中来。出于政治上的考虑，清政府曾对一些科场舞弊分子给以严厉惩处。然而，到了康熙十四年（1675），清政府又实行捐纳制度，地主士绅子弟可以用钱买官，以后捐纳成为科举的一种补充。清中期以后，官僚队伍日益扩大，尤其是伴随政治上的腐败，科场已经暗无天日。像洪秀全这样出身卑微、家庭贫困的农民子弟，虽然才华横溢，但自己不善钻营，既无显贵可以依附，又无钱财行贿，所以尽管在县考时名列前茅，到头来仍免不了落第的命运。

恰在此时，官禄布村塾缺少教师。村里人向来器重洪秀全，认为他人品学识俱佳，于是举荐他为村塾先生。这期间，精力旺盛的洪秀全在教书的同时广泛阅读了先秦时代的诸多论述，研究了诸如法家、墨家、道家等儒家以外的学派的思想。此外，他还广泛涉猎天文、地理、历史，浏览了所谓"官书"以外的各种野史、传说故事、民间文学，这十分有益于他开阔眼界、增长知识。洪秀全一心想着金榜题名、出人头地，他以为只有这样，才能报答父母和那些关心他的父老乡亲们。而父母、族人、邻里及师友们都支持和鼓励他，使他的信念更坚定了。他全力以赴准备第二次应试。

又是八年寒窗苦读，道光十六年（1836），二十三岁的洪秀全再次赴广州参加考试。

依据清朝县、府、道三级考试制度，落第的童生再次应考，必须从第一次县考开始，洪秀全在去广州之前，首先要经过县里的五科考试，然后再通过府试。洪秀全都顺利通过了这些关卡，但他最终仍未能通过道试，并非因为洪秀全缺乏能力和水平，而归因于清朝统治的腐朽和科举考场的黑暗。

第二年，即道光十七年（1837），洪秀全又一次抖擞精神，第三次去广州应试。尽管初试仍然名列前茅，复试亦发挥较好，但几经挫败的洪秀全已失去了几分自信，心理的承受能力也大不如前了。然而，他的仕途梦被残酷的现实不断打破，洪秀全再次落榜了。

十几年的艰苦付出到头来又是一场空。他陷入极度的失望、痛苦之中，整个身心都垮掉了，他在广州的学馆里病倒。友人帮他雇用一乘小轿，将他送回四十五公里外的花县官禄布。长达四十多天卧床不起，病愈后素来活泼乐观的洪秀全变得沉默寡言，不苟言笑。他平平淡淡地又度过了六年。1843年，三十岁的洪秀全第四次，也是最后一次到广州应试，最终仍未成功。

第一章　横空出世

2. 改旗易帜

①偶得启示

洪秀全在科举考试中屡试不中，求仕的道路被堵住了。但是他没有像那些偏执迂腐的儒生那样，一辈子就为获得一个秀才称号。他陷入了深思，首先开始怀疑科举制度，进而深刻地洞察到了旧制度的腐朽和社会的黑暗。他决心打破现状，开创一片新天地。

此时正值鸦片战争中国战败，罪恶的鸦片走私披上了合法的外衣，鸦片进口额不断攀升。洋人一面大量输入鸦片，一面大肆采掠中国的茶叶和丝绸。国货精品的价值却远在毒品之下，中国人民深受不平等交易带来的灾难。

与此同时，国内的阶级矛盾日益激化，不可调和。给英国二千一百万银元的战争赔款，连同清政府的军费开支总计多达七千万银元，而清政府全年仅有四千万银元的财政收入，劳动者最终承担了这巨大的差额。中国劳苦大众面临人祸天灾，苦不堪言。第四次失败使洪秀全清醒过来。从此，他与科场永诀，去探求一条新的奋斗之路。

鸦片战争后，中国转变为半殖民地半封建社会，不但未能解决原有的农民大众与封建地主阶级的矛盾，又加上了中华民族与帝国主义之间的矛盾，而且后一种矛盾日益成为主要矛盾。激烈的阶级矛盾和民族矛盾促进了中国人民的不断觉醒。道光末年，全国各地掀起风起云涌的反清斗争。

在洪秀全第三次赴广州参加府试时，复试结束后，他住在广州的学馆里等待消息，心中惴惴不安。有一天，心神不宁的洪秀全在广州的街上闲逛，发现两位传教士在人群中宣传基督教义。当时，基督教在中国尚未取得合法地位，大多数中国人对基督教一无所知。洪秀全既不了解，也没兴趣，但眼前发生的事情使心烦意乱的洪秀全不自觉地凑上前去。显然，宣讲基督教旨在使更多的中国人信仰洋人的上帝。当两名传教士发现眼前这位愁眉紧锁、目光呆滞的书生时，便主动上前搭讪，关切地说："功名二字，尔应大受，切勿忧，忧必病。"人失落的时候，多么渴望得到一句安慰！第二天，在广州府的龙藏街，洪秀全又巧遇这两个人。两位传教士便主动送给洪秀全一套九本的《劝世良言》小册子。他回到学馆后草草浏览了一下，因尚未公榜，忧心忡忡，便与考生们讨论起考试题目来。几年来《劝世良言》始终放在箱子里，他未曾仔细阅读，对里面的内容全然不知。第四次科场落第后，洪秀全又回到村塾教学。一天，继母李氏的侄子、表兄李敬芳到村塾闲聊，无意发现了那几本《劝世良言》。好奇的李敬芳便借了这些书回去。几天后，李敬芳来还书时神情诡异地告诉洪秀全,这样的书他闻所未闻,里面有非常新奇的事情和道理,完全不同于他们以往读的书,值得看。李敬芳的介绍使洪秀全开始注意《劝世良言》。

②另一种迷信

《劝世良言》是由中国人编写的第一套基督教传道丛书。作为世界三大宗教之一的基督教,早在明朝末年就有西方人开始到中国传教。明万历二十九年(1601)利玛窦等人来北京拜见明朝皇帝,明神宗准许其在北京建立教堂。清朝政府定都北京后,有西方传教士陆续来到北京,清朝皇帝信任他们并封官。到康熙初年,教堂已在国内二十八个城市设立,有十万左右中国信徒,达到鼎盛。后来因为中国人民和封建士大夫阶层反对,清朝皇帝也觉得传教士的活动不利于他们的统治,逐渐采取措施严厉禁止。

直到鸦片战争以前,清政府不仅严加限制西方传教士在华的活动,而且从未赋予他们合法地位。

十九世纪初,西方殖民者相继侵占了东南亚各地,基督教的势力和影响也在这一地区迅速地传播和发展。

中国人民一直十分反感以英国东印度公司为首的西方殖民主义势力的侵华活动,自然也抵触他们宣传的"精神的鸦片"——基督教,再加上洋人传教士蹩脚的汉语、晦涩难懂的《圣经》,基督教一直难以被中国大众接受。为此,英国传教士马礼逊指使中国雕版工人梁发编写一套符合中国国情的传道书。由此产生了这套大约九万字的《劝世良言》。

《劝世良言》主要宣扬三种观点:

其一,上帝是唯一的真神,除此以外,人们崇拜的一切对象都是妖魔鬼怪,必须消灭。

其二,世间的人都是上帝的孩子,在上帝面前每个人都是平等的。

其三,呼吁人们不反抗、不斗争,忍受一切。

《劝世良言》宣扬"忍耐、保守和受苦受难的精神",其实这只对统治阶级有利。

洪秀全在仔细阅读了《劝世良言》之后,茅塞顿开,觉得它把自己的心里话说出来了。《劝世良言》中有这样一段:"救世主见那富人自夸其义,遂以言试之曰:'尔若果要守全律,则可以卖了尔凡所有之产业,而将卖产业之银,施赐给予贫穷之人,则尔必有财帛存在于天,又可来随从我而学常生之真道也。'"救世主原本以此考验信徒是否忠诚,洪秀全却认为教义也在于帮助贫苦之人。

第一章　横空出世

《劝世良言》以不同的说教方法来宣传给不同处境的人，对那些科举失意的封建文人写道：

> 中国之人，大率为儒教读书者，必立文昌、魁星二像奉拜之。各人亦都求其保佑中举，中进士，点翰林出身做官治民矣。何故各人都系同拜此两像，而有些自少年读书考试，乃至七十、八十岁，尚不能进黉门为秀才呢，还讲什么高中乎？

大多数人对这种简单的说教会无动于衷，然而对四次落第、愁苦郁闷的洪秀全而言，无疑把他心灵上的一把火点燃了，令他感同身受，怦然心动，自然而然地接受了《劝世良言》中"神爷火华曰：除我外而未有别个神也"的观念。

重读《劝世良言》后，洪秀全联想到六年前初读此书的情景及再次落榜后的那场大病。当时他神志不清，精神恍惚。在昏迷之中，"他的灵魂来到天堂，看到许多天使，穿戴龙袍角帽，在路旁摆放礼物迎接"。洪秀全模模糊糊地对亲人说："我到了一个地方，只见那里金碧辉煌，张挂着名言警句。我亲自读后，即有二三天使，剖换衷肠。又有老妇带我到天河沐浴，叮嘱道，'不要与众人顽弄，致污己身'，云云。过了一会儿，见一位金发黑袍高大老人，送给我一把剑，流着泪说，'吾召秀全来此，让你知道天下人都是我的子女，由我供奉衣食，享有我创造的一切。最后却没一个人知恩图报，反将我所造的物，归功于木石偶像。世人迷失自我到了这种地步！你千万不要和他们一样！'说完让我大胆行事。"

这种梦幻是洪秀全在极大的精神压力下，潜意识的一种释放。

而与目前的处境相联系，才使他恍然大悟，"感到已找到了通往天堂的道路和永恒快乐之希望，兴奋不已"。

洪秀全从未到过西方，仅仅根据一套《劝世良言》，不可能了解基督教的全部历史、教义和教规。因此，他从现实斗争的需要出发，在《劝世良言》的启发下，结合基督教和中国传统创立了"拜上帝会"，以此作为发动反清斗争的思想武器。

"拜上帝会"接受了《劝世良言》宣扬的世界上只有一个真神——上帝"爷火华"这一观念，但并非机械照搬，而是由自己加工改造。基督教和耶稣毕竟是洋人的东西。

一个洋人的上帝显然没有号召力。于是，洪秀全把这个上帝改造成为无国界的上帝,洋商标从而去掉了,有机地结合了基督教的上帝和中国古代传说的上帝。

在实行严厉思想禁锢的清王朝,一切与封建正统思想不相符的行为和言论均被视为异端,会遭到残酷的镇压。饱读诗书的洪秀全十分清楚这一点,他有勇气站出来反对传统观念,必然是有充分的思想准备的。而他在突破封建仕途束缚、反叛封建传统之后,在探索真理的过程中并没有走上一条笔直而正确的路。他只是改变了迷信的对象,即从迷信科举走向了迷信宗教。

第二章 创业之初

一、洪秀全传教

1. 家乡受阻

洪秀全和他的表兄李敬芳最早接受上帝思想。道光二十三年（1843），这对志同道合的青年人，在仔细读了《劝世良言》后，决定信奉上帝。他们根据自己的理解，在对方头上互相洒了些清水，对天跪拜祷告，发誓以后只信仰上帝，不信邪神，并莫名其妙地承认自己有罪，表示要"洗心革面，重新做人"。接着，洪秀全又说服了冯云山和洪仁玕。冯云山，是广东花县禾落地村人，客籍，大概于1815年出生，靠耕种过活，父亲早亡，母亲胡氏，有两个兄弟。冯云山不但是洪秀全的表弟，而且是要好的同学，少年时入私塾，"聪明好学，又会星卜医药，见识广博。少与洪秀全同学，故二人关系甚密"。冯云山在父亲去世后，家境每况愈下，只有辍学，在家乡教书。洪仁玕是洪秀全的族弟，"自幼读书……习经史天文历数"。此二人与洪秀全关系十分亲密，有着相似的经历和处境，都科举失败，在私塾任教。当洪秀全向他们二人宣传拜上帝思想时，立刻激起了共鸣，三人共同到村外的石角河去洗净全身，当作接受了洗礼。然后，洪秀全便在亲属中极力发展会员，他首先说服全家人接受了洗礼，随后便向族人和乡里宣传。

洪秀全传播拜上帝教义初期，旨在劝说群众信仰真神上帝，抛弃所有传统观念，反对一切邪神偶像。他认为如果人人如此，就能净化社会风气，就会改造黑暗的社会。他根据《劝世良言》的教导，首先把自己书房中的孔子牌位去掉了，随后又说服洪仁玕和冯云山二人除去自己书房中的一切偶像。然而，实际做起来却很难。众所周知，中国两千多年的封建社会始终遵从多神主义。人们崇拜人、神、鬼、动物，儒、道、佛三家更是举足轻重。要一朝粉碎人们心目中一直供奉的偶像，自然十分困难。

道光二十四年（1844）春，洪秀全和他的战友洪仁玕、冯云山经过周密谋划，几乎同时把各自所在村塾里的孔子牌位撤除了。这一举动如晴天霹雳，平静的小山村一下子沸腾了。旧势力跳出来破口大骂，并想方设法剥夺了洪秀全等三人村塾先生的职务。

洪秀全等人没有因地方旧势力的压迫而屈服，但他们先后被解除了塾师的职务后，情况改变了，出现了更大的困难，没有了工作便无法养家糊口。

2. 传教两广

洪秀全认为在本乡本土传教，虽然得到了一些同情和支持，但困难重重，始终难以打开局面，这样下去将一无所获，所以他毅然决定走出家门，到外地去传播拜上帝教。冯云山也和他一起去了。

二人离开家乡后，洪秀全回忆起八年前在广州的街头自己听人传教的情景，便打算去广州。他认为那里他不仅去过，比较熟悉，而且人口集中，经济发达，人们也比较容易接受新事物，信徒一定会有很多。

然而，虽然洪秀全对拜上帝活动进行了改造，但人们仍然把它和西方殖民者联系在一起。他们的到来使广州人联想到了英国侵略者的横行霸道，联想到了三元里人民的反英斗争。因此，广州人听了他们的宣传后，不仅没有丝毫热情，甚至厌恶和反感。于是，他们便决定北上，经增城，再转向西北去清远。清远位于花县西北约五十公里处，情况类似于花县老家，因为交通不便，经济落后，殖民者尚未渗透进来，但封建守旧思想仍占据统治地位。他们费尽心机，终于在这里发展了几位李姓拜上帝教成员。清远的村民希望留他们在村塾里任教。洪秀全认为抱负没有实现，这里也不会有太大发展，决定离开，临走前给洪仁玕发信，让他来此村塾任教。洪仁玕来后，继续为他们的理想而努力，教书的同时发展拜上帝教成员，积蓄反清革命的力量。离开清远后，他们来到了人烟稀少的瑶族聚居区南江排。湖南、广东、广西三省在这里交界，地势险要，有利于开展反清斗争。但由于不同的生活习惯和语言障碍，很难组织和发动群众，他们便离开了瑶山。

洪秀全和冯云山离开瑶山后，渡过贺江，进入广西境内。经过长途跋涉，来到广西浔州贵县赐谷村黄盛均表兄家。

赐谷村位于贵县城东北五十里，西北是龙山山区，东南是平原，经济不发达，洪、冯二人来后立刻考察了当地形势，他们打算留下来大干一场。但表兄

第二章 创业之初

以耕种过活,家境贫寒,他们觉得首先应当找份工作。正巧赐谷及其附近的几个村子的村塾缺少先生,大家便聘请他们去教书。

在偏远封闭的广西贫苦山区,人们全然不知基督教为何物,也不像广东人那样仇视洋人,因此,赐谷一带的村民与洪秀全的关系日益密切,传教的工作也有了一些进展。他们白天教书,晚上向村民宣传拜上帝思想,附近的长排、江背、竹马、何湾、大横、万横等村都有他们不倦的足迹。据群众传说,在赐谷拜上帝时,每天吃过晚饭,男男女女都去拜会。主讲人站立,会众跪拜。洪秀全给大家讲道理,讲拜上帝的好处。"

有座六乌山在赐谷村附近,山上有座六乌庙,庙中供奉着被称为六乌神的一男一女两尊泥像,传说六乌神能祛病消灾,保佑平安,从庙前经过不去敬拜就会招来大祸。地方豪强势力也利用它对人民进行思想控制,确保自己的特权。

洪秀全清楚地感到只有除掉这里的偶像,才能开展工作,于是便和冯云山商议,决定号召拜上帝教会员铲除六乌神像。

做好一切准备工作之后,洪秀全、冯云山率领会众,敲锣打鼓来到六乌庙。洪秀全当众把六乌婆一棒子打倒,众人共同砸烂了两个泥像。

整个赐谷地区沸腾了,人们纷纷传扬,欣喜不已,也有些好心群众担心洪秀全此举会招致报复。几天过去了,洪秀全等人一切依旧。人们奔走相告,称洪秀全是奉天父之命来消灭妖精的,积极加入拜上帝的行列。很快,有一百名村民接受洗礼,这个数字比其他地区发展会众的总和还要多。

但是,根深蒂固的旧传统旧势力异常顽固,正当赐谷的拜上帝教活动迅猛发展之际,地方封建势力觉得威胁到了其权威和切身利益,便组织反动力量企图迫害洪秀全等人。洪秀全等人清楚不能硬拼,决定避其锋芒,9月5日,冯云山离开赐谷,前往广西桂平传教。洪秀全于11月18日离开赐谷,月底返回官禄布老家,在赐谷的活动暂时结束了。

二、"拜上帝会"的发展

1. 建立根据地

道光二十四年七月下旬(1844年9月初),冯云山与洪秀全分开后,便一心一意地开展革命实践。这期间，冯云山在斗争中积累了经验。他得知桂平新圩地区农民运动如火如荼，便决定去桂平，十月中旬抵达新圩。金田村位于新圩西北八里处，由新圩顺江东下十八里为江口圩，而从金田到江口圩，沿蔡村江两岸地势起伏，河流众多，村落密集，是鱼米之乡。新圩西北有绵延二百里的紫荆山区，北连平南、蒙山诸山，西通象州、武宣县界，"群山罗开，巍巍壮观"。紫荆山区虽邻近新圩、金田，但这里土地荒芜，人迹罕至。农民多靠垦山烧炭过活，生活十分清贫。由于位置封闭，清政府统治鞭长莫及。冯云山经过详细考察认为这里十分适合发动群众，便决定留在此地。

冯云山的第一站是地处金田村和风门坳中间的古林庄。古林庄是通往紫荆山的必经之路，人家只有十余户。当地人十分赞赏他的为人。后来，当地大户曾五公家聘他去做工，曾家很器重他。他一面做短工、教书，一面向贫苦群众宣传拜上帝的好处。他身边很快集结了一批人，参加了拜上帝活动的有数十人。曾家也接受了洗礼，成为最早的拜上帝会成员之一，并且影响颇大。

冯云山才干出众，意志坚定。在太平天国革命史上，他立了"圣主开基第一功"。冯云山对太平天国革命有多方面的贡献，但开创了紫荆山革命根据地是其中最主要的。

冯云山感到久留曾家难成大事，便决定进入紫荆山区。1845年终于确定以紫荆山区为基地开创事业。他在紫荆山区两年，不但吸收了大批信徒，并且举行定期的礼拜活动。

冯云山不但创建紫荆山基地，为太平天国革命开辟了坚实的根据地，而且结识了杨秀清和萧朝贵，为太平天国发现了领袖人才，从而组建了一支骁勇善战的队伍。

杨秀清（约1823—1856），祖籍广东嘉应州，客家人，四代祖时迫于生计移居广西桂平县紫荆山区的平隘新村，靠种田烧炭过活，十分清贫，父母早亡，成了孤儿，由伯父杨庆善抚养成人，在紫荆山烧炭。《天情道理书》说："至贫者莫如东王，至苦者亦莫如东王；生长深山之中……零丁孤苦，困厄难堪。"尽管因家境贫寒无法读书，但他在逆境中锻炼得机敏过人，颇有才干。四处漂泊的生活又使他具备了敢作敢为、行侠仗义的个性，炭工和乡亲们十分拥戴他。

道光二十五年春（约1845年2月），冯云山离开古林庄曾家，进入紫荆山区，寄居高坑冲张姓人家。在大约一年时间里，靠给人帮工为生。此间，他深入群众详细调研，传播拜上帝教义，吸收信徒。第二年，古林曾五公介绍冯云山到紫荆山上冲曾家做塾师。上冲曾氏家族是当地豪门，兄弟六人，其中叫曾开俊的娶了杨秀清姐姐为妻,冯云山因而结识了杨秀清。

冯云山在曾家接触了杨秀清几次之后,发现他非同一般,就动员他参加拜上帝活动。杨秀清机敏过人,其中的道理很快明白了。他不负重托,很快就在紫荆山烧炭工人中组织了拜上帝活动。不久,又向冯云山引见他志同道合的老朋友萧朝贵。

萧朝贵(约1820—1852),祖籍广西省桂平县,后迁至广西省武宣县东乡。道光年间,迫于生计举家搬迁数次,最后定居桂平县紫荆山。《天情道理书》中记载:"西王僻处山隅,自耕而食,自蚕而衣,其境之逆,遇之啬,难以枚举。"在紫荆山区,萧朝贵靠烧炭种蓝勉强为生。尽管他没有文化,但以诚待人,重信守诺,胆大而心细。悲惨的境遇使他强烈不满清王朝的黑暗统治。冯云山的动员使他很快参加到拜上帝活动之中。

杨、萧是本地人,与烧炭工人长期相处,对他们的疾苦感同身受。烧炭是山区里三百多户人家的主业,因交通闭塞,炭工们必须把千辛万苦烧成的木炭挑到几十里外的新圩镇去卖,用于富人们的取暖和铁匠铺打铁,由于需求不大、不好销,终年辛劳仍无法维生,被迫再以开山种蓝、揽活打工来贴补。他们处于社会最底层,极其不满于社会现实,一经宣传,立刻引起共鸣。冯云山看到进展如此顺利,欣喜不已,也常与杨秀清、萧朝贵一起跋山涉水,走进炭工家庭和所有贫苦农民家庭。一年后,全部炭工都参加了拜上帝会,大部分贫苦农民也加入了,总计达三千人左右,占了全部山区人口的一半以上。

冯云山素来尊重洪秀全,称赞洪秀全"豁达大度,有王者风"。在传播拜上帝教义时,冯云山一直声称花县的洪先生教人信奉上帝,洪先生是奉天父之命消灭妖魔,拯救众生。洪秀全虽未到过紫荆山区,他的大名却众人皆知。人们到处传颂洪秀全、冯云山、杨秀清、萧朝贵的名字。

太平天国官书《天情道理书》恰当地评价了冯云山的创业精神,说他"历山河之险阻,尝风雨之艰难,去国离乡,抛妻弃子,数年之间,仆仆风尘,几经劳瘁"。

2. 潜心著书

在冯云山活动于紫荆山一带的三年时间里,洪秀全则侧重于理论研究。

洪秀全从"出游天下"的实践中学到了很多,深受各地此起彼伏的农民武装斗争的鼓舞。那么,怎么会有"群众很满意他的传教,但不十分懂他传教的意义"的现象呢?为什么在广东地区的传教不能成功,在广西情况尽管好些,但一直没有大规模发展起来呢?苦苦思索之后,洪秀全意识到根本上在于拜上帝活动与群众的现实生活脱离，只号召人们敬奉上帝，除去偶像，仅仅停留在口头上的空洞说教，缺乏理论和明确的政治目标，群众便不易接受。

道光二十四年十月上旬（1844年11月中旬）洪秀全与冯云山在广西分别后，于公历十月二十一日（11月30日）返回广东官禄布老家。洪秀全回家后，村塾恰好缺少先生。虽然地方旧势力不喜欢他，但合适的人请不到，学童无法上学，乡绅们又见已入而立之年的洪秀全看起来为人正派，举止庄重，认为他不会再大逆不道，便答应由他担任村塾先生。道光二十四年十月下旬至道光二十七年二月（1844年12月—1847年3月），两年多时间里，洪秀全深居简出，成了一名安守本分的教书先生。

不同于历史上一些只重视战场杀敌的农民起义领袖，洪秀全不但有较高的文化水平，并且有自己的思想观点和政治主张，还亲自编纂了许多理论著作，以此来启迪群众，动员群众，组织声势浩大的队伍，为反对清王朝进行斗争。

① "正可制邪"

洪秀全返回老家后首先撰写了《百正歌》。《百正歌》是一首五百字的诗歌，成于大约道光二十四年年底至二十五年年初（1845年年初），洪秀全早期理论文章的一些特点在其中得到了体现。洪秀全尽管在形式上打倒了孔子，但儒家思想成分仍根深蒂固。几年的传教生涯进展不顺，一时又无法解决问题，只好增加一些儒学成分以加大宣传力度。首先，洪秀全在《百正歌》里颂扬了"正"。他指出：

真正鬼服人钦，
真正民安国定，
真正邪谋远避，
真正天心顺应。

接着，又列举禹、稷、尧、舜、汤、武、周文、孔丘行正功成名就和桀、纣、隋炀帝等行不正遗臭万年的例子。《百正歌》强调了正与邪的对立，以"正可制邪""扬正抑邪"的观点揭露与批判封建社会的种种邪恶。怎样铲除邪恶呢？那就是必须加强个人的思想行为修养，即遵从儒学确立的伦理道德标准。这是洪秀全找到的最好的办法。显而易见，儒家的正统思想影响极大。

② "专拜上帝"

继《百正歌》后，大概在道光二十五年（1845）洪秀全写了《原道救世歌》。

第二章　创业之初

《原道救世歌》主要是告诫人们弃恶从善，加强自身的道德修养，其中儒家和基督教气息很浓。

《原道救世歌》与《百正歌》一样，是洪秀全早期宣扬革命的小册子。在有着十分强大的封建统治力量和相当严厉的思想禁锢的条件下，含有露骨的反清内容的公开的宣传材料既不利于起初动员群众，又会使自己过早暴露。这一点在洪秀全等人初期的传教活动中得到了证实。他所到之处，大多数人持观望态度，甚至害怕招致祸患。所以，应当用通俗、隐晦的语言迈出艰难的第一步，消除群众的顾虑。

洪秀全及太平天国前期斗争就是以这种隐蔽的斗争方式为主。直到金田"团营"之后，除了领导核心以外，洪秀全的最终意图鲜为人知。正如李秀成所说："所知事者，欲立国者，深远图为者，皆东王杨秀清、西王萧朝贵、南王冯云山、北王韦昌辉、翼王石达开、天官丞相秦日昌六人深知。除此六人以外，并未有人知到（道）天王欲立江山之事。"

洪秀全在《原道救世歌》里号召人们信奉唯一真神"皇上帝"，勿拜邪神。旨在反对清朝统治者，以及所有服务于他们的偶像，用大众之父"皇上帝"的名义统一群众的思想，也确立自己的威望。他指出，从开天辟地到夏、商、周三代，人们都拜奉上天。只是到了秦朝以后，只有皇帝才能拜天。原始社会不存在阶级，人类共有一个天，至于到了三代，天已经只属于部分人了。然而，历代封建皇帝却非法地独占了天子的称号和拜天祭天的权利，必须坚决反对。天父"皇上帝"是一切的根本，他不但统治天国，而且只有依靠他，地上的天国才能建立。建立地上的天国，需要大家齐心协力。在上帝面前是人人平等的。

洪秀全从秦始皇开刀表明了他鲜明的反封建的意识，体现了洪秀全呼吁政治平等的思想。人人都是"皇上帝"的孩子，拜自己的天父是每个人的权利。这样，封建制度的等级观念就破坏了。当然这是种极不彻底的平等。从封建的皇帝手中夺回拜"皇上帝"的权利，赋予天下所有的人，这还不够，还必须铲除封建统治者用来控制人们的儒、佛、道、神仙、鬼怪等所有偶像。《原道救世歌》主要阐发了农民阶级解放自身的政治要求和政治平等的主张。假如穿透宗教语言的纱幕，可以发现其真正的追求目标。

洪秀全批判了"天人合一""君权神授"的封建统治理论。他说："天人一气理无二，何得君王私自专！"认为并非君王私自专有"天人一气"，而是人皆有之，从而把"君权神授"论否定了。

洪秀全反对森严的封建等级制度，主张人人平等，天下一家，不分贵贱，要有一个宽松的社会政治环境。接着，他指出在将来的平等社会里，"君民一体敬皇天""诸侯士庶亦皆然"，等级界限取消了，人与人之间是平等的人际关系。

封建割据、狭隘的地方主义也为洪秀全所反对，他主张不分东南西北，"普天之下皆兄弟""上帝视之皆赤子""宠绥四方惟克相，故能一统受天培"。在上帝的统治之下，人人都能同样地享受上天的恩赐。"夏禹泣罪文献洛，天应人归无可猜。"赏罚分明，开诚布公，彼此不要疑忌。

浓厚的民主色彩蕴含在洪秀全反对封建专制、主张政治平等的思想中，同时也有"自古为人当自强"的积极进取精神，然而一些消极因素也不可避免。比如他说："古来善正修天爵，富贵浮云未足奇，人生在世三更梦，何思何虑复何望。"佛家的善行寡欲因素和道家的虚无、厌世情绪杂合在一起。当然，这并非洪秀全思想的主流。

综上所述，比起《百正歌》，《原道救世歌》有显著突破，大大淡化了儒学色彩，增加了基督教的成分。

③ "物极必反"

《原道醒世训》大概写于道光二十五年至二十六年（1845—1846）。这时期洪秀全不断提高认识，思想逐渐成熟。可以说，《原道醒世训》中劝善行正的说教已经大大减少了，侧重于无情揭露现实黑暗社会和构想未来世界上，明显加强了战斗性。

《原道醒世训》中较多地提及改造整个社会，即改造不公正的世道。这同《百正歌》《原道救世歌》侧重于个人修身养性相比有了重大进步，体现了洪秀全思想的成熟。

但是，《原道醒世训》较之《原道救世歌》有一些进步的同时，也存在许多缺陷。

《原道醒世训》鲜明地指出："世道乖漓，人心浇薄，所爱所憎，一出于私。故以此国而憎彼国，以彼国而憎此国者有之；甚至同国以此省此府此县而憎彼省彼府彼县，以彼省彼府彼县而憎此省此府此县者有之；更甚至同省府县以此乡此里此姓而憎彼乡彼里彼姓，以彼乡彼里彼姓而憎此乡此里此姓者有之，世道人心至此，安得不相陵相夺相斗相杀而沦胥以亡乎！"洪秀全在这里点明是不好的世道造成了这种状况，同时把深层次的原因归结为"其量小也"，假如人人皆知皇上帝是世人的共父，每个人都是皇上帝的子女，认识到天下万国是一家,"相陵相夺相斗相杀"就不会出现了。

洪秀全到过广州多次,又在深受侵略之苦的地区长期生活,极其憎恶西方的侵略。他有勇气直面现实,揭露社会的阴暗面,表达人民群众的心声,反映被压迫者对统治者的不满。但是,洪秀全也没能正确理解国内阶级斗争的形势,封建统治者经常采用转嫁矛盾的方式以维持其腐朽的统治,诸如广东封建地方官驱逐大批流民到广西,引发了两省间的矛盾;地方官为了巩固统治,坐收渔利,在土客之间挑拨离间,导致大规模的流血冲突。这都反映了阶级斗争,洪秀全对此也不可能有清楚认识。因此,他在探索如何解决社会问题时软弱无力。

洪秀全在《原道醒世训》中借助朴素的唯物辩证法思想阐述了事物发展的客观规律,点明了物极必反的道理,预测中国未来的社会发展"乱极则治,暗极则光"。他在揭露现实社会的黑暗,呼吁人们反对万恶旧世界的同时,构想创造一个新社会。这个新社会以"天下为公"为原则,即"皇上帝天下凡间大共之父也",人人都是皇上帝的子女。在这个新社会里"天下多男人,尽是兄弟之辈,天下多女子,尽是姊妹之群","此疆彼界之私"不存在,也没有"尔吞我并之念"。

洪秀全构想的这个没有压迫和剥削、人人平等的社会正是无数贫苦农民千百年来梦寐以求的。这些蕴含经济平等观念的思想,意义十分重大。这也说明以洪秀全为首的太平天国起义有一个较高的起点,并且逐步发展成为中国农民战争史上的最高峰。洪秀全经济平等的思想在太平天国向来施行的圣库制,以及定都天京后颁布的《天朝田亩制度》,取消天京城内的商业等措施中都得到了体现。

洪秀全的这个设想尽管十分美好,却脱离现实,根本不可能实现。新的生产力和生产关系尚未产生,不可能科学地预见未来。在无法对未来平等社会进行预知时,只能用儒家鼓吹的"大同"社会的理想去改造社会。

他结合了《劝世良言》中"君正臣忠、父慈子孝、官清民乐,永享太平之福"的说教和儒家的大同社会的设想,称赞并追求在《礼记·礼运篇》中孔子构想的"大同"社会:"天下为公,选贤与能,讲信修睦。故人不独亲其亲,不独子其子,使老有所终,壮有所用,幼有所长,矜寡孤独废疾者皆有所养。男有分,女有归。货恶其弃于地也,不必藏于己;力恶其不出于身也,不必为己。是故谋闭而不兴,盗窃乱贼而不作,故外户而不闭,是谓大同。"这其实是逆历史潮流而动,因此必然以失败告终。

至于怎样到达理想境界，洪秀全认为首先要摆脱两千年来封建礼教的禁锢。"唯愿天下凡间我们兄弟姊妹跳出邪魔之鬼门，循行上帝之真道，时凛天威，力遵天诫，相与淑身淑世，相与正己正人，相与作中流之砥柱，相与挽已倒之狂澜。"显然这一目的只有通过斗争才能达到。所以，他号召人们坚定不移地进行斗争，扭转时局，充分体现了洪秀全勇敢无畏的斗争精神。但他以空洞的"量宽""心好""和为贵"来总结进入天国的途径，宣扬宿命论观点，即使是一种公开的宣传材料，战斗的气息也太弱了。通往"大同"世界的正确道路洪秀全没有，也不可能找到，他没有提出剥夺封建地主阶级的私有财产，也无法把封建私有制以另一种经济结构取而代之，最终只有承认现实社会存在的不平等，只能靠"淑身淑世""正己正人"来解决矛盾，仍然拘泥于自我修养的圈子，正己的典范当然还是儒家树立的榜样。这说明，一方面洪秀全极力反对儒家思想，同时又深受儒家思想的影响。

④斩除"阎罗妖"

《原道觉世训》是洪秀全于道光二十五年至二十六年（1845—1846）间写的。

这一时期洪秀全的思想非常活跃。《原道觉世训》比起前几篇理论文章，又有了显著进步。

洪秀全在《原道觉世训》里用神与妖两个对立的阵营来划分人世间，首次把封建统治者的总头目创造性地称为"阎罗妖"，说他代表一切邪神。他指出"阎罗妖乃是老蛇，妖鬼也，最作怪多变，迷惑缠捉凡间人灵魂"。所有服务于阎罗妖的各种偶像、神仙、菩萨、封建官吏、地主劣绅都是"阎罗妖之妖徒鬼卒"。他们都应被彻底打倒。对他们"天下凡间我们兄弟姊妹所当其击灭之，唯恐不速者也"。文字中洋溢着斗争的气息。这远远进步于《原道醒世训》中鼓吹的"和为贵"。与此同时，洪秀全在"皇上帝"周围团结了反对阎罗妖的力量，"皇上帝"代表"正"，这种正与邪、神与妖的对立，尽管有宗教色彩，却充满战斗精神。

在这篇文章中洪秀全全面彻底地阐述了拜上帝的理论。他批判了历史上皇帝僭号侵权的罪过，这种矛头直指皇帝的造反精神，充分表明了他同至高无上的皇权斗争的勇气。

三、力量的壮大

1. 二次入广

洪秀全来过广州多次，每次感受都不同。这一次他感受最深的是发现了人民的觉醒，反抗精神的增强是这种觉醒的主要表现。

1847年的广州城如火如荼地进行着反英斗争。依据清朝惯例，外商的交易素来只能在广州西南城郊的十三行进行，外商既不准进入市区，洋人也不许到城内闲逛。签订《南京条约》后，英国人有意歪曲开放广州条款。1845年，英国驻华公使德庇时提出进入广州城的无理要求，广州人民对此坚决反对。两广总督耆英害怕洋人，1846年年初允许洋人入城的告示贴出，愤怒的群众立刻将它撕毁，并贴出反告示。

英国政府看到以两广总督耆英为首的地方大吏非常听话，便表示："开放广州城的问题，应当仔细考虑一切可能损害耆英地位的事。因为广东人极端仇视一切外国人，如果耆英被迫去要求他们顺从，他将处于极度的困境。"显然，清朝地方官员与外国侵略者之间由敌对开始变为互相勾结，这也是中外反动派首次联合压制中国人民。当然，英国人进城的目的没有达到，不肯善罢甘休，一面等待清政府安抚人心，一面伺机而动。1847年2月，几个英国人未经许可到佛山镇闲逛，与国人产生冲突，当地人用石块把他们击伤。德庇时便立刻带领两只火轮船、二十余只划艇触板、一千余名夷兵，于二月十八日（4月3日），突入省河，停泊十三行湾，闯入并一度占据虎门炮台。耆英与德庇时私下达成协仪，被迫允诺追究"凶手"，两年后"英国官员和人民有权自由进城"。五月，英国人企图强租广州的河南地，并擅自测量，安置标识，引起广州，尤其是附近居民的极大义愤。升平学社发动附近五十余乡，三千多人包围英国领事馆，向德庇时表示强烈抗议。洪秀全家乡花县的横潭学社也发动群众前来声讨，反对侵略。

这段时间以来，洪秀全心中不时冒出一个模糊的念头，即他在青年时代的爱国理想或许有机会实现了。他改变了决定，直接走进广大劳苦民众中去。

自然而然，洪秀全第一个想到了与自己同甘共苦的战友冯云山。他近年来如何？广西的活动进行得怎样？他万分牵挂。最近常传来消息，说广西的农民运动如火如荼，天地会起义迅猛发展。从道光二十六年（1846）起，广西天地会形成了湘桂边境的雷再浩、李沅发军，西江流域的"艇军"，南宁、太平地区张嘉祥的"瑶军"三支有影响的队伍。冯云山早就邀他同去广西，洪秀全便打算再到广西去。

道光二十七年六月（1847年7月），洪秀全整理行装，由广州出发，第二次向广西进发。为了节省开支，他没有乘船，而是背着行李步行。当时恰逢七月盛夏，洪秀全在高温酷暑的天气下，跋山涉水，饱尝艰辛。经官窑、广利到肇庆府，休息了几天接着西行，过禄安，来到梅子汛地方。不料路上却遭遇了十余名强盗，抢走了他全部的行李、路费。

洪秀全是个书生，心急如焚，无奈之下写了一张状纸告到肇庆府。当时，两广交界地区有很多人迫于生计铤而走险，做了强盗，官府也束手无策，借口梅子汛地方不属其府管辖，而由德庆州统辖，不予立案。但知府见洪秀全是个文弱书生，动了恻隐之心，给了四百文铜钱，把他打发走了。洪秀全由悦城乘船沿西江而上到德庆，再由德庆搭到梧州的船进入广西。在船上，洪秀全见自己囊中羞涩，只怕无法到达目的地，被迫忍饥挨饿，每天只吃一顿饭。

幸而他在船上结识了几位船客，几位船客同情并敬佩洪秀全，便邀请他吃饭，支付他的船费，在七天的行程中他们感情日笃。这几位船客就是江西的李相肇，广东的欧纯、欧艮、陈正。船抵达广西境内，辞别之际，几位新结识的江湖朋友一共给他凑了六百文铜钱以继续西行。洪秀全被深深打动了，对他们的深情厚意刻骨铭心。有了朋友的帮助，他信心更坚定了，便由梧州搭船沿浔江西行，经藤县，过蒙圩，最终在8月20日抵达贵县赐谷村表兄黄盛均家。8月25日在表侄黄维正的陪同下，去桂平县紫荆山会见冯云山。1847年8月27日，洪秀全在离开广州一月零七天后，历经千辛万苦同战友冯云山久别重逢了。

冯云山自道光二十四年八月（1844年9月）来到广西，尤其是1845年2月进入紫荆山区后，经过两年半的不懈努力，发展了众多的拜上帝会会众，一股声势浩大的力量形成了。此时，洪秀全的来临犹如一阵强劲的春风，人们被极大地振奋了，他们纷纷传颂救星洪先生来了。

此时，广西天地会也掀起了如火如荼的武装斗争，拜上帝会在客观上获得了极大的支持。当时只有拜上帝会几位主要领袖人物知道其宗旨，广大会众尚不知晓。由于冯云山与不少地方富户建立了良好关系，他们之中一些有权有势的人和豪门显要也加入了拜上帝会。这样，清朝统治者被迷惑了。他们集中精力对付天地会起义，而疏于防范拜上帝会的活动。道光末年（1850）以前，广西的拜上帝会几乎具有了合法地位。在这种情况下，拜上帝会迅猛发展，会众不断增加。革命风暴正在酝酿之中。

冯云山取得的巨大成绩极大地鼓舞了洪秀全，冯云山详细汇报后，洪秀全给冯云山看自己写的几篇文章，并告诉冯云山其他活动情况。冯云山看到他的战友极大地提高了宗教知识和理论水平，受到很大鼓舞。两位重逢的战友彼此激励，为共同的理想而奋斗。他们晚上抄写教义宣传品，白天则深入广大群众之中。据《太平天日》记载，洪秀全与冯云山"写书送人，时将此情教导世人，多有信从真道焉"。

2. 规范教义

随着形势的发展和拜上帝会会众日益扩大，道光二十七年秋（1847年9月），洪秀全和冯云山共同制定了《天条书》这一"拜上帝会"的重要文献，把"拜上帝会"的教义做了进一步规范，更加有利于组织群众。

道光末年，西方殖民者的势力日益向广西内地渗透，烟馆在桂平县新圩这样的小镇也遍地可见，被鸦片毒害的烟民比比皆是。政府极大地增加了广西各地包括紫荆山区这样的贫困地区劳动者的负担以支付战争赔款。人民群众自然对外国侵略者深恶痛绝。地方封建旧势力抓住老百姓的这种心理，诋毁拜上帝会"欲变中华为夷俗"，离经叛道。

为此，《天条书》再次强调上帝是世上唯一的真神，所有其他偶像都是邪神。《天条书》宣扬具有中国特色的基督教思想，不但把龙袍穿在"皇上帝"身上，易于被群众接受，并且深刻揭示出正是由于背离了敬奉天下真神"皇上帝"，才造成近年来中国的贫穷落后愚昧。这样就解除了群众心中的疑虑。

明确观念以后，《天条书》进一步规范和统一了拜上帝会的各种仪式。其内容混合了基督教的一些仪式和中国民间长期流传的许多仪式。

《天条书》规定了种类繁多的仪式，其中主要有："悔罪规矩""悔罪奏章""朝晚拜上帝""食饭谢上帝"，以及"凡作灶、做屋、堆石、动土等事，俱用牲馔茶饭祭告皇上帝""丧事用牲馔茶饭祭告皇上帝""七日礼拜颂赞皇上帝恩德"等仪式。其中有些仪式与中国的国情相适应，老百姓易于接受。有些仪式每日或定期举行，有些由个人决定。"悔罪规矩""七日礼拜颂赞皇上帝恩德"等仪式，非常有利于拜上帝会联系群众、发布命令。改造之后的拜上帝的仪式，更适合中国老百姓的需求，更具有吸引力。《天条书》还规定了拜上帝会的戒律就是"十款天条"，它是依据《圣经》里的摩西十诫制定的，具体指以下十条：（一）崇拜皇上帝。（二）不好拜邪神。（三）不好妄提皇上帝之名。（四）七日礼拜颂赞皇上帝恩德是信徒们的宗教信念。（五）要孝顺父母。《天条书》借用上帝的口说,"孝顺父母,可以长寿"。中华民族有孝敬父母的传统美德,把它作为首要的美德,重视程度可见一斑。它能号召和团结一大批人。(六)不好杀人害人。杀人害人于己也有害,杀人就触犯了天条。在当时的情况下,政治斗争和武装斗争的条件还不具备,清朝统治者在一定程度上也被这种宣传口号迷惑了。(七)不好奸邪淫乱。世人都是一家,即"天下多男人,尽是兄弟之辈,天下多女子,尽是姊妹之群",具有鲜明的男女平等思想,具有伟大的反封建意义。洪秀全一贯反对吸鸦片烟,它被归入《天条书》奸邪淫乱之中,属于犯天条,人们对此十分拥护。(八)不好偷窃抢劫。(九)不好讲谎话。体现了中国人民的淳朴民风和对文明的追求。(十)不好起贪心。中国人民崇尚助人为乐,而坚决反对贪财赌博。戒律的前四条强调"皇上帝"至高无上的权威,使拜上帝会信徒坚定信念。第五条至第十条为信徒们的社会道德准则,人民大众的心声得到了充分反映,易于接受和传颂,极具号召力和凝聚力,十分有利于组织和发动群众。

3. 结识群英

洪秀全、冯云山制定了《天条书》后,常常到各地亲自宣传,据《太平天国起义记》记载:"此时真理由紫荆山传出,传播甚速,及于广西数县地方,如象州、浔州、郁州,及南平、武宣、贵县、博白等等县属。"

①韦、胡入会

韦昌辉本名韦正,广西桂平县金田村人。"家财万贯,富甲一方。"韦昌辉自幼读书,但他个性浮躁,爱出风头,向来被叫作"花头鸭",参加科举屡试不第。

有一年,韦昌辉与他的同学古林庄曾五公的儿子曾显承一道去桂平考取秀才,韦昌辉心思根本没放在考试上,集结一帮纨绔子弟赌博,输得身无分文,几乎连家都回不了。韦昌辉尽管富裕,可以说是一个土财主,但没有任何政治影响,所以,豪绅地主和官宦人家看不起他。韦昌辉父亲韦源瑜本来在王漠村居住,该村有一户刘姓地主势力庞大,又有功名,常常欺负韦家。其父愤愤不平,只好移居金田村。到金田村后,处境仍然无法改变。有一次,韦家缴纳官粮,谷物过秤以后收入库仓,因为大意忘了要粮单,等再回去索要,粮官故意找碴,声称韦家未曾纳粮。韦昌辉父子对此一直耿耿于怀。为改变现状,韦源瑜买了"国子监生"的功名。监生尽管算不上功名,但其资格相当于秀才。捐得监生后,韦源瑜以为不会再受欺负了,谁知他们仍然没有摆脱被欺压的境地。一些官僚常常故意找碴,韦家为此赔了不少钱。韦昌辉下定决心迟早要还以颜色。

在同学曾显承家，韦昌辉曾见过冯云山，随着拜上帝活动的迅猛发展，冯云山声名远扬，韦昌辉就去求助于他。于是，洪秀全、冯云山趁机说服韦昌辉加入了拜上帝会。韦昌辉加入拜上帝会后，洪、冯等人帮助他不断提高觉悟，重新振作了精神。洪秀全、冯云山二人精心制定了《天条书》后，一道去平南地区活动以进一步扩大拜上帝会的影响。

一次，洪秀全、冯云山在桂平传教。那天恰逢礼拜，是个西人安息的日子，教会中的善男信女都到礼拜堂唱诗听讲。洪秀全便趁机上坛布道。坛下听讲的，见洪秀全是个新来教士，又相貌堂堂，个个都洗耳恭听。洪秀全说崇拜上帝的死后可以升入天堂，不崇拜上帝的生前受苦受难，死后要被打入地狱，然后针砭时弊说："凡属平等人民，皆黄帝子孙，都是同胞兄弟姊妹，哪里好受他人虐待！无奈满洲盘踞中国，把我弟兄姊妹，十分虐待。我同胞还不知耻，既失人民资格，又负上帝栽培。"说完竟痛哭流涕。

有些听讲的人认为他发了疯，有些人明白事理，反而说他胸怀大志。只有那帮迂腐的读书人，不免骂道："这教士离经叛道，劝人造反，真是不像话！"所以教堂里很快沸腾起来。那些人见状，赶紧逃之夭夭。洪秀全正要下坛，不料一些无赖子弟一哄而上，气势汹汹，声称要殴打那教士甚至要拆毁教堂，七嘴八舌，慢慢地有人抛掷堂内的东西。一片混乱之际，只见从人群中出来一人，直登坛上，呵斥众人道："你们不能乱来！这里是教堂，只是劝人为善。即便官府得知，也要点兵保护。如果把教士打死，后果就严重了！你们听我说，都各自回去，否则我就不客气了。"这几句话一说完，众人都不再动手，纷纷散去。

冯云山赶紧朝那人看去，只见他头戴乌缎子马蹄似的顶子帽，身穿线绉面的长棉袍，腰束玄青绉带，一件玄青荷兰缎马褂罩在外面，身材魁梧，气宇不凡，便拱手道了谢，同那人谈话。

原来那人姓胡，名以晃，花洲山人村人氏，原是闻名遐迩的缙绅，从小习武，力大无比。据说他首次去考武举，居然拉断了弓。只因没有儿子，并不看重家财。他平时乐善好施，倡善堂，设义学，赠棺舍药，做了很多好事，受到人们的尊敬，被称为义士，所以经他的一番话，便驱散了众人。洪秀全见此人有如此高的威信，便主动结识他。胡以晃邀请洪、冯到家中做客。

洪、冯乘机请胡以晃加入拜上帝会，共谋大事。一番促膝长谈后，胡以晃愉快地接受了，深感相见恨晚。

胡以晃加入拜上帝会后，在当地积极发展会众，花洲山人村、中胜、大黎地还迅速发展成为拜上帝会的主要活动基地。胡以晃成了颇有名望的拜上帝会领袖。

②相会石、秦

道光二十七年年底（1847年12月），洪秀全再次来到贵县赐谷这块曾与冯云山三年前付出很多心血、群众基础较好的老根据地。洪秀全当年离开这里时，曾安排了赐谷的工作，鼓励表侄黄维正坚持发展。但因为各种原因，发动群众的工作没有进展。洪秀全返回赐谷后，首先以龙山矿区作为工作的重点。

鸦片战争后，白银大量外流加剧了银荒，财政吃紧，地方当局也迫于财政困难准许进山开矿。于是外地无业游民，以及本地被剥夺土地的农民、生活艰难的手工业者和小商贩蜂拥而至，迅速集中了一两千人，由地方当局招商开采矿山。矿区进行残酷的封建剥削，矿工们劳动强度极大，却也只能维持最基本的生活。他们遭受着比紫荆山的烧炭工人更为深重的苦难。

洪秀全抵达平天山等地银矿后，便深入矿工之中，展开猛烈的宣传攻势。在这期间洪秀全结识了石达开和矿工领袖秦日纲。

石达开（约1831—1863），祖籍广东省惠州和平县，后移居广西贵县龙山地区那帮村，客家人。"他父亲最初替人家做工放牛，才买了些田。后来自行买牛放牧，日益富裕"。石达开出生时家境已较宽裕，但仍算不上大户，也没有任何政治势力，有权势的官绅常欺侮他们，石达开因此耿耿于怀。他为人仗义好施，百姓十分拥戴他。他常常到龙山矿区贩卖木炭，因此得以出入矿山，知道了龙山地区拜上帝会活动的情况。

洪秀全由此认识了石达开并劝说其参加拜上帝会活动，共谋义举。石达开欣然同意。他利用自己在当地的影响，积极发展会众，也到过长排、赐谷一带。后来集结了人马，就在蚂蝗宰杀猪羊，拜大旗。"赐谷、林桥、长排、车罗、石龙、都炉、六乌山一带，参加拜上帝会的共有四五百人。蚂蝗拜定，就到石达开家拜，人数猛增到一千多"，在当地颇有影响。

秦日纲（约1821—1856），广西贵县人，本名日昌，后避北王韦昌辉讳改名日纲。他家里贫困，靠做佃工过活，从小就胸怀大志。"耕作间歇常常叹息。同耕者问他，他慨然道：'今天下将乱，男儿岂能被田地束缚了手脚。'"后入贵县防营为伍，学了一身武艺。因无法忍受营弁虐待，强烈反抗，丢掉公差，来到龙山银矿做工。秦日纲"身材高大，剽悍勇武，很有威慑力"。又因其重信守义，忠厚耿直，见义勇为，矿工十分拥戴他，公认他为矿工们的领袖。由于有秦日纲尽心尽力地协助，拜上帝会很快就发动并组织了矿工。

秦日纲和石达开加入拜上帝会后，迅速壮大了贵县地区的革命力量。秦日纲领导了一千多人的矿工队伍，加上奇石和赐谷一带石达开的队伍，总计达到两千人左右。这两支队伍为将来进行武装起义奠定了基础。

洪秀全在深入矿区的同时，也没有放弃发动赐谷及其附近各村寨的群众。他鼓励和支持青年人，让黄维正等青年人去完成发展拜上帝会的任务。

黄维正在洪秀全的帮助下有了巨大进步，成为赐谷地区拜上帝会的骨干。洪秀全在大冲曾玉璟的护送下从紫荆山出发来到赐谷。当曾玉璟返回紫荆山时，洪秀全特地写了一首诗勉励他：

> 迷途既返速加鞭，
> 振起雄心赶向前；
> 尽把凡情丢却去，
> 方能直上九重天。

曾玉璟没有辜负洪秀全的厚望，在斗争中很快成长起来，成为太平军的优秀战士。

洪秀全对形势进行了认真分析，决定把"拜上帝会"总部设立在高坑冲会员卢六家里，在各地区设立分部组织。

第三章 金田起义

一、斗争的转化

1. 挑战神权

在封建社会，统治者手中握有政权和神权这两把剑。封建统治阶级不仅利用政权——残暴的国家机器维持统治，而且利用神权来欺骗和麻痹劳动群众，使其服服帖帖。

长期生活在贫困中的劳苦大众，受制于愚民政策，无法解救自己，只能向神灵寻求慰藉。统治者也常利用手中的权力和地方封建势力，竭力树立各类神鬼偶像，蛊惑人心。长此以往，多种偶像信仰便形成了。

在动员群众加入拜上帝的活动中，常有人提及象州的甘王庙，说"甘王"法力无边，无所不能，人人敬畏。人们在言谈之间流露出矛盾的心态，既想参加拜上帝会，又担心令"甘王爷"不满，无所适从。洪秀全深入细致地对群众进行了调查，弄清了甘王的来龙去脉。据传说，甘王原是象州一位普通居民，因其对风水极为迷信，于是便有一位风水先生迎合他，给他挑选了一块墓地，并对他说，假如用血葬，他和全家死后必定享尽荣华富贵。这个甘王愚昧无知而又凶恶残忍，回去便杀了母亲，血洒墓穴，并在此葬母。他自以为得了真道，回到家里先把自己的子女杀死，接着自杀，在风水先生挑选的这块墓地上安葬。不久，甘王便成了仙。有一天，州官老爷的轿子从庙前经过，甘王爷的魂魄上了一少年的身，挡住去路，要求州官老爷披一件龙袍在甘王偶像身上。州官十分畏惧，便照办，甘王从此声名大振。据说甘王爷有极大的权威，连庙里的司祝也不敢在庙中住。每日早晨入庙，要敲锣打鼓，为他烧香，晚上离去，不然甘王爷要惩罚。若有人咒骂甘王爷，或者经过这里不来进香，一定会肚子痛。甘王杀母灭子原本天理不容，然而一旦被神圣化，再加之地方势力大造舆论，居然变为人们崇拜的偶像。甘王爷禁锢了当地人民大众的思想，严重阻碍了拜上帝会的传播，只有消除对甘王偶像的迷信，拜上帝会才能有进一步发展。

道光二十七年九月十六日（1847年10月24日），洪秀全同冯云山、曾云正、卢六、陈利等人经过精心筹划，从紫荆山动身，前往象州铲除妖庙。第二天早上，他们五人走进了甘王庙。洪秀全手持木棒，历数甘王十大罪状曰："第一罪，杀母；第二罪，藐视上帝；第三罪，恐吓上帝子女；第四罪，贪图上帝子女的食物；第五罪，逼其姊与浪子通奸；第六罪，爱听男女淫词荡曲；第七罪，妄自尊大；第八罪，诈取民财；第九罪，向州官强求龙袍；第十罪，身如邪鬼常行恶事。有此十罪，应即毁灭无赦。"冯云山等人听了这番话，立刻动手砸烂甘王爷偶像，并把龙袍扯碎，打翻香炉、祭器和供品，痛快淋漓。

象州甘王爷的影响远在赐谷的六乌庙之上。它不但广泛影响着人口较多的象州，而且还有众多的甘王分庙在附近。破了甘王庙后，拜上帝会声名远扬，信徒激增。接下来，洪、冯等人带领会众相继铲除了紫荆山附近的诸多神庙。

他们的这些造反行动显然与地方封建势力的利益相悖，因而不可避免地发生了矛盾和冲突。但当时天地会的活动正好十分活跃，一切旧势力固然反对捣毁甘王庙，但与天地会真枪真刀的武装起义毕竟不同，拜上帝会尚未有明显的武装斗争的举动。如果激化与拜上帝会的矛盾，地方统治者及地主豪绅势必陷于两头受敌的不利境地，所以他们就采取折中的办法，宣扬甘王爷显灵说："这些人都出于诚心，你们不能伤害他们。你们只需再造我的神像。"洪秀全、冯云山等人偏偏不信邪，更加坚决地进行斗争。

2. 冯云山被捕

洪秀全等人毫不让步，不但有损地主豪绅和地方官吏名声，并且威胁了他们的利益，令他们又气又恨。

当地豪绅、秀才王作新的父亲王东城发起并主持建造了蒙冲山雷王庙。王作新不但财大气粗有功名，而且还成立了地主武装团练，在地方飞扬跋扈。拜上帝会会众捣毁了雷王庙，使王作新大丢颜面，威胁到了其自身利益，他便恼羞成怒地派人捉拿冯云山。卢六等人闻讯后便发动拜上帝会会众在路上激烈对抗王作新的地主团练，打伤几名团练，救出冯云山。王作新不肯善罢甘休，仗着势大，便于道光二十八年正月（1848年2月）赤膊上阵，率团练再次抓走冯云山、卢六，并把一些拜上帝会的宣传品搜去了，又花钱买通官府。县官王烈受了贿，为了不得罪地方大户，便把冯云山、卢六关进大牢。

在狱中，冯云山从宣传拜上帝会的小册子及基督教的经书里，摘录引用了二十余处有关上帝及基督教教义的记载，声称拜上帝会旨在倡导人们信奉真神上帝，教人改过自新，不信邪神，从而证明"一切上帝当拜，古今大典"。王烈看了申诉材料，再认真审查了收缴的拜上帝会的宣传品，反清、革命之类字句并未发现。他没有证据表明冯云山造反，便传令原告王作新对质做证，王作新也自知站不住脚，拒不相见。随着西方侵略势力日益渗透，基督教已开始在广西内地传播，知县既担心得罪洋人，当时中国政界官员怕洋人是一大特点，又怕把冯云山无罪释放得罪以王作新为首的地方势力，左右为难。王烈无奈之下只有关押冯云山、卢六，不予审理。卢六无法忍受折磨，不久在狱中病死。

不久，桂平知县王烈下台，新任署理桂平知县贾桂把冯云山一案向上呈报，同时一并将查获的拜上帝会会宣传品送给浔州府。浔州知府顾之恺十分兴奋，认为大有文章可做，可以趁机渔利，便兴冲冲赶到省城，以破获冯云山等人"谋反"案进行汇报。不料广西巡抚郑祖琛听后却不以为意。原来清朝各地的官员为表明治理有方，显示太平，免受皇帝怪罪，从来对此类案件睁只眼、闭只眼，最讨厌无事生非，小题大做。顾之恺升迁无望，懊丧地回到浔州，把案发回桂平县，让县令无罪释放，立刻结案。冯云山被捕时，洪秀全正在赐谷一带活动，当时拜上帝会群龙无首，杨秀清和萧朝贵等人便千方百计营救，他们动员会众捐款，用来搭救冯云山、卢六，并派黄玉昆去桂平县衙门向官吏行贿。贾桂有了上级指示，又接受了拜上帝会黄玉昆的贿赂，便随便审讯，最后以把他押解回广东原籍告终。

在两名差役押解冯云山回广东途中，冯云山一直劝导他们。他一面无情揭露清朝黑暗的统治，老百姓民不聊生；一面告诉他们如何摆脱苦难，那就是加入拜上帝会。冯云山的友善、诚恳打动了两名差役。他们对冯云山的学识感到钦佩，为他半年多的冤狱鸣不平，尚未抵达广东原籍，便把他中途释放了。两名差役返回县衙不久，便放弃了官差，到紫荆山加入了拜上帝会。

冯云山获释返回紫荆山，拜上帝会会众十分高兴，杀猪宰羊以示庆贺。冯云山没有亲自主持工作已经半年了，形势的发展，斗争的初步胜利，极大地振奋了会众。

3. 矛盾的激化

道光二十九年（1849）夏，洪秀全接全家来到紫荆山区。萧朝贵对洪秀全妹洪宣娇一见钟情，"宣娇也表示原意跟随"。洪秀全见此情景，又从斗争形

第三章 金田起义

势的需要考虑，答应将妹妹许配给萧朝贵。萧朝贵成了洪秀全的妹夫，结为亲戚，为此萧朝贵更加全力以赴帮助洪秀全。

九月，素来与拜上帝会敌对的紫荆山地区豪绅王作新再次发起进攻，勾结县令把拜上帝会成员黄为政、吉能胜逮捕了，并关进大牢，平南地区广大会众对此十分不满，拜上帝会与地主团练的矛盾升级。

发生这件事后，萧朝贵感到时机未到，主张采取守势。九、十两月，萧朝贵四处安抚信徒，贿赂官府，要求将人释放，同时力劝洪秀全、冯云山不可轻举妄动。

十一月中旬，平南地区官府因长期囚禁黄为政、吉能胜，引起了公愤，被要求立刻释放黄、吉二人。萧朝贵闻讯后，立刻与洪、冯、杨、韦等商议，并责成吉能才到平南向官府疏通。谁知豪绅王作新见拜上帝会胆小怕事，愈发变本加厉，并用巨金买通官府，"年少气盛之黄为政"终于被折磨致死。广大会众对黄为政之死义愤填膺，在平南地区熊熊燃起反抗之火。

黄为政风波尚未平息，贵县地主团练头目周鸣凤再次发难。道光三十年正月（1850年2月），周鸣凤率人对拜上帝会成员周凤善的家进行洗劫。洪秀全得知后，立刻派萧朝贵、韦昌辉前去救援。在当地会众的帮助下，大破团练，振奋了人心。群众见拜上帝会对会众保护有加，纷纷加入，拜上帝会势力进一步壮大。获胜后，萧朝贵、韦昌辉决定立刻返回。石达开等人眼见矛盾尚未解决，团练很可能发起反击，劝说萧朝贵"不可撤退"，萧朝贵不希望事态闹大，没有接受。

萧朝贵采取守势，也有其道理，因为此时，天地会与清军正进行如火如荼的武装斗争，天地会起义风起云涌，势不可挡，清军四面迎战，打得不可开交。萧朝贵认为"两败俱伤"之时，才是进攻的最佳时机。

形势日趋复杂，胡以晃决定将田产变卖，准备起事。萧朝贵担心泄露了机密，告诫胡以晃："不可逞强，急于求成，要伺机而动……要随机应变，不可被人识破根底，讲话要慎重。"

拜上帝会的妥协并未化解矛盾，封建地主势力反而越来越嚣张。道光三十年（1850）夏，高州信宜知县勾结地主团练头目邱贤参又挑起事端，把拜上帝会头目凌二十四逮捕了，随后又捉拿了拜上帝会信徒欧品庆等人，会众强烈反抗，占据邱贤参家，营救出被非法关押的会众，打伤几名团练，知县于是出动官兵及地主团练围攻燕古村，要求拜上帝会解散，紧张局势进一步升级。在无路可退的情况下，凌十八率领千余名会众据险自守，在这种形势下萧朝贵仍不同意诉诸武力，他的妥协政策使敌人有机可乘，七月二十日（8月27日），千余名清军与团练一同占领大寮拜上帝会分部，拜上帝会会众无法再忍，在凌十八领导下奋起反抗，七月二十二日（8月29日）攻占大岭和梅子兵营，大破清军，并重新夺取大寮，斗争的胜利极大地振奋了人心，挫了敌人的锐气。双方后来虽都做了让步，但并未消除矛盾。凌十八深知这一点，下令信徒们变卖家产，为武装起义做好准备。

二、准备起义

在一年多的时间里，拜上帝会会众在斗争中得到了锻炼，提高了觉悟。随着斗争形势的发展，拜上帝会逐渐由自发的反抗斗争变为有组织、有计划的自觉行动。此时，不但高层领袖清楚一场你死我活的斗争不可避免，连普通会众也预感到革命风暴即将来临。为了赢得这场斗争的胜利，必须做好充分准备。

1. 完善核心铸造武器

正当革命蓬勃发展之际，杨秀清患了疾病，"口哑耳聋，耳孔出脓，眼内流水，苦楚殆甚"。他这一病就是五个月。他这段时间主要在平在山养病，拜上帝会活动很少参与。洪秀全、冯云山和萧朝贵领导了紫荆山地区的大部分工作。洪秀全决定与其他地区拜上帝会的核心人物加强联系。

以石达开、秦日纲为首的桂县龙山地区的队伍、以胡以晃为首的平南鹏化地区的队伍和韦昌辉领导的紫荆山—金田地区的队伍是当时影响最大、实力最强的几支队伍。洪秀全和冯云山吸收韦昌辉进入领导核心，与此同时，提高了石达开的地位。

韦昌辉、石达开、胡以晃进入最高领导层后，一种新的平衡格局形成了。洪秀全、冯云山、杨秀清、萧朝贵、韦昌辉和石达开六人组成了调整后的领导核心，从而暂时稳固了权力结构，奠定了开展下一步武装斗争的基础。

随着革命形势的不断发展，铸造武器成为当务之急。洪秀全命令杨秀清迅速组织力量在紫荆山区开炉打造武器，准备举事。

杨秀清在紫荆山区铸造武器，拉开了拜上帝会有计划地准备武器的序幕。

紫荆山区地处桂平县西北，南北绵延一百余公里，西通蒙州、宣武，北靠大瑶山和永安，东隔大湟江，西南邻近贵县龙山银矿。这里原始森林密布，人

第三章　金田起义

迹罕至，进出紫荆山区的小路，极为艰难坎坷，悬崖峭壁难以逾越，地势险要，易守难攻。紫荆山区有300多家烧炭户，铁矿石取之不竭。杨秀清领导紫荆山地区会众，组织能力和号召力极强，因此铸造武器一帆风顺。

他们首先在紫荆山的涩田村开炉，后来杨秀清迁居鹏隘山新村，便又转到鹏隘山新村打造武器。为了掩人耳目，断断续续，前后进行了一年多。杨秀清患病尽管对制造武器的速度产生了影响，但打造武器的工作并未因此停止。武器打造好以后就地隐藏起来。

洪秀全责成杨秀清在紫荆山区铸造武器后，为了加速起义的筹备，便要求胡以晃在花洲开炉铸造武器，准备举事。胡以晃便自己出钱在花洲及其附近建造了几个"四尺左右宽的铁炉"，打制各式武器。胡以晃建造的武器炉在当时算得上大规模，不但能制造普通的大刀、长矛、弓箭、盾牌，而且能"筑土炮"。

各地拜上帝会受杨秀清和胡以晃的影响，相继从自身情况出发建造了铁匠炉。有的小规模铸造，有的改造自废旧铁农具，条件不具备的地方则花钱从市场上购买。一时间掀起了制造武器的高潮。其中除了杨秀清、胡以晃较早开炉、规模较大外，黄文金在博白，赖九在陆州，凌十八在广东信宜也都较大规模地打造武器。

韦昌辉向来重义轻财，贫苦百姓十分拥戴他。加入拜上帝会后，他便决心把所有家产用于革命。洪秀全见时机成熟，动员韦昌辉开炉铸造武器，共同举事。韦昌辉欣然领命。起初，采取了一些秘密措施以避免官府注意。白天打造农具，夜间则一刻不停地铸造武器。道光三十年（1850）夏，大革命就要爆发了，为加速制造武器，韦昌辉想方设法，其中之一就是"养了一百多只鹅在韦家，不停地叫，打铁的声音被掩盖住了，白天也可以开工了"。不分昼夜地打造了一段时间后，武器日益增多。为好好保存这些武器，韦昌辉悄悄派人送到村西边的犀牛潭中藏起来。

韦昌辉以全家资财在金田村铸造武器，对胜利开展武装斗争功不可没。他一面打造武器，一面在金田村地区积极发展拜上帝会信徒，又增加了一千多人。

正当杨秀清、胡以晃、韦昌辉等人制造武器进行得如火如荼之际，石达开也展开了行动。石达开素来重视武装拜上帝会信徒，并且已经千方百计准备武器。由于时间紧迫，资金、设备、技术有限，主要制造大刀、长矛之类，高质量的火炮无法生产。

武器当然重要，但战争胜负的关键除了武器，还有人。起义军被发动起来后，往往用落后的武器打败装备精良的敌人。

2. 拉拢罗大纲

完善了领导核心，铸造了自己的武器，洪秀全开始考虑扩充起义队伍，以便更好地对付敌人。

道光末年，天灾人祸接踵而至，大批贫苦群众为生活所迫参加了天地会的反清斗争。相传天地会于康熙十三年（1674）成立，力量十分强大，一百多年来始终奋力抵抗封建官僚地主阶级，在历史上留下了闪耀的光辉。他们倡导的"反清复明"的政治口号一直威胁着清朝统治者。清朝统治者说他们"与从事耕种的各省游民，结伙抢劫，并引诱当地愚民，或拜兄弟，或拜添弟，或数人，或数十人，或有会簿腰凭"。另据《郁林州志》记载："天地会……聚百人或数百人，定期结义拜盟，推一人为首称大哥……道光间，州中此会最多。至甲辰（道光二十四年，1844年）、乙巳（道光二十五年，1845年）尤盛，几无村不有大哥云。"

天地会自嘉庆十二年（1807）进入广西，便在这块苦难深重的土地上蓬勃发展起来。

道光二十五年至三十年（1845—1850），四支较大的队伍逐渐形成了，即湘桂边境的雷再浩、李沅发军，西江流域的艇军，南宁、太平地区的张嘉祥、颜品瑶军和广西中北部的陈亚贵等人为首的队伍。

艇军是在广西南部黔江和郁江上活动的一支水上天地会武装，于道光二十六年（1846）兴起，由任文炳等人统领，后又联合张钊、田芳等人，浔江和梧江也被纳入了势力范围，广东西江流域至广西浔江流域的交通被截断了。因他们经常搭波山艇，被叫作艇军。

艇军的成分复杂，以游民为主，其中被清政府裁撤的兵勇有很多。这些人勇武凶悍，身手不凡，因长期脱离劳动，缺乏明确的政治和经济目标，破坏性极强，也常有人被统治者收买叛变。艇军的活动对清朝地方的军事力量在一定程度上起了牵制作用。

道光二十七年九月（1847年10月），瑶民雷再浩在湖南新宁黄背峒举事，进军广西全州，武装抗清的烈火在湘桂边境点燃了。十一月（12月），雷再浩被清军围困并且因叛徒出卖，被俘牺牲。道光二十九年十月（1849年11月），贫苦游民李沅发利用新宁地区"谷价昂贵，富户不肯发卖……又勒索重利，贫民无力偿还"之机再次发动起义，除掉知县，提出"劫富济贫"的口号。在潮

第三章 金田起义

涌山、阴木坪等地的战斗中杀死清军参将玛隆阿，大破邓树堃的地主团练，威震四方，起义军最大规模达到四五千人。李沅发被敌人以优势兵力围困被俘，起义最终没有成功。在雷再浩、李沅发等人领导的天地会起义带动下，广西北部爆发了风起云涌的小规模的武装起义。

张嘉祥最早发动了南宁、太平地区的天地会起义。张嘉祥，广东高要人，后迫于生计来到广西贵县。道光二十六年（1846）举事，遭到镇压，逃入钦州十万大山蓄势待发。道光二十九年（1849）他以百合为根据地卷土重来，提出"劫富济贫"的口号，实力日益壮大。8月，张嘉祥率领千余名起义军占领贵县贾塘圩。但他后来叛变，投降清军，并参与镇压颜品瑶领导的天地会起义。与此同时，谢锡祥和颜品瑶等人领导的天地会会众在南宁举事，再度掀起革命高潮。

道光二十八年（1848），以陈亚贵为首的天地会起义引发了广西更为猛烈的革命风暴。陈亚贵本隶属于艇军，道光二十八年在武宣退出艇军自行起义，在武宣、象州、桂平一带山区活动，多次打败清军和地主团练。

陈亚贵率领的起义军和其他起义军相比目标较明确，军纪较好，也没有那么大的破坏性，专门向地主豪绅和富商筹饷。

从道光三十年（1850）起，清政府重点镇压陈亚贵领导的起义军。军机大臣特别命令广西巡抚郑祖琛："广西自去年张嘉祥反叛，官兵无力缉拿而将他招降，但余党尚存……不断挑起事端，尤以陈亚贵一股为甚。贼寇如此猖狂，足以说明该省州县缉捕不力。责该抚将前后所奏各情，按照摺内所指贼匪姓名，全力抓捕，依法严惩，并行参劾废弛捕务各员。"十月，大批黔、湘、滇省军队被清政府调入广西。在敌人优势兵力围攻下，陈亚贵最终兵败身死。

天地会起义军成分复杂，包括不少盗匪、兵痞和游民，这些人贪图享乐，为眼前私利烧杀抢掠，无所不为，人民群众正常的生产活动遭到严重破坏，人民群众的利益受损。

当然天地会中目标明确、纪律严明的队伍也有，如罗大纲的一支，当时在江口一带驻扎。几年来，罗大纲的队伍与清军及地主团练多次较量，战绩喜人，有很强的战斗力。洪秀全决定吸收这支队伍到拜上帝会中，于是便派冯云山前往游说。

冯云山辞别洪秀全来到江口，这时，盗贼遍地都是，罗大纲、大头羊、大鲤鱼几帮人马，都在江口附近驻扎，所以江口附近有很多清兵，搜查所有经过的人。一旦有可疑形迹，便被逮捕。冯云山心想自己一身道装，易引人猜忌，如果稍有畏缩，必定受牢狱之灾，一定得想法对付。不知不觉已走近了，有一员武弁，戴了白石顶子，率数十名勇丁，把守路旁。冯云山急中生智，佯装问路取悦于武弁，于是那武弁命一名勇丁，带冯云山出境。冯云山道了谢，便跟随那勇丁。一路上清兵见有勇丁护送冯云山，并不询问，冯云山得以顺利出了江口，便把一块洋钱赏给那勇丁，打发回去，一个人走在大路上。没走十余里，便到达了罗大纲营地。

起初，罗大纲怀疑冯云山是清兵派来的奸细，冯云山便用话激他，说："大祸临头还全然不知！今明公守在这里，以英雄自居，但当前有如逆水行舟，不进则退！绿林好汉不可能维持长久，成事在人，谋事在天。明公率数千之众，纵横一方，应当趁机举事，谋划大计，我不远千里，慕名而来，却被当作奸细。"这一席话使罗大纲佩服得五体投地。接着，冯云山便向罗大纲宣传拜上帝的道理："上帝道理，就是一个'善'字，信奉的，吉人自有天相，只信上帝，不可另信他神；若拜别神，就得不到上帝保佑。宗教为立国之本。某等见时机成熟，已同十数豪杰聚集广西，宣传上帝福音，共谋大计。明公胸怀大志，应当率部众全部皈依上帝，待我等准备妥当，便可相约共同起义！"罗大纲听罢大喜，便发誓与冯云山齐心协力同谋大事。

三、揭竿而起

1. 会聚金田

道光三十年（1850），拜上帝会已基本做好了起义的准备，革命的时机成熟了，洪秀全召萧朝贵等人商议。素来坚持采取守势的萧朝贵见各地拜上帝会已开始了行动，无法继续压制，在洪秀全及广大会众的推动下，于七月二十一日（8月28日）通知当时在平在山的杨秀清和在花洲的胡以晃到金田共商大计。七月二十一日至二十五日（8月28日—9月1日），以洪秀全为首的拜上帝会首领举行了高级会议，洪秀全在会上下达了"团营"令，标志着公开的武装斗争拉开了序幕。七月二十六日（9月2日），洪秀全和胡以晃一同到花洲，同时传令各基地立刻召集会众，连同家属到金田"团营"。营是军队的编制单位，所谓"团营"就是集中各分散力量建立军队，经过专门训练后，准备打仗。各基地会众行动迅速，立即奔赴金田。贵县白河梁立泰的队伍最先到达金田，

第三章 金田起义

他于"庚戌年七月（1850年9月初）在金田入营"。象州瑶山石龙村的谭要居第二，大概在八月上旬抵达。石达开的队伍是八月份入营的另外一支队伍。石达开接到"团营"令，立刻召集自己四千余人的队伍，从贵县奇石启程向金田进发。地主团练对此感到震惊，当队伍抵达六乌山六合村时，遭遇拦阻。石达开率会众顽强抵抗，打了漂亮的一仗，杀死多名敌人，胜利到达金田。在金田附近的其余几支队伍，如东乡会众、象州会众、花洲会众、贵县客家难民队伍等大多于十月初一（11月4日）前抵达金田，"团营"顺利完成。

韦昌辉在金田得"团营"令后立刻集合会众宣布举事。他当众宣布："我们穷人活不下去，要起来推翻清朝。上帝亚爸已赠给我们许多武器。"当时除了知道内情的极少数人外，绝大多数都大吃一惊。大量武器从犀牛潭中取出，极大地振奋了人心。

但是，也有一些基地或因远离金田，较晚收到团营消息，或因半路上地主团练和官府兵勇进行阻击而推迟抵达金田，或者未能参加。陆川赖九率领的队伍和博白黄文金为首的队伍均距金田三四百里。十月份在郁林，赖九的队伍与前来镇压的敌人发生对抗，战胜地主团练后，"经水车、龙安、蒲塘、下大洋，入桂平紫荆山，与洪秀全会师"。这两支队伍于十月二十一日（11月24日）才抵达。这其中，凌十八率领的广东信宜一带的队伍最为悲壮与不幸。洪秀全发出"团营"令时，凌十八在大寮正与地主团练进行激战，取得初步胜利后，凌十八便命令会众变卖房产补给军粮，集合金属农具制造武器。他率领四千多人的队伍从大寮动身，一路所向披靡，经信宜、宝圩、陆川，于二月底到达郁林城下。在郁林城下与敌人进行了一个多月的血战，错过了金田"团营"的时间，只有返回广东，最后失败。

从道光三十年七月末到十一月底（1850年9—12月），在将近四个月时间里，大部分主要基地拜上帝会会众已在金田集合。另外，罗大纲、大头羊张钊、大鲤鱼田芳、苏三娘、邱二嫂、卷嘴狗侯志、大蜘蛛关钜等八支天地会的队伍相继投奔，洪秀全热烈欢迎。金田寨内，多了几个新来的豪客，互相介绍，分别是贵县人林凤祥、揭阳县人罗大纲、衡山县人洪大全，谈天说地，豪放不羁。洪秀全兴奋不已，开诚布公地发表了演说，便杀牛宰豕，与其结拜为异姓弟兄，颇有桃园结义、梁山泊拜盟的意味。当下会众推洪秀全坐第一把椅子，推了杨秀清为第二，洪、杨都欣然接受，石达开有一诗云：

大盗亦有道，诗书所不屑。

> 黄金若粪土，肝胆硬如铁。
> 勒马过悬崖，弯弓射明月。
> 人头作酒杯，饮尽仇雠血。

这一首诗淋漓尽致地表达了这班人物的粗莽豪放。洪秀全正是凭借这支力量展开了反清斗争。

2. 震动清廷

道光三十年（1850）下半年，广西的农民起义发展极其迅猛。两广总督徐广缙坐镇广州，漠不关心，一切由广西巡抚郑祖琛一人承担。日益壮大的流民队伍和此起彼伏的天地会起义使郑祖琛忧心忡忡。他深知自己兵力、财力有限，天地会起义根本无法镇压，请求增援，徐广缙又不闻不问。如实奏报道光帝，又担心被怪罪。

幸好幕府中几位老夫子都神通广大，满腹经纶，见主人心急如焚，纷纷献策，为他排忧解难。其中有一个姓时名菊庵的，最足智多谋，当下献计道："晚生看来，洪逆倡乱，不足为患。"抚院道："老夫子无官一身轻，自然不关心贼寇在什么地方。兄弟身为一省巡抚，如何能推脱这个责任？"时菊庵道："晚生有一妙计，保证无论广西地方如何混乱，中丞都不致遭到上头斥责。"抚院喜出望外，连忙请教。时菊庵道："中丞立刻办一个折子，到北京告急，就称贼势凶猛，本省兵力有限，无法防守，请求派人前来剿灭，一面自请交部严议。上头见中丞自行请罪，自然不会严惩中丞，一派出钦差，剿贼就与我们无关了。中丞认为这一个计划如何？"抚院十分高兴，便请他拟了一个折稿，认为不错，抄写一遍，立即发出。由于是加急送这一道本章，不多几天，便抵达北京。当值太监见是紧急奏报，便赶紧送入乾清宫。年轻的咸丰帝刚刚即位，看完之后，心中十分不快，秘密召协办大学士杜受田乾清门问话。文宗来到乾清门，杜受田行过礼，发现皇上不高兴，不敢说话。只听文宗道："郑祖琛这人，先生应该有所了解。"杜受田愣了一下，幸好他反应快，马上就问："莫非广西地方，出了大事？"文宗道："以人论人，他这个人到底怎么样？"杜受田道："郑祖琛做州县时，颇有贤名，由州县晋升为监司，就普普通通。他这个人还是适合做小官。"文宗道："这话就对了。只是已经是巡抚，总不至于再被贬为州县。先生，你瞧他的奏章，居然把广西闹得一塌糊涂。"杜受田看了一遍。文宗道："你看该如何是好？是仍然由他办，还是另派钦差？"杜受田道："仍由他办，郑祖琛倒是无所谓，只是可怜了广西的百姓。"文宗道："派人去，你看谁合适？"杜受田道："臣举荐两个人，只是其中一个，要请皇上格外开恩。"文宗问是谁，杜受田道："向荣、林则徐。"文宗道："林则徐嘛……"杜受田道："林则徐因办理洋务不善革了职，先皇帝也知对他不公，所以没多久，就赏给他四品卿衔，去浙江军营。后经革职，发配到伊犁。尚未到达，又命他返回河东，没几年又命他回京以四五品京堂候补。穆彰阿、耆英等，尽管一再阻拦，也无济于事。皇上起用林则徐，称得上绍述先志。"文宗道："朕也知道穆彰阿、耆英不是好人。"便命杜受田拟旨，命林则徐为钦差大臣，立刻去广西剿灭贼寇，调向荣为广西提督，令郑祖琛出省督师。同时下旨，历数穆彰阿、耆英的罪，把穆彰阿革职，永不叙用，降耆英为五品顶戴，以六部员外郎候补。郑抚台接到此旨，喜忧参半：喜的是有了钦差，可以减轻压力；忧的是钦差未到，仍要亲自剿匪。前思后想，无奈之下，只好率数千绿营兵，出了省城，缓缓南下，走到平乐府，驻兵不前。

提督向荣赶到桂林，听说巡抚已出省督师，以为由抚台亲自督剿，金田一面能控制局势，不如自己向柳州、庆远一带，先铲除土匪，消灭洪、杨羽翼，随后夹击金田，易于成功。定了主意，便传书郑抚台，郑抚台也不知如何是好，令他见机行事。于是向荣出柳州、庆远，转入思恩、南宁，一路上剿灭盗贼无数，势不可挡。

然而，郑抚台驻兵平乐，洪、杨等也暂不动身，只是蓄粮备械，从容部署，正打算大举进攻，忽然得知钦差大臣林则徐奉旨前来，洪秀全大吃一惊："罢了罢了！林公一到，我辈休了。"石达开在旁道："大哥为何如此胆怯？有道是水来土掩，兵来将挡！"洪秀全道："愚兄并非胆怯。这林公有勇有谋，英人尚不是他的对手，何况我辈？"石达开道："弟也知道林公厉害，但我军兵精粮足，总可应付几个月，如果不行，兄弟们还能从海上逃生，等林公到来，再做打算吧！"秀全听说，松了口气，只派人打探林钦差行程。

林则徐奉命出都，马不停蹄，希望能一举成功。不料走到广东普宁县地方，突然得了疾病，无药可医，竟撒手西归。遗折到京，文宗大吃一惊，特意下旨赠给太子太傅，赐谥大忠。又派原两江总督李星沅为钦差大臣，去广西平乱，命其担任广西巡抚。那郑祖琛与广西提督闵正凤，玩忽职守，最后都被发配到新疆。准备好一切后，已到了道光三十年十一月份（1850年12月），拜上帝会抓住这个天赐良机，暗地里建立、训练军队，军事力量壮大了。

3. 建规立制

下达"团营"令后，大批会众聚集金田，人数激增到两万多人。面对清政府的压制和进攻，为了使有限的物资得到最充分的利用，战胜经济困难，共渡难关，洪秀全在全军实行公库制度，并不断完善。

太平天国革命创造了公库制度。早在金田"团营"之前，各基地领袖就已知道了总部的计划，随着形势日益发展，广大会众也预感到武装起义即将到来。道光三十年初（1850年2月）平南花洲的胡以晃首先变卖田产，会众群起响应，他们集中得到的现金、粮食，准备举事。"团营"令发布以后，各基地会众纷纷廉价变卖家产，筹备武器、粮食，在"团营"途中为了便于行军和打仗，也为了体现互助互爱，便集中存放所有财产，这便是公库制度的雏形。公库制度产生后，信徒们十分拥护。因为拜上帝会向来倡导众生平等，大家都是一家人。显然，绝大多数拜上帝会的信徒出身寒门，他们长期在贫困线上痛苦地挣扎，对严重而悬殊的贫富分化深恶痛绝，渴望过上自由平等温饱的日子。而拜上帝会一贯在经济上人人平等的思想在公库制度上得到了充分体现。

公库制度与《圣经》里的圣库制度不同，它立足于中国革命的现实情况。它的巨大作用甚至连清朝统治者也不得不承认。张德坚在《贼情汇纂》里说："夫首逆数人起自草莽结盟，寝食必俱，情同骨肉……故能成燎原之势。"公库制度极其有利于防止战争时期将士官兵间的贫富分化，增强凝聚力，一致对敌，因为公库制度规定信徒们不能拥有私人财产，部队将士劫掠平民的事件大大减少了。"团营"不久，太平军便面临严重的经济困难，十分缺乏粮食。于是依据公库制度，"诰谕众弟妹概行食粥，以示节省"，饿死人的事没有发生，共渡了难关。但公库制度也存在缺陷，在物质严重匮乏的封建社会，它是贫苦大众理想的天国。在封建社会的中国，洪秀全无法以阶级分析法去探究清朝统治腐败无能和百姓民不聊生的根本原因，他认为满人统治是造成这一切的根源，因此既然是反清革命，应当废除满清统治者所推行的发式、服装等。

清统治者入关初期，曾用武力在全国推广满人的发式，即把周围的头发剃去，留下中间的部分编成辫子垂在脑后。并颁布"留头不留发，留发不留头"的残暴命令，汉族人民强烈不满这种强制的高压政策，进行了几十年持续不断的反抗。洪秀全打出恢复汉人发式和装束的旗号，有效地发动并组织了群众。洪秀全自己带头蓄发。

拜上帝会信徒蓄发早晚不同，但各基地的众多信徒都相继不同程度地蓄了发，因为尚未公开与清朝统治者的武装斗争，也是在掩盖和伪装中进行蓄发。金田"团营"后，所有信徒都拆散辫子公开蓄发，以标志他们都是太平天国革命者。太平军留着酷似古代人的发式，但也有差别，别具一格。"蓄发不剪，

第三章 金田起义

编成辫子,用红丝线扎住,盘在头上,状如头巾,尾端成一长穗,自肩下垂。"与此同时,装束全部改变了。基本上改穿汉人传统服装,裤角和袖口是其中最重要的差别,马蹄形变成了直筒形,上衣的纽扣也变左开为中间开。拜上帝会信徒不愿再臣服于满清统治者。

太平军以这种方式与清统治者斗争,有力地教育了群众。"团营"令下达以后,各基地的会众立刻来集合,建立自己的军队,制定军事纪律,已成了当务之急。洪秀全等人一面把来自各地的会众编成军队,一面加紧进行训练,主要由石达开全权负责练兵活动。来到金田的会众主要是各地散居的农民,没有经过正规训练,不了解使用各种武器、行军、打仗、布阵等基本军事知识。又由于不同的生活习惯和经历,要把他们组建成一支高度集中统一、机动灵活、纪律严明、战斗力强的队伍,十分困难。洪秀全制定并颁布了《太平条规》以严明军纪,增强战斗力。《太平条规》包括定营规条十要和行营规矩十令,其中尽管仍带有淡淡的传统的宗教色彩,但它是武装斗争的产物。"团营"期间,会众边训练边学习,战士们以《太平条规》作为教科书。经过两三个月的训练与学习,会众们大大提高了素质,迅速形成为一支有信仰、守纪律、极具战斗力的队伍。随着形势的迅猛发展,残酷的武装斗争就要到来,《太平条规》便显得烦琐而冗长了。为此,洪秀全向全军将士宣布了五条军纪:

一、遵条命;

二、别男行女行;

三、秋毫莫犯;

四、公心和傩,各遵头目约束;

五、同心合力,不得临阵退缩。

这五条军纪言简意赅,符合实际,行之有效。群众尤其拥护"秋毫莫犯"一条,拜上帝会也正因此而赢得支持并胜利进军。

如前所述,拜上帝会会众根据洪秀全发出的"团营"令会聚金田时,有几支天地会的起义队伍也聚集到金田,归附洪秀全。但是天地会有很多缺陷,它没有固定的根据地,缺乏统一指挥和严明的纪律,一旦战场失利便落荒而逃,无暇相顾,很难再重整旗鼓。天地会因此只是昙花一现,一直无法形成一支持续发展的队伍。以洪秀全为首的太平天国革命代表着中国封建社会末期农民革命的最高水平,它的号召力和凝聚力都要大得多。天地会领导的革命在这一点上难以望其项背。洪秀全在吸收天地会的同时,再次强调两条纪律,即专拜上帝不信邪神,太平军的军纪必须严格遵守。罗大纲参加太平军之后,觉悟迅速提高了,成为优秀的太平军将领,他统率的一支劲旅立下了显赫战功。而天地会中那些缺乏明确斗争目标、靠打架劫掠过活的绿林强盗式的队伍根本没有纪律的意识,他们对任意破坏纪律不以为意。因此一些不愿受制于军纪的天地会队伍后来脱离了太平军,四处漂泊,单枪匹马作战,很快被清军镇压。邱二嫂率领的天地会起义于咸丰三年(1853)被清军和地主团练在贵县剿灭,教训十分沉痛,甚至有人被清政府收买成为叛徒。

洪秀全倡导男女平等。早在道光二十五年(1845),洪秀全在《原道醒世训》里就呼吁:"天下多男人,尽是兄弟之辈,天下多女子,尽是姊妹之群,何得存此疆彼界之私,何可起尔吞我并之念。"广大妇女群众十分欢迎这些主张。许多妇女积极加入拜上帝会并发动全家人参加,大大增加了信徒人数。"团营"之初,她们主动变卖田宅产业,毫不犹豫跟随丈夫、儿子加入太平军,成为中国历史上最早的娘子军。她们获得政治解放后,个个英姿飒爽,驰骋战场,对革命战争功不可没。

全家甚至全族在参加金田"团营"的总人数中占了大部分。为了妥善安置一万多老幼妇女,使革命者没有后顾之忧,洪秀全实行了设男营女营的制度。

太平军的男营分为作战营、老弱营和诸匠营,50岁以上男子和14岁以下儿童安置在老弱营,根据他们的体力从事运输、做饭等。匠营中安置有技术特长的人,制作武器、车辎等军需物资。女营分为战斗营和老弱营,老弱妇女及婴儿安置在老弱营。安置女工在锈锦营中,制作服装、鞋帽、旗帜等。女营和男营共同组成了太平军的有机整体。

奸邪淫乱一贯为洪秀全所反对。制定于道光二十八年(1848)的《天条书》中就倡导:"天堂子女,男有男行,女有女行,不得混杂。凡男人女人奸淫者名为变怪,最大犯天条。""团营"后洪秀全更加严格地进行规定:"男的住男营,女的住女营,小孩子跟母亲住。一家人7天团聚一次,只能在这个时候进行交谈。禁止打架和吵闹,禁止调戏妇女,违令者处死。"在残酷的战争年代,分男营女营,有利于严明军纪,提高战斗力,然而,时间久了,长期隔开男女,虽夫妻也分居两地,不合常理,引发许多问题,造成人心涣散。

4. 首战告捷

道光三十年十二月初十(1851年1月11日),太平军为庆祝反清起义旗开得胜在金田隆重集会,洪秀全在集会上庄严宣布太平天国成立,"正号太平

第三章　金田起义

天国元年，封立幼主"。一个新兴的农民政权正式诞生了。原来，下达"团营"令之后，洪秀全认为当时有韦昌辉的一支队伍在金田村，石达开也在金田附近，问题不大。其次，洪秀全与花洲胡以晃关系密切，花洲的地主团练有较大的势力，拜上帝会实力相对较弱，难以胜利地完成"团营"任务。所以洪秀全、冯云山从金田村总部迁至花洲山人村胡以晃处。清军得知洪秀全、冯云山在花洲后，立刻派浔州协副将李殿元、秦川司巡抚张镛驻兵思旺，试图夺取花洲。金田起义之日，即十月一日（11月4日）洪、冯命胡以晃主动进攻思旺，五十多名敌人被歼灭。由于赶来了清军援兵，未能攻下思旺。思旺虽然保住了，但清军也尝到了太平军的厉害。双方在随后的一个多月时间里一直对峙。官兵企图困死太平军及其领袖洪秀全、冯云山。

敌人抽调大量兵力后，于十一月（12月）中旬开始攻击花洲。胡以晃的队伍势单力薄，又被围困，情况危急，洪秀全派人通知金田，杨秀清此时已病愈复出，主持大局。他便立刻命蒙得恩率三千太平军，连夜救援。十一月二十二日（12月25日），蒙得恩率军从金田动身，日夜兼程赶到花洲。二十四日（27日）黎明，围困花洲的清军正洋洋自得，战斗打响。太平军英勇作战，清军手忙脚乱，李殿元的精锐部队被打得落花流水，李殿元落荒而逃，张镛被太平军生擒并处斩。二十五日（28日）蒙得恩会合胡以晃的队伍，迎洪秀全、冯云山凯旋。这便是著名的迎主之战，又叫作"思旺会战"。迎主之战是太平军首次与清军大规模正面较量，太平军高超的战略战术和战士的英勇善战在战场上得到了充分体现。迎主之战的胜利极大鼓舞了士气。

镇守浔州的统领周凤岐听说李殿元失败，张镛阵亡，思旺沦陷后，进军金田。他派清江协副将伊克坦布于迎主之战的第二天，即十一月二十六日（12月29日），率清兵一千多人攻打太平军。十一月二十九日（1851年1月1日），伊克坦布从三路进军攻打太平军，他亲自率中路清军，气势逼人。洪秀全与杨秀清对形势进行了认真分析，做出了集中优势兵力、先进攻敌人两翼、取胜后再联合攻打正面清军主力的决定。伊克坦布见状，企图从蔡村江桥逃走，匆忙间从桥上跌落，被太平军生擒并斩首。周凤岐赶紧率大军来救，"经过一昼夜，太平军解了围"。这一仗歼灭了数百敌兵，清军威风扫地。

迎主之战和蔡村江之战取胜之后，太平军战士好好地庆祝了一番。清军方面，周凤岐大败，退回桂平，不敢迎敌。地方大员觉得向朝廷无法交代，赶紧找出几个替罪羊。道光三十年十二月初八日（1851年1月9日），署理广西巡抚劳崇光、广西提督向荣上奏咸丰帝，请求处置李殿元等人。

迎主之战和蔡村江之战,既反映了清军的腐败无能,也体现了太平军将士骁勇善战。

新生的太平军经受了残酷斗争的考验,不仅使敌人扼杀革命的企图没有得逞,而且锻炼了太平军战士,提高了素质。

在此之前,清朝统治者从上到下都全力以赴对付天地会,对拜上帝会知之甚少,这一次惨败使清朝统治者认识到他们面临的新敌人——太平军有着比天地会更强的实力,不容小觑。从此他们密切注意太平军的情况,太平军成为他们武装镇压的重心。

5. 转战各地

①整装出发

蔡村江之战之后,停战了十几天,敌人加紧派兵和补给,气势汹汹,打算全力进攻金田。拜上帝会领导的起义尽管有时间做充分的准备,但是由于萧朝贵等人坚持保守主义,坐等时机成熟,完全没有全面安排起义后的战争发展。一旦举起造反的大旗,清朝统治者立刻瞄准了太平军。

蔡村江大捷后,太平军尽管士气旺盛,但毕竟地处金田一隅,财力、物力难以长期维持,因此洪秀全决定率军离开金田。十二月九日(1月12日),张钊一伙天地会叛徒在清思恩知府刘继祖的监督之下,首先进攻金田太平军。

洪秀全立刻召杨秀清等商议迎敌。石达开道:"出兵前应先做张檄文,历数贪官污吏的罪孽,才称得上师出有名呢。"洪秀全道:"这还得烦劳老弟!"石达开道:"还是大全善于舞文弄墨。"洪秀全便命大全草檄,很快就写成了一篇檄文道:

奉承天道吊民伐罪大元帅洪谨以大义布告天下:窃以朝右奸臣,甚于盗贼;署中酷吏,无异豺狼。利己殃民,剥闾阎以充囊橐;卖官鬻爵,进谄佞而抑贤才。以致上下交征,生民涂炭。富贵者稔恶不究,贫穷者含愤莫伸。言者痛心,闻者裂眦。即以钱漕一事而论,近加数倍,三十年之税,免而复征,重财失信,挖肉敲脂,民财竭矣。剧盗四起,嗷鸿走鹿,置若罔闻;外敌交攻,割地赔钱,视为常事,民命穷矣。朝廷恒舞酣歌,讳乱世而作太平之宴;官吏残良害善,掩毒焰而陈人寿之书。萑苻布满江湖,荆棘遍丛道路,民也何罪?遭此鞠凶。我等志士仁人,伤心侧目,用是劝人为善,设教牖蒙,乃当道斥为莠民,诬为匪类,欲逞残民之焰,遽操同室之戈。我等环顾同胞,义难袖手,因之鼓励同志,出讨巨奸。凡我百姓兄弟，不必惊惶！商贾农工，各安生业！富者助饷，贫者效力，智者协谋，勇者仗义，共襄盛举，再造升平，则虎狼戢而天日清，蠹贼除而苗禾殖矣。倘有愚民助纣为虐，怙恶不悛，天兵所到，必予诛夷，凛之慎之！檄到如律令。

檄文一发，便制定旗帜，全用红色，取炎汉以火德旺的意义，又命每个人用红布包头，手持武器，列队从金田村动身，进屯大黄江，大破张钊叛军，沿大湟江东下，占据距金田二十余里的商业重镇江口圩。清廷又命周天爵署广西巡抚，加总督衔，立刻去广西办理军务，又令两广总督徐广缙率军夹击。广缙派副都统乌兰泰赴广西处理军事，与提督向荣，兵分两路攻打洪、杨。江口圩交通便利，物产丰富，有较大的活动余地，有利于转移。但洪秀全等人以防御为主，不图进取，陷于消极被动的境地。

向荣抵达马鹿岭，马鹿岭位于大黄江对面，由洪秀全率军防守。时间一久，太平军日益困难，极为被动，被迫决定撤出江口圩，往新圩—紫荆山一带转移。

②东乡称王

二月初八日（3月10日）太平军占据武宣东乡，将东乡作为据点，安置全军将士家属，建造防御工事，以东岭、三里圩为东乡之门户，以台村、灵湖之淤田为关栏，以山鞍岭为地界，埋伏在莫村一带十余村，这里集中了大部分的精锐力量。太平军休整了几天。二月二十一日（3月23日），洪秀全正式在东乡登基称天王，并分封王军主将：杨秀清为左辅正军师，领中军主将；萧朝贵为右弼又正军师，领前军主将；冯云山为前导副军师，领后军主将；韦昌辉为后护又副军师，领右军主将；石达开为左军主将。五军主将各自率领一军。出于当时武装斗争形势的需要而加封五军主将，但仅仅是军事建设，而并非健全的政权机构。

东乡登基及加封五军主将说明太平军经受住了残酷的武装斗争的考验，站住了脚，广大太平军将士受到了很大鼓舞。但是，如果洪秀全仿效朱元璋，在占据建康（南京）后，"广积粮，缓称王"，集中精力发展自己的力量，或许会有更好的客观效果。

③重回金田

洪秀全的决策使清军得以喘息，清地方官员因此放宽了心。取代郑祖琛任署理广西巡抚的周天爵率二百人，经象州抵达武宣，不久，向荣率大批清军进驻武宣，随后又赶来总兵秦定三部，知府张敬修亦率一千二百名兵勇从南平逼近三里圩，逐步包围了太平军。接着，周天爵制订了计划，四路进攻三里圩，即向荣部攻三里圩之西，秦定三部攻三里圩之北，此二部为主力；刘继祖部攻东岭，张敬修部攻台村，此二部主要是牵制太平军，支援向荣部主攻。

洪秀全认识到了敌人的阴谋，立刻进行反击。一面在东线毁坏敌人的交通线，派兵驻守险要，以防敌人攻打；一面调一万多精锐大军到三里圩前线，洪秀全、冯云山亲自指挥。两军在东岭经过半天的厮杀，清军才侥幸突围，逃回根据地。这一仗，清军又有数百人的伤亡，太平军舍生忘死，奋勇杀敌，士气远远盖过了敌人。太平军在残酷的斗争中已经日益成熟，显著提高了战略战术水平。在这种情况下，清朝官员被迫又调整策略，以战略围困取代主动进攻。

洪秀全深知太平军的危险处境，决定放弃东乡，转移到别处。他命令太平军妇女老幼，尽快将所有粮米搬至罗渌洞，准备突围。四月十五日（5月15日）凌晨，太平军从东岭、三里圩一带向北占据大林，直逼庙旺。在随后的几天里，太平军连续夺取寺村东部的百丈、新寨、中平等地。六月初六日（7月4日），洪秀全率太平军大队兵分两路，开进山林，主力一路挺进紫荆山，另一路向东乡进军，并为太平军断后，到六月初九日（7月7日），太平军转移任务完成，西起东乡，东到新圩，包括紫荆山—金田在内的狭长地区再次成了太平军的势力范围。乌兰泰军此时亦到，分头攻截，又李星沅和周天爵已分别抵达柳州和桂林，都出兵追剿。不料李、周二人有意见分歧，李星沅一向尊崇向荣，所遣各军，都听命于向荣。周天爵兼任督务，官位高于向荣，派遣将弁，私下要求他们直接抚辕管辖，不受提辕干涉。乌兰泰又听命于广东总督，更与向荣各自为政。向荣屡屡被牵制，自然要向李钦使申诉。李钦使写信给周署抚，又碰了一鼻子灰，李钦使也愤愤难平，疏请简派统帅，一面进攻武宣，焦虑不安而病倒。李星沅系湖南湘阴人，为人忠孝，位高权重，颇有政绩。道光帝驾崩，他从江南入京奔丧。咸丰帝登基，他称母亲年迈要求回乡。咸丰帝见他诚挚，准许他暂归探视，恰逢林则徐病逝又命他为钦差大臣。星沅入告母陈太夫人，便立刻赶往粤西，现在已病入膏肓。遗疏言："贼不能平，不忠；养不能终，不孝；殓用常服，以彰臣咎。"咸丰帝见他遗疏，禁不住潸然泪下，一面下旨厚葬他，一面令大学士赛尚阿，率都统巴清德、副都统达洪阿，督四千京师精兵，赴粤视师。周天爵听说李星沅病故，便上奏称向荣不听命令，咸丰帝因星沅疏中流露出对周天爵的不满，便罢免周天爵督师，褫总督衔，另派邹鸣鹤任广西巡抚。

第三章 金田起义

太平军经过半年多艰苦的转战，重新返回大本营金田地区。但洪秀全认为重返金田地区始终不是长久之计。紫荆山—金田地区虽然有较大的活动范围，但物资并不充足，又经清军烧杀抢掠，自然难以作为太平军稳固的根据地。

④"天父""天兄"下凡

洪秀全率领太平军重返金田地区后，清军主力便相继到来。到六月十七日（7月15日），各路清军两万多重新集结。向荣部七千人驻扎东乡，打算从西面攻打紫荆山区；乌兰泰部一万多人在思盘江南岸及江口圩等地驻扎，欲从东面进攻新圩。太平军也分成新圩的前队和东乡的后队。六月二十七日（7月25日），乌兰泰率六千清兵分四路攻打新圩外围，太平军凭借有利地势伺机发起进攻，多次击退乌兰泰军，清军虽然首次攻打新圩失败，但严重破坏了新圩外围太平军的村圩和阵地，使他们损耗了大量物资。

七月初（7月底），达洪阿援军与乌兰泰军会师，从而进一步加强了清军的力量。七月十日（8月6日）乌兰泰率九千清兵五路围攻合击，再次进攻新圩。乌兰泰同总兵秦定三率主力攻新圩西北，并堵截紫荆山口和金田伏兵；副都统达洪阿进攻新圩西南的莫村；总兵李能臣、副将王锦绣攻新圩东南；总兵经文岱、署道张敬修攻新圩正东。另派署总兵李瑞、王梦麟率八百清兵在新圩东北攻打撤退的太平军。达洪阿第一个发动进攻，他凭靠充足的火药，用火箭、炮弹轰炸新圩，焚毁新圩外围一处村庄、一座炮台。太平军损失并不大。当时恰好天降大雨，淋湿了清军火药，达洪阿不敢再进，便撤退。乌兰泰率其主力气势汹汹地来到大河桥村，太平军奋起抵抗，因弹药缺乏，退入林中进行反击。香山勇武举韦允升被击毙。韦允升所率百余人队伍溃不成军，十几人丧命。乌兰泰部被吓破了胆，其余几股更没有什么战果。当时恰逢倾盆大雨，清军无心再战，相继撤回。

乌兰泰两战两败，发起新的进攻，已力不从心，双方再次对峙。清军卷土重来，准备再次进攻，太平军陷于更大的困境。当洪秀全向人民群众宣扬拜上帝教义的时候，的确有很多人是虔诚的信徒。他们笃信天上有个上帝会拯救他们。但持怀疑态度的也不乏其人，他们只是迫于生计，或其他诸多原因才参加的，杨秀清就是这样的人。

杨秀清不但怀疑拜上帝会对洪秀全是上帝第二子的宣传，而且精通广西当地的"降僮术"。金田起义之前，随着拜上帝会力量迅速壮大，成分越来越复杂。地方旧势力企图从内部分裂拜上帝会，便实行拉出去、打进来的策略，一方面收买拜上帝会中意志薄弱者，同时派其心腹混入拜上帝会中来。反动势力的破坏导致拜上帝会内部思想混乱。拜上帝会中不断发生奇事，因而也造成不少纷争。当众人下跪祈祷时，忽有人跌在地上失去知觉，全身出汗，昏迷不醒，其人仿佛有神附体，嘴里或劝诫，或斥责，或预说未来之事。杨秀清深谙此术。

道光二十八年三月初三日（1848年4月6日），杨秀清在紫荆山会众中首次代"天父"传言，即借杨秀清之口转述天父"皇上帝"的旨意。"乃鉴世人"是第一次传言的重要内容，呼吁会众齐心协力抵制谣言蛊惑。冯云山当时正在狱中，洪秀全又不在紫荆山，群龙无首，传言纷飞，杨秀清毕竟统领紫荆山地区，他出面表态，一时也没有人敢不从，在客观上稳定了局势。不久，萧朝贵仿效杨秀清，也开始传言。他未敢代天父传言，而是代"天兄"传言。

杨秀清与萧朝贵的传言尽管有形式上的差别，却有共同的本质、有同样的效果。据《太平天国起义记》记载：

> （杨秀清）每次代天父上帝传言时，严厉肃穆责人之罪恶，常指个人而宣传其丑行。彼又劝人为善，及预言未来，或号令人应如何做法。其言辞大概留极深刻之印象于会众。萧朝贵则以耶稣之名传言，而其言则比秀清之言较为和蔼。

杨、萧的传言使会众们很疑惑，洪秀全和冯云山回到紫荆山以后认真分析了形势，从大局出发，他们决定认可杨秀清代天父、萧朝贵代天兄传言的权力，并修改了拜上帝会的教义：上帝为天父，耶稣为天兄，洪秀全是第二子，冯云山是第三子，杨秀清是第四子，萧朝贵是第五子。这就使杨、萧的传言较为合理了。此后，杨秀清和萧朝贵又多次代天父、天兄传言。

如前所述，太平军屯守武宣东乡之时，周天爵实施"坐战"策略，尽管无法消灭太平军，但也极大地阻碍了太平军的物质供给。三里圩之战后，太平军仍然占据东乡附近70个村圩。清军的围困使太平军极度缺乏粮食、食盐，以及制作火药的原料。为了改变现状，太平军不时率小分队主动进攻，但作用不大，久而久之，太平军困难重重，甚至有断粮的危险。士气低落，军心涣散，不时发生违反拜上帝会教规的事情。在这种情况下，洪秀全等人却束手无策，于是，杨秀清出面代天父传言：

> 我差尔主下凡作天王，地（他）出一言是天命，尔等要遵。尔等要

真心扶主顾主，不得大胆放肆，不得怠慢也。若不顾主顾王，一个都难（逃）也。

杨秀清旨在通过思想动员，即精神鼓励，巩固团结，共渡难关。隔了几天，萧朝贵在对困难时期违反纪律的太平军将领进行惩处之后，又"代天"兄传言。之后，萧朝贵雷厉风行，安抚各营将士，并多次向全军将士解释，使人人明白，旨在激励大家忍受一时逆境的考验，遵守纪律，英勇作战，共谋大计。在困境中，杨秀清、萧朝贵的传言及其随后对军纪的整顿在一定程度上安定了军心，增强了团结。

此时，太平军与清军在新圩进入相持阶段，太平军的处境极为不利。

七月十三日（8月9日）萧朝贵在莫村代"天兄"传言，强烈谴责个别将士为谋私利而丧失公心。这天夜里二更，杨秀清在茶地也以"天父"的名义斥责部分太平军将士违抗天命，呼吁将士们齐心协力，忠心报国，告诫全军将士，"从今以后，诛妖有任何的畏惧退缩，都会被上天知道，大家必须谨遵天命"。拜上帝会向来借助宗教的神力做思想教育工作，它有利于稳定军心，提高士气。但是，假如缺乏一定的物质基础，空洞说教收效甚微。

杨秀清代"天父"传言、萧朝贵代"天兄"传言，在许多时候稳定了形势，促进了革命的继续发展。然而，杨、萧这么做使拜上帝会中产生了多个中心，拜上帝会一向宣扬的教义遭到破坏，洪秀全至高无上的教主地位也受到威胁，从而使许多问题趋于复杂，造成了日后的隐患。

⑤胜利大转移

紫荆山前面叫作新圩，后面叫作双髻岭、猪仔峡，都非常险要。双髻岭是通往紫荆山的必经之地，清军必定要夺取；对太平军而言，要想确保金田，也必须扼守这里。双髻岭"凭高据险"，"道路坎坷，难以攀援"。正是凭借这个天险，洪秀全没有刻意防守。

乌兰泰在东面进攻新圩之际，八旗宿将巴清德援军已与向荣会师，增强了兵力。向荣见乌兰泰的正面进攻作用甚微，决定从西路偷袭双髻岭。七月十五日（8月11日）向荣、巴清德突然发动进攻，自紫荆山后路攻入，直登猪仔峡，占据要口。洪、杨等奋起抵抗，终因已失要口，回天无力，只有率众撤退。向荣等穷追不舍，夺取双髻岭要隘。

双髻岭失守后，进入紫荆山区的门户被清军控制了，金田大本营暴露在敌人面前，严重威胁了太平军的众多家属、辎重，甚至指挥中心，形势极其危险。八月初二日（8月28日）向荣主力进攻风门坳，再次得手，风门坳陷落。至此，向荣、乌兰泰两军已经形成包围圈，太平军危在旦夕。咸丰帝闻讯，以为即将大功告成，寄诗嘉奖。

在这紧急关头，洪秀全镇定自若。

七月十九日（8月15日）洪秀全以天王名义在茶地下诏。他强调，当前"无盐""多病伤"，大家要团结一致，要保证没有兄弟姊妹掉队。他鼓励大家："全军上下尽可放心，凡事都有天父天兄保佑、安排，眼前不过是天父天兄对大家的考验。天父前有言曰，'越寒天，越退衣，各坚耐，万不知。众兵将各宜醒醒'"。第二天，洪秀全召集全军带领家属、辎重连夜撤往新圩。八月初三日（8月29日），即风门坳陷落的第二天，洪秀全又在莫村下达命令，整顿思想和纪律，与此同时，进一步巩固防御工事。"莫村以南都有炮台、木寨，有士兵埋伏竹林内，北面三家陇、大墩岭、千村一带亦有伏贼，古城一带亦有木寨、炮台、望楼。"

太平军还不到一万人，包括家属仍不足两万人，而敌人已调集三万兵力，数量和装备起义军都无法企及，何况太平军又在古林庄、金田、莫村、新圩这样一块狭小的平原地区被围困，已无险可守，处于极度的危境之中。洪秀全决定立刻撤出新圩，另谋生路。

在对清军部署情况进行了详尽分析后，鉴于东、南、西三面均被围住，北面除乡勇团练外，清军防守薄弱，洪秀全决定以此为突破口转移队伍。

八月十六日（9月11日）夜，洪秀全率领大军从新圩突围北移。出新圩后，经石门，于八月十八日（9月13日）抵达思旺。十九日（14日）洪秀全颁布命令动员将士勇往直前。

向荣料想太平军必定从北面突围，立即率军进入平南，八月二十日（9月15日）跟在太平军之后占据思旺东南的官村。向荣一心求胜，不顾清军长途跋涉之苦，贸然驻扎在官村庙到官村岭一线。这时，由于供应部队未到，向荣军一无锅帐，不能安营扎寨；二无雨具，都被雨淋透了，处境艰难。太平军已于两天前到达思旺，以逸待劳，士气正旺。洪秀全利用有利时机，主动进攻，全力打击还没站住脚的向荣孤军。上午10时左右，太平军三四千精锐从思旺动身，分三股向官村岭发起强攻。太平军愈战愈勇，清军无法招架，首先败退，逃往官村庙向荣营盘。太平军乘胜追击，大破官村庙大营，清军落荒而逃，大量军械、弹药、粮秣落入太平军手中。太平军穷追不舍，"从左面山梁抄广西、安徽、潮勇之后"。清军溃不成军，退回平南县城。太平军打了个漂亮的胜仗。

官村岭会战使向荣威风扫地,向荣军无往不胜的神话破灭了。向荣军已无法再抗衡太平军,而乌兰泰军不仅成了孤军,也被太平军的骁勇善战吓破了胆。这次会战扭转了太平军长期以来的被动局面,太平军士气大振。

官村岭会战以后,洪秀全整理人马,分两支转移,两支队伍于大同里的大旺圩会合。

八月二十五日(9月20日),太平军从大旺圩动身,再分两支。由萧朝贵、石达开、韦昌辉率领的一支是主力部队,太平军的著名将领秦日纲、罗大纲、李开芳、林凤祥等人都在其中,抄近路,经大黎进军永安;另一支从水上沿大同江而下,至三江口再逆蒙江逼进永安,由洪秀全、杨秀清、冯云山带领此一路军,负责保护全军将士家属、辎重。赛尚阿飞快上疏报捷,受到嘉奖。当时认为已破巢穴,肃清太平军指日可待。不料又传来永安失守的警信。原来向荣惨败后,"退到平南,月余不出",乌兰泰部孤军奋战,士气不振。清军主力皆在南部,北部空虚,太平军一路长驱直入,很快抵达永安城下,这次具有历史意义的战略大转移胜利地完成了。永安防守本来就薄弱,洪、杨等趁机率军攻入守城,官吏早已逃命。洪秀全便占据永安城。洪秀全挥师北上,直捣永安是出于客观形势,并非按计划行事。在回师金田的这几个月内,为了生存和发展,太平军被迫在困境中同强大敌人较量,损失惨重,这对于初兴的农民革命军而言也是必由之路,但假如以洪秀全为首的革命领袖能及早制定明确的战略目标,克服随意性和盲目性,一些不必要的牺牲也会减少。

6. 永安期间

①坚守永安

咸丰元年闰八月初一日(1851年9月25日),萧朝贵、韦昌辉、罗大纲等人率领太平军北路部队一举攻破永安州。闰八月初七日(10月1日),洪秀全率南路军全体将士、家属共同进入永安。

永安陷落的消息抵达京城后,正在静候"佳音"的咸丰皇帝大发雷霆。一面把巴清德、向荣免职,赛尚阿调度不当,亦由吏部处理;另一方面,敦促赛尚阿"率精兵严追猛打,务必全歼太平军"。然而,太平军官村大捷大挫了向荣的楚军锐气,其退往平南整顿人马,伺机而动,尚不会威胁太平军。而乌兰泰所部一万多人没有遭到太平军打击,士气尚存,当他得知永安陷落后,率六千清军来到永安南文圩地方。闰八月十日(10月4日)乌兰泰部刘长清、李能臣率三千清军驻扎在永安西北古排;闰八月十五日(10月9日)姚莹率四千人也进驻古排一线,形成南起文圩、北至古排的北、西、南三面包围永安的态势。尽管有这些兵力，但凭当时清兵的士气，并不会严重威胁永安太平军。

在赛尚阿全力抽调现有兵力围攻永安的同时，两广总督徐广缙又上奏咸丰帝请求增派三千潮勇。九月初（10月底），经过休整的向荣军也抵达古排，加紧包围永安太平军，随后各路清军相继到来，北路清军人数已在两万之上。与此同时，大量清军也聚集在南路，其中包括张敬修等人率领的六千多东勇、潮勇，在六黎冲口驻扎；刘继祖率领的天地会叛徒张钊的一千多水勇，驻守濛江水口；藤县三千多翼勇，驻守六黎附近的摩天坪。到咸丰元年十月初（1851年底），已有多达四万六千清军围困永安，人数远在太平军之上。

太平军进驻永安的第三天，即闰八月初四日（9月28日）这一天，乌兰泰带三千清兵，走到佛子村遭遇一千太平军阻击，清军以优势兵力将其击退，水窦二千太平军赶来援助，两路夹攻，打得难分难解，后太平军撤退，战斗结束。闰八月二十日（10月14日），乌兰泰联合北路刘长清、李能臣南北共同攻打太平军，乌军攻破太平军水窦外围的一座营盘。永安太平军赶来援救，清兵"损伤惨重"。刘长清、李能臣部半路上受阻，无法继续进军，会攻计划未能实现。九月上中旬（10月下旬至11月上旬），在赛尚阿督促下，乌兰泰、向荣军又两次南北夹击永安，都没有成功。

从太平军夺取永安到这一年十一月上旬（1851年9月26日—1851年底），尽管战斗数次，但规模都比较小，双方基本上是互相对峙。

洪秀全率太平军在永安坚守了半年。如果说从金田起义到进驻永安，为了对抗清军的进攻而被迫转战南北，几乎终日都在疲于奔命，那么在坚守永安这半年中，就相对比较安定了。在历史的长河中这半年尽管只是一瞬，但对于太平天国却是个重要的历史时期。

②反破坏斗争

进城当天，洪秀全就颁布了一道诏令：

> 各军各营众兵将，各宜为公莫为私，总要一条草（心），对紧天父天兄及朕也。继自今，其令众兵将，凡一切杀妖取城，所得金宝绸帛宝物等项，不得私藏，尽缴归天朝圣库，逆者议罪。

天王诏令说明从农村进入城市后，洪秀全把纪律放在首位。所有缴获要归公，即圣库，既可坚持农民军勤俭节约的优良传统，避免贫富分化过早过快，防止农民军的将领财迷心窍，从而削弱了战斗力，又可在艰苦的条件下对

第三章 金田起义

有限的物质财富进行合理分配，保证每个人的温饱，有利于团结大多数，一致对敌。

太平军占据永安后，一面建造防御工事，一面派重兵把守四周要塞，永安城坚不可摧。清政府大量调集兵力，准备更大规模地进攻太平军，与此同时还使用另一手，加紧破坏太平军，进行挑拨离间。

清政府很早就开始对起义者采取"设计用间"政策。特别在镇压天地会起义时，由于天地会成员十分庞杂，层次不高，此计曾屡试不爽。以颜品瑶为首的天地会起义就是因为叛徒破坏而失败的。清政府也企图用这一计策对付太平天国，于是命乌兰泰及其幕僚姚莹去办。咸丰元年（1851）下半年，不时发生暗杀、放毒、焚毁太平军粮仓火药库等事件。

面对敌人的猖狂进攻，太平军坚决予以反击，即以牙还牙。太平军派人化装成小商小贩，在清军经过之地打着卖粥卖水的幌子，打击敌人。太平军这么做尽管没起很大作用，但毕竟是一种斗争方式。

为了有效回击敌人的破坏活动，咸丰元年九月二十三日（1851年11月15日），天王洪秀全颁布诏令，呼吁全军上下提高警惕，坚定信心。

洪秀全在诏令中反复强调全军将士要抵制妖魔的"多端诱惑"，要保持清醒的头脑，表明洪秀全高度重视敌人的破坏。为了齐心协力勇往直前共创大业，洪秀全为太平军将士规划了一个"上到小天堂"的蓝图，政治目标明确了，并且要在人世间实现这个目标，和以往的死后进天堂不同，具有更强的号召力。不足之处在于这篇诏旨里洪秀全一贯宣传的人人平等的思想已没有了，而被加官晋爵、世代享受荣华富贵的封建等级观念取而代之。

公开的敌人容易对付，暗藏的敌人却最危险，通常会造成更为复杂的斗争形势。敌人以各种形式进行破坏活动，但概括起来只有两种手段：即打进来，拉出去。

敌人拉出去的一个典型案件是周锡能案。周锡能很早就加入拜上帝会，金田起义后任太平军军帅，称得上太平天国初期的高级将领。咸丰元年（1851）夏，周锡能奉命从新寨回广西博白县发展拜上帝会信徒，其间被清政府收买，咸丰元年九月二十一日（1851年11月13日），率征集的数百人向清军投降，周锡能等三人奉命做内奸，于农历十月二十一日（11月24日）返回永安。随后与其妻子串通，"整理行装""观探城楼""磨利关刀"，约定清军"后日初三来开仗"。东王杨秀清发现了周锡能的叛变行为。农历十月二十九日（12月2日），杨秀清设法捉住了周锡能，以天父下凡的名义审讯了三次。

周锡能最终无法隐瞒，供认了全部罪行，被处死。

周锡能案过后不久，清军又企图诱降太平天国高级领导人胡以晃。胡以晃被清军的某些人误认为是太平王，胡以晃的族兄弟胡以旸没有参加太平天国革命，清朝统治者实行株连政策，扣押胡以旸为人质，想通过他对太平天国进行分化瓦解。

乌兰泰假借胡以旸的名义写信给胡以晃，命胡以旸的家仆莫吾芋到永安亲自交给胡以晃。胡以晃参与了发起金田"团营"和太平天国革命，与洪秀全、冯云山关系密切，素来对革命忠诚，收此信后火冒三丈，便与洪秀全、杨秀清等人商量，将计就计，回了一封假信，乌兰泰却扬扬自得，接着经莫吾芋传递了好几封信，得到的情报却全是假的。后来乌、姚等人有所察觉，企图暗杀，在信函里放了炸药，送往永安。十分警觉的太平天国领袖们见"洪秀全、杨秀清同拆"字样写在用木匣装的信函封面上，包装怪异，又十分沉重，知道定有诡计，便把信箱远掷在地，巨响一声，木匣爆炸，乌兰泰的阴谋又没得逞，但冯云山右膀被炸伤了。这一事件再一次教育了太平军将士们，使他们更加警觉，清军的"设计用间"策略始终没有成功。

太平军在永安期间，一直激烈地进行着破坏与反破坏的斗争，洪、杨、萧、冯等人高度重视这一点，他们除加强教育将士们外，还对所有叛徒从严惩治。这震慑了动摇者，从而巩固了内部团结，坚定了大部分人的信仰和决心，太平天国反对清军破坏的斗争得以成功进行。

③封王封将

太平军进驻永安后，洪秀全开始进行较为系统的政权建设。十月二十五日（12月17日），洪秀全以天王名义颁布诏旨，对各个功臣封王赐爵，封杨秀清为东王，萧朝贵为西王，冯云山为南王，韦昌辉为北王，石达开为翼王，洪大全为天德王，诸王俱受东王节制。封秦日纲、罗亚旺、范连德、胡以晃等丞相、军师等职。封赏完后，大摆宴席，君臣欢聚，喜气洋洋。洪秀全乘着酒兴说："记得我小时候晚上与同学友人骆秉章在鱼池里洗澡，随口说了一联，'夜浴鱼池，摇动满天星斗'。骆秉章对答，'早登麟阁，挽回三代乾坤'。如今骆秉章科举高中，真的当上了清朝的官。我靠众兄弟扶持有了今天，也称得上各遂各志了。"说完大笑。众人交口称赞。封王加爵虽然能一时维持领导层的团结，大敌当前之际有利于发展革命的事业，但从长远看，随着革命的深入，加封五爵，这种分封制和世袭制的做法，必然引发封建化和权力的矛盾。占据永安前，一直由洪秀全掌握太平军的指挥权，封王加爵后，杨秀清同时拥有了军权、政权及神权，他既能号令诸王，又能凭借"代天父传言"的特殊身份掣肘洪秀全。从此，杨秀清在太平天国的权力在一定程度上超过了洪秀全。

诸王受制于东王，诸王仅能向东王汇报军国大事，而不能同天王洪秀全直接商议。因为多了一个层次，太平天国的中央集权制和贯彻天王洪秀全的意图受到了严重影响，东王府成了国中之国。诸王受制于东王，还导致两个消极结果：其一使洪秀全与实践斗争和太平军广大将士脱离；其二使杨秀清的权力欲日益膨胀，他着手规划他的东王府，并不断增强实力。

封王加爵以后太平天国的其他王也各自建立王府，他们参照天王府分别在王府中设立政事机构，建立六部卫队。显然，太平天国的封建化进程因封王加爵而加速了。

永安期间，除原来就有的两司马、卒长、旅帅、师帅、军帅以外，监军、总制、丞相、军师等官职也出现了。随后，又新增添了侍卫、将军、指挥、检点等职。侍卫负责保护太平天国的最高统帅，听命于天王，职任介于指挥与将军之间，不属太平天国的官制设置。因此，永安期间洪秀全制定了十二级官制，即王、丞相、检点、指挥、将军、总制、监军、军帅、师帅、旅帅、卒长和两司马。

十二级官制虽然不同于清朝官制，但却有共同的实质，都实行世袭制。这也再次表明，洪秀全由于阶级和时代的局限，不可能建立一个崭新的由全体劳动者当家做主的社会。洪秀全不是神，在封建社会底层生活的太平军将士们也不是神。他们渴求温饱，也希望出人头地，享受荣华富贵。在这个意义上，洪秀全进一步健全官制也促进了太平军将士英勇作战，建立天国。

配合封王加爵、健全官制，洪秀全还制定了《太平礼制》。《太平礼制》对天王、诸王以下，直至两司马等十二级官制的大小头目，及其子女、妻子、宗族、姻亲的不同的称谓及相互间的礼节都做了严格规定，等级之森严、礼节之烦琐前所未有。比如，详细规定了对洪秀全的子女的称谓：

（天）王世子臣下呼称幼主万岁
第三子臣下呼称　王三殿下千岁
第四子臣下呼称　王四殿下千岁
第五子臣下呼称　王五殿下千岁

以下第六子至百子千子皆仿此类推。

（天）王长女臣下呼称　天长金
第二女臣下呼称　天二金
第三女臣下呼称　天三金
第四女臣下呼称　天四金

以下第五女至百女千女皆仿此类推。

仅从"百子千子""百女千女"来看，洪秀全及其太平天国从思想观念到婚姻礼制都带有浓厚的封建色彩。

除此以外，《太平礼制》还对人进行贵贱之分。"宫城女及东西南北翼各女皆是贵如金者也，故均称金。金贵也，色美而不变者也。"这样，洪秀全就用制度的形式固定了森严的封建等级关系，洪秀全十分浓重的封建帝王思想显而易见，这与其一贯宣传的"我们兄弟姊妹都是天父所生所养"的平等思想背道而驰。

④颁布《天历》

占据永安后，环境相对稳定，冯云山配合洪秀全的政权建设，制定并颁布了《天历》。

《天历》取消了我国两千年来一直实行的阴历（农历），即一个月按照月亮绕地球一周来计算，但也不同于现在通行的阳历（公历），而是由冯云山等人根据古今中外的历法自行创立的。同时，太平天国的《天历》取消了清朝历法的一些封建迷信的戒律，以对上帝的迷信取而代之。颁行新《天历》，是继封王加爵后太平天国又一个政权建设的重大举措，它是建设新政权的重要标志之一，也是对旧政权的全盘否定。赛尚阿在获取了《天历》后，震惊地发现太平天国"居然妄改正朔，殊属罪大恶极"，显示出清统治者的无可奈何和仇视的心态。

咸丰二年初（1851年年底），《天历》正式施行，在太平天国统治区实行了十几年，影响巨大。太平天国定都南京后颁布的经籍都是以《天历》为纪元的。

思想教育工作一向是洪秀全工作的重点，早在转战紫荆山的困难时期他就一直鼓励将士们要不畏艰险，勇往直前。永安时期，他把思想教育工作更扩展到对儿童的教育上，把它当作千秋万代的大事业来抓。洪秀全更因此而撰写了《幼学诗》。

宣扬敬拜真神上帝、敬拜耶稣是《幼学诗》的主旨所在。这与拜上帝会的一贯思想不谋而合，即通过真神"皇上帝"这面旗帜来团结和组织群众参加革命，接着巩固天国朝廷的权威。这对于强化中央集权、严肃纪律、共同对敌是十分有用的，洪秀全更难能可贵地在《幼学诗》里再次宣扬了"人定胜天"的唯物主义思想，"贵贱皆由己，为人当自强"，比起《天条书》十款天条中第八条宣扬的"贫穷富贵皆皇上帝赐定"的唯心主义观点，已有很大的进步。

然而，虽然男女平等是洪秀全的一贯主张，但在具体推行时，他又往往回到男尊女卑、三从四德的封建老路上去，这与他的本意是背道而驰的。《幼学诗》反反复复向人们讲述着君道、臣道、父道、子道、夫道、妻道、男道、女道这些封建社会宣扬多年的散发着封建伦理道德的腐朽思想和伦理纲常。这是由于受客观环境的影响，洪秀全不是、也不可能是一个完全的唯物主义者，他的思想有很大的偶然性和随意性，观点的相互矛盾和思想的反复也就在所难免了。

拜上帝会刊行的许多书籍对于发动和组织群众起了很大的作用，在《太平救世歌》里洪秀全反复宣扬："士农工商，时读天书。"永安时期，局势比较稳定，印刷条件也大大改善，洪秀全及太平天国的领袖们便趁着这个大好时机刊行和重新出版了不少书籍。除上述所说的1851刻印的《太平礼制》和《幼学诗》，还有《太平军目》《天条书》《太平条规》《太平诏书》《天命诏旨书》《天父下凡诏书》《颁行诏书》七种。

洪秀全早期撰写的《原道醒世训》《原道觉世训》《原道救世歌》《百正歌》这四篇宗教论文都收集在《太平诏书》之中，"太平天国壬子二年新刻"字样题写在封面上，这几篇文章为太平天国奠定了理论基础。

印刷大量书籍并在群众中传播，有利于提高太平军将士素质，特别是《太平条规》起了更大的作用。

第四章 定都天京

一、舍弃永安

1. 困守永安

永安前期，当时的形势决定了双方的对峙局面。太平军这边，一方面，经紫荆山地区半年的浴血奋战，初到永安时人困马乏，伤病员多，必须进行休整补给；另一方面，洪秀全、杨秀清此时仍没有长远计划，不知道今后该怎么办，只有暂时驻扎永安。清军方面，一时缺乏兵力和经费，元气大伤，大规模的进攻也无法发动。显然，长期僵持对太平军十分不利。永安州东临昭平，南接藤县，西南连贵县，西靠大瑶山，北与荔浦、阳朔相望。太平军总部设在永安州城方圆几十里的70多个村圩。狭小的空间不适合打运动战，物资匮乏是长期固守的首要问题。太平军将士长期被粮食问题困扰，进驻永安时恰逢稻谷成熟，洪秀全把粮食放在首位，他组织人力抢收粮食，太平军占有一半佃户土地上收获的粮食，这部分恰好与地主的地租相当，农民并不吃亏。太平军还没收了官府、地主、商户所存全部粮食和所有财物，归入圣库。但长期固守，二三万太平军将士的口粮毕竟难以保证，何况也难支持食盐、蔬菜。其次，极其缺乏制造弹药的原料芒硝，弹药存量也所剩无几，太平军在与清军的对抗中只有"惜药如金"，被迫死守，或者赤手空拳与清军作战，用太平军将士的鲜血和生命捍卫自己的农民政权。最后，清军的长期围困和放毒等各种破坏活动，导致永安地区流行疾病，死亡人数越来越多，困难重重，加之清政府人力、物力、财力的优势，日益缩小包围圈，太平军继续长期固守已不可能。

永安后期，清军方面也有很多变化。乌兰泰、姚莹谋划的南北联合夹击永安的计划难以进行，内部矛盾激化，向荣趁机发难。咸丰帝心急如焚，督促任

第四章 定都天京

用向荣,赛尚阿也束手无策,便令向荣统领永安州北路军勇。咸丰元年十月二十七日(1851年12月19日),向荣领兵到达古排,又夺回乌兰泰的部分清军指挥权,加上自己原有部队,总计远在1万人以上,再次成为太平军的头号敌人。向荣集中兵力从北路突破,向凉亭转移其主力。向荣的移营计划花了将近半个月时间,其前锋已逼近太平军阵地。外有大批敌军,内部缺乏供给。在这种困境中,敌人进一步加强经济封锁,严格进行搜查,太平军已经不可能突破清军封锁线贩运物资,永安与外部的一切联系几乎断绝,这无异于火上浇油,而且恰逢春季,青黄不接,太平军再一次处于生死关头。洪秀全决定变被动为主动,积极迎敌。咸丰元年十二月二十六日(1852年2月15日),赛尚阿亲自来到向荣营督战。咸丰二年正月初三日(1852年2月22日),清军开始南北夹击太平军西炮台,乌兰泰军消极作战,无所作为。在接下来一个月中,战事升级,清军炮击永安城,威胁了太平天国指挥中枢。眼见危在旦夕,洪秀全、杨秀清被迫放弃永安,另寻生路。

乌兰泰手下的故秀水知县江忠源善于用兵,于是前去游说,却无功而返,恰好都统巴清德病死,兵士也都士气低落。江忠源晚上巡逻,发现永安城北角没有守兵,赶紧报告乌兰泰道:"如今贼寇齐聚城内,今天把他们一网打尽,则能免除后患。卑职四周巡察,见独留出城北不围,如果他们逃走,则后患无穷。"乌兰泰道:"向军门督攻城北,我不便干涉。"江忠源道:"这事关重大,还请大人与向军门好好商议。"乌兰泰默不作声。江忠源道:"大人若不便与商,卑职愿意代劳。"乌兰泰道:"这也好。"江忠源奉命,直接来到向营,入见后行了礼,便提议合围。向荣道:"古语说'困兽犹斗',如果四面围住这城,贼众走投无路,必然拼死一搏;如今久攻不破,所以撤去一隅,引他出来,才好攻打。一则较易得城,二则他也难逃,不是上上之策吗?"江忠源道:"大人明见,也许能够破贼,但我军现有三万多人,贼寇寡不敌众,尽可合围。如果两相交兵,我军也会损伤较多,不如断他樵采,绝他水道,让他乱了阵脚,十天之内必破。"向荣仍旧不同意,忠源告退,感叹说:"不用此计,我辈大劫难逃了。"遂回报乌兰泰。

2. 永安突围

洪秀全见城北无兵,便打算突围。二月十五日(4月4日),天王洪秀全对全体太平军将士下达突围诏令:

> 通军男将女将,千祈遵天令;欢喜勇跃,坚耐威武,放胆诛妖。任那

妖魔千万算，难走天父真手段。江山六日尚造成，各信魂爷为好汉。高天差尔诛妖魔，天父天兄时顾看。男将女将尽持刀，现身着衣仅替换，同心放胆同杀妖，金宝包袱在所缓。脱尽凡情顶高天，金砖金屋光焕焕。高天享福极威风，最小最卑尽绸缎。男着龙袍女插花，各做忠臣劳马汗。

洪秀全的突围令不但强调全军将士们严守军纪，奋勇作战，而且指出不要贪恋眼前一时的财富，要求将士们只留下替换的衣服和武装，丢掉其他所有金宝包袱，轻装上阵。洪秀全率全军突围的决心和必胜的信念得到了充分体现。他告诉全军将士，等革命取得成功了，一切都会拥有。显然，在突围诏令里，洪秀全再次借助"上到小天堂"来鼓励农民军将士们英勇作战。

二月十六日（4月5日），一切都准备好了。

洪秀全率杨秀清、冯云山、石达开出北门，令洪大全、秦日纲等出东门，萧朝贵、韦昌辉等出南门，林凤祥、罗大纲出西门，乘夜大喊一声，便四面出击。清军尽管加强了防备，没料到太平军气势汹汹全力杀来，犹如饿虎饥鹰，抵挡不住。乌兰泰正好在东门，发现洪大全等出来，赶紧迎敌，洪大全也同乌兰泰角斗，乌兰泰毕竟勇力过人，经过数回合，洪大全被生擒。秦日纲赶紧援救，但太迟了，于是扑向乌兰泰。乌兰泰率兵围困住秦日纲。秦日纲危在旦夕，正好萧朝贵、韦昌辉两路杀来，把他营救出来。清总兵长瑞、长寿二人，立刻上前拦阻，萧、韦二军，骁勇善战，勇猛无比。萧朝贵、韦昌辉、秦日纲等一道东走，乌兰泰不肯罢休，命人押解洪大全入京，亲自领军追击。

这时北门无兵，洪、杨等顺利出城，行了一二里，清兵突然出现，向荣正是为首大将。双方立刻交战，打得难分难解。洪秀全部下个个精锐异常，向军门占不了任何便宜。不防林凤祥、罗大纲等又从西边赶来，洪秀全这下振奋了精神，拼死杀敌。向荣尚奋力拦截，不料又天降大雨，弄得官兵使不上力气。总兵董先甲、邓鹤龄相继阵亡，眼见得这位洪天王已逃之夭夭。向荣撤到城里，清点人数，已有不少伤亡，叹息道："悔不听江忠源计策，数月相持，只得了一座空城。如今贼众逃走，定去攻打省会，一失省会，广西全省危矣。"

乌兰泰听说太平军已撤离后，也"立刻率军赶赴古束山口"，并与详光、张敬修约定前来会师。到二月十七日（4月6日）下午，清军已经集结完毕，即将打响一场围剿与反围剿的战斗。

二月十八日（4月7日）天还没亮，清军凭借人多势众首先占据龙寮岭制高点。太平军连连作战，十分疲劳，又因天降大雨，有些懈怠，面对清军的突袭，有不小的损伤。与此同时，乌兰泰又率领一支清军翻越龙寮山，攻打太平军，萧朝贵赶来救援，又被清军在龙寮岭山口堵住，无法前进。结果，太平军在龙寮岭一战中损失惨重。

清军在龙寮岭获胜后更加嚣张，特别是乌兰泰大功得立后，扬扬自得。他率军乘胜追击，企图把太平军一举全歼。太平军方面处于生死存亡的关头，齐心协力誓与乌军决一死战。在洪秀全、杨秀清的亲自督阵下，决定采取诱敌深入的策略。

二月十九日（4月8日）凌晨，太平军派出一小队人马，吸引清军深入，乌兰泰果然中计，穷追不舍，向荣尽管不同意，但也不便反对，便尾随其后，两路清军看起来气势汹汹，其实各怀鬼胎。所有太平军主力在大峒山四周埋伏，秦日纲率精锐矿工部队前来增援，加强了实力。"大峒是众山围绕的一块小平原，村落众多，大霞河从中穿过。"清军中了埋伏后，众太平军四面出击。乌兰泰军四散奔逃，长瑞、长寿赶来救援，全部被歼灭。这一仗清军"总兵长寿、长清、董光甲、邵鹤龄追击，同时阵亡"。乌兰泰也跌落崖下身负重伤，幸好秦定三营救，才捡了一条命。

太平军永安突围打破了赛尚阿精心策划了几个月的围剿太平军的计划。清军既没有围困住太平军，又不能追击堵截，洪秀全暂时掌握了战争的主动权。

二、北进湖南

1. 攻打桂林

太平军在仙回经过一天的休整，立刻开始新的转移。永安突围前，赛尚阿曾先后调集四万大军重重围住永安，不仅通往省城交通线上的荔浦、阳朔没有守兵，连省城桂林也防备空虚。赛尚阿急令向荣率军去防守荔浦，在阳朔、九塘、六塘各要隘，广西巡抚邹鸣鹤则"加强了守备"，同时巩固对省城桂林的防范。同时，赛尚阿派徐州镇总兵安松、临元镇总兵王绵绣带兵防守永安西部的昭平和北部的平乐，以防太平军经过。但赛尚阿也不知道太平军到底走哪个方向。洪秀全得知已有张敬修大军驻守距永安最近的昭平县城，安松和王绵绣的部队守在正北的平乐县，不准备强攻，便打算挥师北上，攻打广西省城桂林。太平军从此由被动的战略防御过渡到运动战和攻坚战，太平天国军事活动掀开了新的一页。

广西的政治、军事、经济中心是省会桂林，地处广西东北部，西江支流桂江的上游，联系着岭南和长江流域。桂林防御工事的坚固远在永安之上，易守难攻。

罗大纲率领太平军先遣队迅速占领马岭、高田圩。二月二十七日（4月16日）夺取六塘，前锋已逼近桂林。大军接踵而至，开始全力进攻省城桂林。

都统乌兰泰在大峒惨败后，损失了两千多将士，自知难逃罪责，便率军向东追击太平军，看到萧、韦各军绕山北走，知道敌众将进军省会，于是奋力追赶，快到六塘圩，敌众已不见踪影，便就地扎营，派人打探，得知太平军已占据圩中。乌兰泰召集众将说："本都统深受皇恩，愿与贼同归于尽，贼众已踞六塘圩，必定是要休整之后攻打省会，不趁机强攻，省城就要失守。"说到此处，令部下取过一盂，拔出佩刀，刺入臂上，立刻血洒盂中，又让人搅入清水，放在案上，对众将说："如诸君忠心为国，请饮此血！"将弁等不敢怠慢，便逐个呷一口。饮毕，向北进军奔赴六塘圩。走到圩口，已是黄昏，但见杂草丛生，岔道众多。副将金玉贵建议就地驻扎，待明晨进兵。乌兰泰道："行军全靠锐气，如果等到明日，就没了锐气。本都统誓死要在今日灭敌。"金玉贵不敢再说，跟着乌兰泰前进，渐入险境。一声鼓响，太平军突然杀出，左有秦日纲、右有韦昌辉。乌兰泰镇定自若，指挥迎敌。双方打得难分难解。相搏多时，韦、秦二人领兵撤退，乌兰泰仍一路追击，直到将军桥，秦日纲、韦昌辉过了桥，乌兰泰也立刻跑过了桥，官兵尾随其后，过了一会儿，"呼啦"一声，桥梁从中断裂，无数人跌落水中。乌兰泰怒发冲冠，干脆勇往直前，忽见一大队太平军迎面而来，打着东王、南王旗号，截住乌兰泰。乌兰泰顾不了那么多，上前拼死一战。此时天还没亮，忽然一阵炮响，子弹铺天盖地而来，乌兰泰一马当先，毫无掩护，竟身中三弹，坠落马下。部将田学韬赶紧援救，恰好飞来一弹，不及躲闪，正中脑袋，一命呜呼。乌兰泰亦狂喷鲜血，大叫一声断了气。顿时，乌军前队已全军覆没，后队还在桥南，由金玉贵率领，正打算渡水接应，见太平军又杀回来，知道主将阵亡，赶紧下令退兵，自己却手持长矛，立于桥侧，大叫："长发贼敢过来斗三百合否？"太平军见他单枪匹马，吃了一惊，便去报知杨秀清。杨秀清远远望去，见金玉贵身穿白袍、威风凛凛，暗自惊叹，便说："这位白袍将，仿佛唐朝薛仁贵，我等不要惹他，让他去吧！"便立刻撤军。金玉贵亦召回部众，改道去桂林。

兵临桂林城下之时，太平军共有五六千精兵，连同家属总计两万人左右。

第四章 定都天京

而桂林"城中仅有不满二千乡勇及各衙门差役",且"大兵在外,城防守空虚,省中大炮都运到了永安"。太平军尽管一时占了上风,但目标暴露,无险可守,而清军能利用坚固工事抵抗。得知太平军攻城,广西巡抚邹鸣鹤无计可施,强迫百姓加强防备,甚至让小孩子都来守城。守城兵摆开阵势,防备森严。洪秀全对众人道:"这个邹妖,倒不简单,防备竟如此严密。"还没说完,城上已枪炮齐发,洪秀全掉头就走,退五里驻扎。

太平军见防御坚固,不欲强攻,只想智取。二月二十八日(4月17日),太平军派一小分队身着得自大峒歼灭战的清军服装,打着清兵的旗帜抵达桂林城下赚城。再说,永安突围后太平军向荔浦大举进军。二月二十五日(4月14日),罗大纲率先遣部队经过马岭,进军阳朔。向荣知太平军必然攻打省会,便率几百人连夜赶回省城,抢先到达桂林。赚城计划落空,太平军决定强攻。

此时,赛尚阿已命各路清军迅速去援救桂林。三月中旬(4月底至5月初)桂林城已有万名守兵,包括向荣部六千多人、张国栋部一千多人、城内原有两千多兵勇。桂林城外有秦定三所率乌兰泰残部五千余人,李孟群部三千人,余万清、王绵绣、张敬修等部五千人,江忠源部一千人,另有临时征募的数千团练,总计近三万人,兵力远在太平军之上。

太平军从二月二十九日(4月18日)开始攻城,初战没有成功。第二天,太平军把炮台架在桂林城外象鼻山轰击城内,但却无法冲破高大坚固的城墙。于是太平军另想办法,把桌子包上湿棉花,顶在头上爬上云梯,清军往下抛巨石,太平军又未能得手。发动强攻的同时,太平军采用地道战,即挖掘通向城墙的地道,安放炸药,试图把城墙炸塌。不料桂林城地下全是坚石,难以开凿。

清政府四处调集人马,有充足的粮秣、火药、军械等物资。太平军则不同,正面损伤严重,而且没有根据地,缺乏足够的粮食、弹药,与清军相比实力悬殊。

面临困境,洪秀全仍坚持攻城,密造吕公车。吕公车"与城齐高,二丈宽。每车有七具云梯,可联合而上。车有数层,每层可容百人,第二层储火药包"。吕公车推至城下,车中的太平军将士向城上抛掷火药包,轰杀清军。清军匆忙间投下无数火药包,吕公车被击中,引发爆炸,车毁人亡,攻城再次失利。

2. 挥师北上

桂林久攻不下,洪秀全逐步意识到如不尽快另想办法,损失会更大。外围的清军围住了对桂林进行包围的太平军，清军里应外合，反包围态势已经形成。内外夹攻，太平军必不能敌，后果不堪设想。此时，从桂林城内老百姓那里得知城内缺粮，即使夺取桂林，也难以持久，必须尽快撤离桂林。

湖南历来是天地会活动的中心。当时，清政府抽调大批湖南精锐部队到广西围剿太平军，湖南兵力不足，天地会再次掀起起义高潮。正当太平军围攻桂林之时，湖南郴州天地会首领刘代伟于咸丰二年三月十四日（1852年5月2日）起义，但迅速被清军扑灭。李严通率起义军余部赴桂林投奔太平军。天地会兄弟极力主张太平军进驻湖南。石达开也建议："广西位置偏僻，并不重要，我军不如大举北上，占据两湖，凭借长江天险，伺机夺取中原，方为上策。"洪秀全接受了他们的建议，遂于四月初一日（5月19日）撤围北上。

①痛失冯云山

全州城为广西东北门户，联系桂湘交通，"地势险要，工事坚固"。

四月初六日（5月24日），罗大纲率领的太平军先锋到达全州城下。初七日（25日），全军于全州城外集结，开始正式攻城，水陆联合出击，设置大炮，不断轰击。

全州知州曹燮培是清政府少有的对朝廷尽忠职守的地方官，洪秀全攻打桂林期间，他猜测太平军必定前来，即着手准备防御。他自知缺乏兵力，无法对抗强大的太平军，所以他一面调集城外清兵进入城内，加强守备，让百姓日夜守城，一面写血书求援。

然而，地方大员不以为意，直到四月初八日（5月26日），刘长清、余万清才领兵前来，很快被太平军在城外十里处的太平堡、城西鲁班桥堵住，无法前进。邹鸣鹤、向荣则坐镇桂林，借口"惧贼回窜"，置之不理，坐视太平军围困全州。

全州战役历经十一天，太平军最后夺取胜利，太平军将士受到鼓舞，清军威风扫地。然而，为了一个小小的全州，太平军花了十几天工夫，损失惨重。

洪秀全原以为攻下全州是轻而易举的事，没想到曹燮培在城头凭借炮火猛烈还击，"攻益急，守亦愈严"。这少有的顽强抵抗，致使太平军攻城战面临重重困难，太平军重要领袖冯云山也在激战中牺牲。

趁此良机，邹鸣鹤、赛尚阿调动和召集各路清兵，人数很快达到两万，包括张国栋部三千人，和春部七千人，刘长清、余万清部一万余人。

对于攻城中冯云山的受伤牺牲，太平军将士均感悲愤，洪秀全更发誓不破此城，誓不罢休。他一面指挥将士正面进攻，一面安排土营暗中开挖地道。经十余日，地道挖通，并将大量火药放置其中，城墙被炸开两丈多，太平军经缺口蜂拥而入，随即攻陷全州。

正当太平军苦战全州时，清军加紧布防外围。等到攻占全州，准备"直扑长沙"时，太平军已经错过了有利战机。

②蓑衣渡会战

四月十八日（6月5日），当二百多只船开至蓑衣渡时，太平军因河道堵塞，就地建造工事，为会战做准备。

"蓑衣渡大路，上通州城，下达湖南，虽非关津，实为通衢。"太平军北进湖南必由此路。出身办团练的江忠源熟知当地的山川分布情况，他预料到太平军乘夏季水大攻取全州后定会顺湘江北上向长沙进军。于是趁着太平军在全州苦战之机，在蓑衣渡水塘湾"连夜督勇数百砍取大树，拦江密下排桩，入地出水，各皆三尺有余"，将湘江航道切断。江忠源则率领一千楚勇于西岸扎营，并约和春扎营东岸，准备两面夹攻。见到江军在蓑衣渡对岸扎营，部下甚是寥少，洪秀全抢夺民船，向对岸进军。刚摆渡到河中间，这船竟不能动弹。对岸开了一炮，顿时无数的小船从四面八方涌来，齐将火枪火箭向太平军船上射去。洪秀全仗着人多，想要冒火死斗；不料南风突起，火势越来越大，一船被焚，那船又燃；想要回船撤退，但无论怎样划桨摇橹，总是寸步难行。洪秀全令亲信泅水查探，回报："船底遍布大树，七丫八杈，把船只缠住，所以不能动弹。"

洪秀全当机立断，下令放弃大船，改乘小船，撤回到岸旁，上岸后向东撤退。这一仗，许多太平军被烧死，这个大亏是洪秀全出兵以来未曾受过的。

洪秀全、杨秀清商定，决定放弃原订北上计划。四月二十日（6月7日）凌晨，太平军自行把船只烧毁，丢弃辎重，经由陆路从清军力量最为空虚的东岸登陆，沿山间小路，翻越华黄山，进军永州。

因在全州延误的时间过长，湖南提督鲍起豹在永州城已有周密部署。得知太平军将至，在全州东北黄沙河的永州镇驻防的总兵孙应照也急忙回师，稳固防务。时值湘江大水，太平军全部船只在蓑衣渡已烧毁，鲍起豹又强令撤走江面全部船只，并将岸边民房数百间烧毁，以阻止太平军渡河。

接着，绥靖镇总兵和春率领一万清兵从太平铺回师永州，参与围剿。太平军的形势极为不利，洪秀全、杨秀清商定后决定放弃北上攻城计划，南下道州。

3.挺进湘南

四月二十五日（6月12日）晨，太平军到达道州北四十里处，湖南提督余万清和知州王揆都弃城逃跑，太平军轻而易举占据了道州。赛尚阿赶紧重新部署兵力。湖南巡抚程矞采"奏调二千名江西兵来楚防剿"，并"全部召回去年八月及本年调赴粤省的楚兵，以应急需"。另有和春率领一万五千人在东、北两面驻扎。江华、永明一路由刘长清防守。孙应照带千人进驻宁远县城，邓绍良带三千七百人于水南扎营。诸路清军包围了道州。太平军陷于不利境地。

太平军尽管面临困境，但因天地会主要在湘南地区活动，湘南百姓非常欢迎太平军的到来。据李秀成讲："从湖南道州、江华、永明征集了多达两万的士卒。"补充了兵力后的太平军增强了实力。

因此，清军全面进攻道州的时机尚未成熟，双方两相对峙。

太平军蓑衣渡之战失利后，连续转战，伤员较多，亟须训练整编新加入的太平军战士，也须修缮加工兵器弹药。洪秀全等人便抓住这一个多月的宝贵时间整顿军队，对有功人员进行封赏，扩充队伍，制造大炮和其他武器，并以东王杨秀清和西王萧朝贵名义颁布《奉天讨胡檄布四方谕》《奉天诛妖救世安民谕》《救一切天生天养中国人民谕》等三篇檄文。

这三篇檄文尽管宗教迷信的言语充斥其中，但同《原道醒世训》一类的说教已大不相同。包括三个方面的内容：

（一）揭露了清王朝的黑暗统治和人民群众的深重苦难："罄南山之竹简，写不尽满地淫污；决东海之波涛，洗不净弥天罪孽……凡有水旱，略不怜恤，坐视其饿莩流漓，暴露如莽……又纵贪官污吏，布满天下，使剥民脂民膏，士女皆哭泣道路……官以贿得，刑以钱免，富而当权，豪杰绝望。""凡有起义兴复中国者，动诬以谋反大逆，夷其九族"等。

对拜上帝会一直宣扬的"天下一家，四海皆兄弟"的平等观念再次作了强调。这种人人平等的主张显然十分有利于发动和组织人民群众，吸引无数劳苦大众参加太平天国革命的根源正在于此。谕文同时呼吁清朝绿营官兵弃暗投明，同太平军一道斩妖除魔，如果这样，将加官晋爵，并可使子孙后代永享荣华。

（二）檄文声明太平天国起义旨在推翻清王朝的封建统治，救人民于苦难，"上为上帝报瞒天之仇，下为中国解下民之苦，务肃清胡气，共享太平盛世。再次强调救世主是天父皇上帝、天王受命于救世主诛妖的一贯思想。同时点明，咸丰帝是首先应当诛杀的魔鬼："满妖咸丰……大叛逆皇上帝，天所不容，所必诛者也。"

（三）檄文强烈呼吁清王朝的团勇、秘密会党、知识分子和服务于清政府的文武官吏，都要与太平军齐心协力共斩妖魔，才能拯救自己。檄文打起反对满族贵族统治的旗号："公等读书知古，毫不知羞！昔文天祥、谢枋得誓死不事元，史可法、瞿式耜誓死不事清，此皆诸公之所熟闻也。""公等苦满州之祸久矣，至今而犹不知变计……其何以对上帝于高天乎？""公等世居中国，谁非上帝子女？倘能奉天诛妖……在世英雄无比，在天荣耀无疆。"这种团结包括乡勇团练在内的大多数人，建立反清抗清广泛的统一战线，一致声讨大清皇族的思想是空前的，体现出洪秀全斗争策略有了进步。

第三篇檄文对民族关系的处理是不可取的，如把满汉关系当作主从关系，体现了狭隘的民族主义，但却语言犀利地揭示了一切灾难根源于清朝统治者，进而呼吁全民族一致讨伐。它极大地促进了太平天国革命运动的发展，在当时的号召力和鼓舞作用相当大，振奋了太平军斗志，各族人民群众积极加入太平军，在政治上进一步孤立了清朝统治者。

4. 进军长沙

①萧朝贵战死

太平军军纪严明，不草菅人命，专向富户索取钱财粮食，百姓没有受到侵扰，因而当地群众欢迎和拥护他们，全州以来的创伤很快痊愈，队伍壮大了，为新的战略大转移奠定了基础。

太平军接连夺取江华、永明，八月十七日，攻占湖南重镇郴州。这期间，仅在道州、永明、江华、郴州、茶陵等地，就有五六万天地会成员及劳动群众参加起义队伍。太平军迅速占领郴州城，就是依靠当地群众的帮助。在道州一带还有一千多掘煤工人加入太平军。太平军对他们进行整编，一旦攻坚，便挖掘地道，轰破城墙，在战斗中功不可没。据当时有的地主推算，到九月间，太平军已有十万以上的兵力。

郴州也是通往湖南省城的要塞，沿耒水而下，经永兴，可至衡州，再入湘江，可直达长沙；陆路可经永兴走攸县抵达长沙。

长沙是湖南省城，巡抚骆秉章与洪秀全本是同乡，又是幼时的同学，如今成为对手，洪秀全也有几分忌惮，于是停驻郴州。萧朝贵进言："大哥为什么不攻打长沙，却留在这里？"洪秀全道："骆秉章驻守长沙，不可小觑，须从长计议。"萧朝贵道："一天天过去，等到妖兵都赶到，我们又要被围，应该主动进攻。"洪秀全仍犹豫不决，但萧朝贵催得紧，只好先去攻打永兴。永兴城内的县官，闻风而逃，洪秀全一举夺下。萧朝贵仍坚持进攻长沙，洪秀全道："妹夫！你要沉住气，骆秉章并非等闲之辈，不可轻举妄动。"萧朝贵道："大哥为何长他人锐气，灭自己威风！我兵这一路，只蓑衣渡失利，此外所向披靡，可以说轻而易举。骆妖系湖南巡抚，管辖湖南一省，为何不派重兵分守？依我看，根本不足为惧。"还没说完，探马来报："骆秉章已被罢官了，现任巡抚叫作张亮基。"萧朝贵便起身道："大哥畏惧的骆妖，已经下台，真是天助我也，小弟愿亲自与他一会。"洪秀全道："你去的话，得多带人马。"萧朝贵道："没有必要，小弟部下有上千精锐，足够了，必定夺取长沙。"洪秀全同意了。萧朝贵入内，与洪宣娇辞别，宣娇嘱咐他小心。萧朝贵道："小小的长沙城，不在话下！若不成功，决不返回。"于是率千名死士，出永兴城，向东北进发。

这萧朝贵确实厉害，以疾风扫落叶之势，破安仁县，攻陷攸县及醴陵县，兵临长沙城下。湖南巡抚骆秉章得知太平军来犯，忙率提督鲍起豹防守，并修书请援。城内兵民，没料到太平军这么快就来了，个个手忙脚乱，幸亏骆秉章严加巡查，及时安抚，鲍起豹全力守备，甚至把神像从城隍庙中搬到城楼上，与他对坐，以安民心。萧朝贵久攻不下，气得火冒三丈，下令强攻。城上守兵，差一点招架不住，忽见清总兵和春、常禄、李瑞、德亮等领兵前来，萧朝贵才收兵，转为防守。和春等见萧朝贵守备森严，倒也不敢进攻，只驻扎城外，相持又数日。

清廷因太平军围急，赛尚阿、程矞采二人龟缩在衡永，不敢迎敌，被革职，徐广缙调任督两湖，并督促广西提督向荣迅速援救。向荣看不起赛尚阿，不愿听命于他，所以桂林解围后，他便称病不出，至赛已被革职，才出发。向荣还没到长沙，江忠源已先行抵达。遥望萧朝贵兵占据城外天心阁，工事坚固，江忠源道："阁上地势甚高，贼众据此，长沙危了。"便立刻率兵攻打天心阁，苦战一场，才杀退萧朝贵兵。萧朝贵怒不可遏，仍率兵攻南门，并身先士卒，首先登城，不防城上一弹飞下，击中萧朝贵头上，轰破头颅，坠地而死。

萧朝贵的阵亡使太平军丧失了最优秀的统帅，对战役的发展产生了不利影响，是太平天国军事上的巨大损失。

萧朝贵牺牲后，曾水源、林凤祥、李开芳等人领导其所部太平军继续攻城，却没有什么进展，便派人回报洪秀全，请求增援。洪秀全大惊失色，与杨秀清道："我说骆秉章非同小可，这萧妹夫偏执意要去，战死沙场真叫人痛心疾首！"杨秀清未答，洪宣娇已哭着进来了，向阿哥来讨丈夫，洪秀全无言以对。还是杨秀清从旁劝慰，并承诺领兵报仇，洪宣娇才停了下来。于是太平军移师北上，直奔长沙。洪宣娇也率一班大脚妇女，组队跟随。

八月二十二日（10月5日），先头部队已抵达长沙，立刻投入仰天湖战斗，贵州郎洞营参将任大贵被击毙，击伤贵州清江协副将安德和陕西即补知府江忠源，多名清兵毙伤。八月二十八日（10月11日），太平军主力部队到达长沙城外，洪秀全、杨秀清亲自督战。

②张亮基就任

道光后期，湖南各府州县充斥盗贼、会匪，激化了阶级矛盾。当太平军在广西起义，纵横各地之际，湖南城乡劳动群众就已经做好了响应的准备。太平军的到来引发了湖南各地农民风起云涌的反封建斗争。他们有的加入太平军后，又回家乡传播革命，以致起义之火，越烧越旺；有的自立门户，在本地集合大批人马，特别是济阳、醴陵、攸县、巴陵、湘乡、益阳、宁乡、郡阳、新化、武冈、溆浦、平江、临湘、安福、道州、永明、江华、临武、蓝山、安仁、与安等地，农民和会党武装更为活跃；有的成群结队，进行各式"仇富"活动，"入人门，屠牛饮酒，酣嬉淋击，醉则寝处其室，毕逞所欲乃已。于其夙所不嫌者，则必求得而甘心焉……尤不快，则掠剽其赀罄，拳其居火之"，有的州县普遍开展这种农民自发的"仇富"活动，"差不多村村都有"，以致地主、富人们终日提心吊胆，农村整个乱成一团……

总之，太平天国农民起义的鼓舞点燃了湖南人民反封建斗争的熊熊烈火，他们开展多种形式和规模的反抗斗争，搅乱了湖南的封建统治秩序。由于当时湖南清军主力多去围剿太平军，只留下几十名残兵在州县里，其镇压职能自然无法履行，他们眼见劳动群众大肆造反而束手无策，极大地威胁了地主阶级的身家性命。

清政府进行重大的人事调动，以求把太平军遏止在湖南。咸丰二年五月初四（1852年6月2日），命云南巡抚张亮基接替骆秉章为湖南巡抚。张亮基，江苏铜山（今徐州）人，字采臣，道光举人。曾为内阁中书、侍读。道光二十六年（1846年）担任云南临安知府，又调署永昌，晋升为云南按察使。1850年，迁布政使，擢云南巡抚。次年一月，兼署云贵总督。在当时的地方大吏中，张亮基算比较有作为的。林则徐任云贵总督时，张亮基正在云南为官，林则徐对他的才能十分欣赏，曾把张与贵州黎平知府胡林翼相提并论，视作自己的左膀右臂，林则徐对张亮基的信任可见一斑。

洪秀全率太平军抵达长沙城外时，张亮基已在长沙城就任，八月十九日（10月2日），向荣也率兵抵达长沙。原围困郴州的两万余清军也随后到达。"清军有正规兵力五万人，加上临时征集的壮勇、团练，号称十万。其中，二万三千人驻扎城外。"太平军中只有两三万将士能参战，双方实力悬殊。

③攻打长沙

向荣到长沙的第二天，得知太平军势单力薄，便急不可耐地兵分三路攻打。面对强大的敌人，太平军英勇反抗，屡屡击退清军，捍卫了太平军在长沙城外的基地。

面对敌众我寡的不利局势，洪秀全和杨秀清决定双管齐下，即一面在城南开挖地道，以地道战为主；一面主动攻打城外清军，制约清军兵力，为攻城做掩护，并在城外加强防御，抵挡外线清军。与此同时，派石达开渡过湘江，转战湘江西岸，试图分散清军兵力，解决补给问题。九月初二（10月14日）卯刻，六七千太平军由妙高峰绕到浏阳门外校场，分三路攻打各营。清军以优势兵力迎战，双方经过十几个小时的鏖战，都有较大损伤。在浏阳门外之战中，太平军原定目标未能实现，影响了打通东路的计划，被迫放弃东岸，全力攻打西岸。整个九月中旬（10月21—31日），双方交锋多次，胜负未分。九月十三日至十四日（10月25—26日），和春、秦定三兵分三路攻打妙高峰、西湖桥太平军兵营，都未得手。十九日（10月31日）向荣亲率三千清兵进攻水陆洲，却中了石达开的埋伏，清军大败，损失惨重。虽然清军费尽心机，但太平军始终掌握西岸的军事主动权。

太平军在长沙外线与清军较量的同时，也在紧张地进行着穴地攻城的攻坚战。太平军土营将士在长沙城外挖了十几处地道。向荣凭借有利地势，相继破坏，土营将士仍坚持不懈，并多次实施爆破，因寡不敌众，屡次受挫折。

清军凭借优势固守长沙城，太平军久攻不下。到九月下旬，长沙城内外已有超过五六万的清军，城内有二巡抚（张亮基、骆秉章）、一帮办（帮办军务罗绕典）、二提督（湖南提督鲍起豹、广西提督向荣），城外聚集各路援军，加强了长沙城防。

第三次穴地攻城没有成功，太平军日益陷入困境。前面是固若金汤的堡垒，背后是人多势众的清军，腹背受敌，继续僵持将十分不利于太平军。洪秀全果断决定放弃长沙，进行新的战略转移。

龙回潭是长沙西北通宁乡、常德，西南通湘潭、宝庆的交通要塞。洪秀全指挥太平军遵循"略城堡，舍要害"的策略，于十月十九日（11月30日）主动撤围北上，趁夜渡过湘江，与西岸石达开部会师，进驻龙回潭，湘潭、宁乡的交通线被太平军控制。第二天，当清军得知太平军撤围后，都大吃一惊。

第四章 定都天京

三、夺取武昌

咸丰二年十月廿二日（1852年12月3日），太平军夺取益阳城，数千船户带着船只投奔太平军。太平军乘船出临资口，越洞庭湖，于十一月初三日（12月13日）攻破两湖战略要地岳州（今岳阳）。太平军缴获了大批军火。当地船户率三千余艘民船加入太平军，太平军增加"典水衙"一职，统领水营。

许多农民、渔民及会党群众的加入，扩大了队伍规模，太平军为此特设了骑兵营。岳州一带物产丰富，城内粮食充足，武器精良，太平军得到了充分补给，一向困扰太平军的物资匮乏问题基本解决了。夺取岳州后，太平军与清军实力对比有了很大的变化，太平军已从被动防御阶段过渡到主动进攻阶段。

攻取岳州后，洪秀全等人决定夺取武昌。

作为中南第一大镇的武昌，物产丰富，商业繁荣，交通便利。太平天国的前途命运与争夺武昌的战役息息相关。十一月初七日（12月17日），太平军架起大炮，"从岳州出发，顺江而下，直捣武汉"。经过之地，所向披靡。

太平军抵达汉阳，知府董振铎坚守三日，没有援兵，汉阳失守。董振铎率家丁战死，知县刘宏庚自杀身亡。

十一月十二日（12月22日），太平军夺取汉阳，十一月十九日（12月29日）攻占汉口，随后在汉阳晴川阁与武昌府汉阳门之间建造了一座浮桥。这座浮桥宽阔平坦，结实稳固。

太平军攻克汉阳、汉口后，武昌陷于孤立。但武昌与汉阳、汉口隔着长江，交通不便，武昌城地势险要，易守难攻，况且驻有重兵，清军自认为能招架得住。

巡抚常大淳，率数百兵防守。向荣从湖南赶来救援，至洪山下寨。洪山位于武昌城东，向荣已失汉口，不打算坚守孤城，所以驻扎洪山，与城中构成椅角之势。刚站稳脚跟，杨秀清领兵攻打，但工事坚固，几次强攻均告失利。这天晚上，杨秀清认为向军初到，不敢进攻，便安然入梦，谁料到了夜半，外面杀声震天，杨秀清从梦中惊醒，忙起来迎战，见向军一拥而入，一将跃马入营，挥动大刀，左冲右突，杨秀清见了这人，呵斥道："好个背信弃义的张嘉祥，来！来！来！我与你决一死战。"便上前迎战，约十数合，只听见一阵呼声道："快捉杨贼！"杨秀清掉头便走。向军一路紧追，紧急关头，幸好石达开、林凤祥赶来援救，与向军一场激战，仍没占上风，陈坤书、邰云官等一支新兵又来了，方才挫败向军。太平军这一战损伤不小，十几座营垒被毁，二千余枪炮丧失。杨秀清火冒三丈，对张嘉祥恨之入骨，连石达开等亦忿忿难平。

张嘉祥本是广东高要县的大盗，洪、杨召他入太平军。与向荣初次对垒，杨秀清命张嘉祥率二百人至向营诈降。向荣心里有数，留住二百人，换了另外二百壮士，跟随嘉祥出战，太平军大败。杨秀清于是杀了张嘉祥妻子。张嘉祥便投奔向荣，改名国梁，向荣也对他十分优待。杨秀清尚不知道他改名，因而叫他为张嘉祥。

向荣获得大捷，正打算进兵援城，忽然风雨交加，兵士无法前进，只好推迟。太平军一面与向荣大军在城外周旋（互有胜负），一面大肆开挖地道，以文昌门为重点。十二月初三日（1853年1月11日），工程竣工。四日黎明，洪秀全命令引爆，"文昌门二十余丈被轰塌"，林凤祥率兵一拥而上，随后李开芳等迅速控制了文昌门、平湖南门，武昌城一举攻克。湖北巡抚常大淳身亡。武昌城内欢声雷动，城乡广大群众、船夫、农民、矿工等积极加入农民起义队伍，总计达万人。用了二十天时间，太平军就夺取了武昌城。

十二月初九日（1853年1月17日），天王洪秀全从汉口来到武昌，"居抚署，大门上贴着黄纸贴，写着'天朝门'，大堂书'天朝殿'"。东王居藩署、西王居督署、北王居臬署、翼王居学政署，门上都是黄纸贴，写着"某王府""某王殿"，正式开始统治武昌城。

首先，太平军在进城的当天就明确规定"不留官兵，勿伤百姓"，这与清兵军纪涣散、草菅人命截然不同，随后倡导百姓敬拜上帝，分男馆、女馆居住。每馆二十五人，设头目管理，为正牌。除男女馆外，还设立老幼馆、能人馆，为尾牌，专门安置老幼病残。每人"日发油一杯，人各发谷三合"，实行绝对平均主义。

其次，入城后，太平军把官府的粮库、盐库、银库，以及军械、火药全部接管，没收官绅的财产，全部收归圣库。而对于普通群众则采取自愿划贡政策，设置进贡公所，"凡金银、钱米、鸡鸭、茶叶皆可充贡……于是人争趋之"。太平军自广西动身，一路上主要靠城镇供给军资，对于广大农村"不仅不劫掠，而且给贫者发放衣物，宣传说将来概免三年租赋"，切实维护了农民的利益，因此广大农民群众十分拥护，这与清朝统治者对农民的横征暴敛恰恰相反。然而，这种城市经济政策并没有一直持续，在撤离武昌时，为了壮大太平天国的实力，他们强迫城市居民入伍，"男子从者十之九，女子从者十一二"，同时没收一切私有财产，带给广大群众许多困难，甚至灾难，影响很坏。

武昌是太平军夺取的第一座大城市。太平天国延续以往的政策管理大城市，农民的利益在很大程度上得到了体现，并且在定都南京后继续实行其中许多办法。

四、进军南京

1. 钱东平献策

武昌失守的消息震慑了清廷，咸丰帝忧心忡忡，自恨用人不当，下命将徐广缙革职，并封琦善、陆建瀛为钦差大臣。令琦善防守南阳、汝宁、光州一带，阻止太平军北上；陆建瀛率军去长江上游，据险防守，防止太平军西进。徐广缙仍为钦差大臣并暂署湖广总督，在武昌一带与太平军周旋。一个钦差大臣增加到三个，企图改变现状。与此同时，咸丰帝从蒙古、黑龙江、吉林等地大量调集清兵入关，参与围剿太平军。太平军在武昌又一次需要决定何去何从。

这期间有一书生求见，此人乃是浙江归安人钱江，洪秀全便道："白面书生，何知大事。"有拒绝之意，还是石达开进言道："如今正需要人才，不宜谢客。"于是召见。钱江进内，长揖不拜。洪秀全见他气质不凡，便另眼相待，令钱江旁坐，询问来历。钱江答道："钱某曾充当林则徐幕宾，林公被免职，英兵入境，钱某在明伦堂召集大众，鼓励绅民，打算共同御敌，谁知官府昏庸，主张和议，污蔑钱某无事生非，逮捕入狱，后被押解回籍。今得知大王起义，所以远道而来求见。"洪秀全道："你既来此，有何见教？"钱江道："大王欲夺取中原，不宜久留此地，应积极进取。"洪秀全道："我正有此意。但听说满廷已派什么琦善，率大兵驻守河南以防止我北伐。看来无法急攻河南，只好暂时停留此地，伺机而动。"钱江道："武昌居四战之地，不可长守，况且向荣现逼城下，如果再集合清兵包围，则危矣！"秀全道："进兵四川可好？"钱江道："也是不好。为大王计，首先应夺取江南，其次取河南，接着取山东。明太祖从前破灭胡元，便是如此，大王如今欲推翻满清，何不效仿？"洪秀全听了，喜上眉梢，便道："先生果真是奇才！今日正在开宴，请先生畅饮三杯，再行请教。"钱江也不推辞，见过几位头目，便坐在洪天王侧。天王便问他表字，叫作东平。喝了一会儿，谈笑风生，洪秀全兴奋不已，犹如刘备遇孔明，苻坚遇王猛。兴尽席散，钱江连夜写了一篇文章，第二天交给洪秀全，洪秀全展阅道：

  草莽臣钱江上言：伏维天王起义之初，箕发易服，欲变中国二百年胡虏之制，筹谋远大，创业非常，知不以武昌为止足也，明矣。今日之举，有进无退，区区武昌，守亦亡，不守亦亡；与其坐以待亡，孰若进而犹冀其不亡？不乘此时长驱北上，徒苟安目前，懈怠军心，诚无谓也。清初吴三桂起兵之时，不数月而南六省皆陷，地广人众，自谓称雄。然遣将四出，不出湖南一步，扰攘十余年，终底灭亡，前车其可鉴也！或谓武昌襟带长江，控汴梁而引湘鄂，据险自固，然后间道出奇。以一军出秦川，定长安，扰彼关外者；或以一军趋夔州，取成都，定四川，以为基业者。不知秦陇四塞，地错边鄙，人悍物啬，粮食艰难；且重关叠险，纵我攻必克，必大费兵力。劳而无成，固贻后悔；得不偿失，亦弃前功。况削其肢爪，究不若动其腹心之为愈也。至于四川一局，今昔异形。其在蜀汉之时，先以诸葛之贤，继以姜维之智，六出九伐，不得中原寸土，赖吴据长江之险以为唇齿，尚难得志，况今日哉？方今天下财库，大半聚于东南，当此逐鹿于宁谧之时，欲以四川一隅敌天下，江知无能为也。以江愚昧，不如舍西而东：金陵建业，皆帝王建都之所，淮泗、汴梁，实真人龙起之方，宜先取金陵，以为基本，次取开封以为犄角，终出济南以图进取。握齐鲁之运河，可以坐困通仓之食，截南北之邮传，可以牵制异族勤王之师。如此而有不成功者，江未信也。故为今日计，莫若急趋江南；南京底定，招集流亡，秣厉兵马，扼要南诸，挥军北上，左出则趋江北以进战，急则可调淮扬之军以继之；右出则据黄河以拒敌，急则可调开归之军以应之。再发锐卒以图西略，徇行河内州县，直抵燕冀无返旆；更遣偏师以收南服，戡定浙东郡邑，闲窥闽粤无轻举。兵不止于一路，计必出于万全。外和诸戎，内抚百姓，秦蜀一带，自可传檄而定，此千载一时之机会也。自汉迄明，天下之变故多矣，分合代兴，原无定局。晋乱于胡，宋亡于元，类皆恃彼强横，赚盟中夏，然皆不数十年而奔还旧部，从未有毁灭礼义之冠裳，削弃父母之毛血，如今日之甚且久者。帝王自有真，天意果谁属？复我文物，扫彼腥膻，阵堂旗正，不必秘诈，军行令肃，所至如归；彼纵有满洲蒙古殚精竭虑之臣，吉林索伦精骑善射之将，虽欲不望风投顺，我百姓其许之乎？更有期者，草茅崛起，缔造艰难，必先有包括之心，寓乎宇宙，而后有旋乾转坤之力。知民之为贵，得民则兴；知贤之为宝，求贤则治。如汉高祖之恢廓大度，如明太祖之夙夜精勤，一旦天人应合，不期自至。否则分兵而西，武昌固不能久守，且我之势力一涣，即彼之势力复充；久而久之，大势一去，不能复振，噬脐之悔，诚非江所忍言者矣。管见所及，不敢自隐，伏乞采择施行！

秀全看完后连连称赞："奇才！奇才！"于是封钱江为军师。

2. 轻取南京

咸丰三年正月初一日（1853年2月8日），洪秀全在武昌阅马场举行盛大仪式，郑重宣布进军南京。正月初二日（2月9日），太平军大军分水陆两路从武昌启程。胡以晃、李开芳、林凤祥统领陆路之兵，东王、北王、翼王、天官丞相及罗大纲、赖汉英等率水路军，携带家属和大批辎重。天王洪秀全搭乘龙头"王船"，数千艘战船齐发，气势磅礴，天官副丞相林凤祥、地官正丞相李开芳、春官正丞相胡以晃等人率领陆路军，沿长江两岸疾行。初四日（2月11日）晚，太平军前队占领武昌县城，守城总兵郭仁布进行炮击，太平军主力相继抵达，清兵丧胆，撤退到大冶县一带。向荣军来到武昌县，太平军已顺江而下，初五日（2月12日）夺取黄州。向荣见无法追击，便走直路经大冶、兴国，企图赶往九江，堵住其东下之路。初八日（2月15日）向荣率军火速奔赴瑞昌，不料太平军进展惊人，就在向荣抵瑞昌的同日，太平军已占据黄石、蕲州，于半夜进抵下巢湖。尽管陆建瀛、张芾等人的六千多清兵驻守在下巢湖，但既没有加强守备，又无险可据，太平军千艘战船如入无人之境。

清军在九江至武昌的防线顷刻间土崩瓦解，太平军一帆风顺，于正月十一日（2月18日）攻占九江城。安徽省省会是安庆，距南京八百余里，是南京在长江上游的最大屏障。如果不在此防守，则此后直到南京都无险可守。

太平军夺取九江后，稍事休整，第二天便整军出发，进军安庆。早在太平军攻打长沙时，安徽巡抚蒋文庆就着手加强防备。他首先派安徽按察使张熙宇率六百人设防于小孤山天险，后来感到不够，又增派五百兵勇；咸丰二年初（1852年2月初），又增加三百清兵，小孤山要隘已有一千四百人的兵力。与此同时，蒋文庆还派浙江副将田大武率领七百浙兵进驻宿松，和小孤山遥相呼应。蒋文庆集结了五千五百多名兵勇在安庆城内。据向荣统计，省城安庆一带共有七千多名防堵安徽、江南、山东的官兵。

谁知，太平军从九江出发，当天就抵达沽塘，第二天占领彭泽，攻占小孤山；长江北岸陆路太平军在同一天挫败田大武，夺取宿松。太平军轻而易举地攻破了蒋文庆苦心策划的小孤山—宿松防线。正月十六日（2月23日），太平军水师抵达安庆江面，负责城外防堵的狼山镇总兵不战而逃，清兵立刻溃不成军。十七日（2月24日）上午，太平军发动进攻，迅速占领了城外阵地。安庆城内文武官员落荒而逃。十八日（2月25日）太平军夺取安庆，处死蒋文庆，缴获四十万两饷银、四万余串制钱、三万余石粮食，以及大量军火，极大地增强了进军南京的物质力量。接着，太平军顺江东下进军芜湖。正月十九日（2月26日），夺取池州，二十一日占领铜陵，二十二日进据芜湖。二十五日，李开芳率陆路太平军向东、西梁山清军大营发起强攻，大破清军。至此，南京以西长江水面的清军已基本被太平军肃清。至正月二十九日，太平军兵临江宁城下。连营二十四座，自大胜关达七里洲列舟，号称百万的水陆兵，昼夜兼攻。武昌与南京相距一千八百余里，途经江西、安徽、江苏三省，太平军就这样长驱直入，占九江、克安庆、过芜湖，日行六十里，抵达南京城下。

太平军层层围住南京城之后，陆制台本出身文吏，不会用兵，勉强坚持了七八日，没有援军，又缺军火，这时，洪秀全仍下令开挖地道。太平军继续用惊扰术配合总攻，时而派小队人马在城外大造声势，时而小规模发起炮击。清军真假难辨，全力回击，大量火药被消耗。清军日夜不安，精疲力尽，人心涣散。

二月初九日（3月18日），太平军建成了通往仪凤门的地道，即将发动总攻击。连日来，由于太平军全力攻打仪凤门，城内清军主力被调往仪凤门防备，其他城门越发空虚，太平军乘机在各处搭长梯，为同时攻城做准备，清军顾此失彼，招架不住。这天夜里，没有动静，清兵疲惫不堪，沉沉睡去。不料第二天凌晨，只听一声巨响，城墙轰然倒塌，守门军兵赶紧抢筑，连在别门驻守的将弁，也闻讯赶来救援，不料太平军从三山门越城而入，外城失守。陆制台自杀，洪秀全等占据外城，接着进攻内城，祥厚、霍隆武又拼死固守，过了两天，内城亦破。到二月十一日（3月20日）下午，太平军已基本消灭城内守敌，登上西门城垣，至此全部攻克南京城。这一战中，江宁将军祥厚、副都统霍隆武及数千旗兵都被歼灭。邹鸣鹤、福珠洪阿也被俘并处斩。太平军长途跋涉，轻取南京，是中国农民战争史上的一大奇迹。

3. 定都天京

夺取南京后，太平天国各位领导人相继入城。二月十七日（3月26日），北王韦昌辉第一个自东北仪凤门骑马进入；二月十九日（3月28日），东王杨

第四章 定都天京

秀清乘轿由城西莫愁湖畔的水西门入城；二月二十日（3月29日），天王洪秀全身穿黄绣龙袍，端坐大轿中，由数万卫队护送，在一片欢呼声中也由水西门十分排场地进入城内，一路上百姓跪地夹道欢迎。

洪秀全把获得的资财用来犒赏将士，被部众称为万岁，他亦居然称朕，以卿称呼部下头目。随后集合东王杨秀清、北王韦昌辉、翼王石达开、军师钱江等开会。钱江又献计，强调北伐，并一一说明设官开科、抽厘助饷、通商睦邻、垦荒开矿等事，洪秀全道："先生所言极是，朕当逐一施行。但金陵系王气所在，朕欲定都于此，可好吗？"钱江还没回答，东王杨秀清道："弟本打算攻打河朔，昨听老船夫说，河南缺水少粮，无险可守，如若被困，四面受敌。这里凭借长江天险，工事坚固，物产丰富，最适合建都！"钱江因东王势大，不好多言，只说："东王计划，颇有道理，只是应当尽快攻取镇江、扬州一带，南北清军方可隔断，巩固金陵根据地。"杨秀清道："这是当然。"于是没等洪秀全下令，竟高声说："何人敢去取镇江、扬州？"丞相林凤祥自告奋勇，杨秀清道："林丞相胆略过人，必定马到成功。但一人尚不够，还须数人同往。"罗大纲、李开芳、曾立昌等纷纷表示愿随凤祥前行。杨秀清道："甚好，甚好！"于是请洪秀全发令，命众人率兵前去。随后林凤祥率军攻克仪征、金山，夺取瓜洲进据镇江和扬州。夺取南京、镇江、扬州三城后，长江和运河漕运都被太平军控制，清政府的漕运通道被切断了。太平军强大的水师部队联结三城，统一的战略格局形成，十分有利于巩固南京根据地。

军兴以来，太平军始终实行运动战略，没有稳固的根据地为自己事业的发展提供支持。流寇主义的战略最终难以取胜，黄巢、李自成领导的唐末、明末起义的失败就是生动的例子，所以太平军十分有必要建立一个牢固的根据地。在这种情况下，洪秀全、杨秀清意见一致，决定定都南京。

洪秀全说："朕既建都于此，难道仍叫作南京吗？"杨秀清道："我朝既名天国，不妨叫作天京。"洪秀全十分高兴，遂定都天京。

第五章 地上天国

一、天国的政权建设

1. 各建宫邸

太平天国定都南京后，便着手治理国家事务，行使中央政府职权。但是太平天国没有设立像历代封建王朝一样的统一的政务机关，权力是由天王宫和诸王府来行使。

二月二十日（3月29日），洪秀全进入南京，在两江总督府居住，并立刻大兴土木修建天王宫殿。

宫殿完工了，旁有两联，一联是："虎贲三千，直扫幽燕之地；龙飞九五，重开尧舜之天。"一联是："拨妖雾而见青天，重整大明新气象；扫蛮氛以光祖国，挽回汉室旧江山。"这两联，大概出自钱军师之手。洪秀全挑选几十名掠取来的女子，作为妃嫔，随后遵循大礼，戴紫金冕，前后垂三十六旒，穿黄龙袍，升了御座，受文武百官朝贺。

天王宫殿中设置了众多官员。有左右掌官、侍臣、侍卫、典天舆、典天马、典天乐、典金锣、典天炮、典天更、典天厨、典天鱼、典天柴等，名目繁多，达到一千六百二十一人。其中就有一千名典天舆，典天乐所属三百人，大部分都伺候天王，没有多少处理国家大事的官员。洪秀全尽管是太平天国的最高统帅，但自从各王受制于东王以后，尤其是进驻南京后，天王基本不理朝政，进入天王宫之后，便"深居简出"，甚至把"大小众臣工，到此止行踪，朝奏方准入，否则雪云中"的题诗高悬在王宫大门上，以提醒大小官员。所谓"雪云中"即刀，是违令者斩的意思。洪秀全鲜少露面，以致人们以为天王并非凡人。

第五章 地上天国

咸丰三年二月十九日（1853年3月28日），杨秀清进入天京，先住了几天藩署，即布政使司，随后搬到将军署。定都天京后，由于天王不理朝政，东王杨秀清完全操纵了军政大权。群臣的奏章须层层上报至杨秀清处，通常由杨秀清全权处理，天王不加干涉。遇有特殊重大事情，杨秀清与韦昌辉、石达开商议后，再呈报天王批准，因此最高权力一直由杨秀清行使。杨秀清在府内修建五层高楼，观察城外清军营盘虚实以确保东王府安全。后因将军署离朝阳门外清军江南大营太近，清军炮火常常威胁，就迁到旱西门前山东盐运使何其兴住宅。东王府墙二丈高，三尺厚，粉刷成黄色，周长达六七里。东王府除设置与天王府大致相同的官员外，还设有"吏、户、礼、兵、刑、工"六部尚书，每部十二人，共七十二人。东王府是太平天国的中央政府，成了国中之国。

同时北王韦昌辉和翼王石达开也都建造了王府，其规模明显小于天王府、东王府。北王府和翼王府均设有六部，其他官吏的设置也与东王府大致相同，但是人数较少，也相应降低职位官阶，以表明不同的等级。

建造天王宫殿和诸王府，标志着太平天国相对稳定了政权并强化了权力。

2. 天国官制

①中央官制

定都天京后，中南重镇南京及其附近几个省区成了太平天国的正式统治区域，中央政府职能日益健全。

洪秀全自从道光三十年十二月十日（1851年1月11日）以来，领导拜上帝会会众在广西桂平县金田村正式举事，成立太平天国，封杨秀清为东王、萧朝贵为西王、冯云山为南王、韦昌辉为北王、石达开为翼王，并加封秦日纲为天官丞相，胡以晃为春官丞相，永安期间太平天国已经形成了从天王到两司马十二级官制。太平天国的官级已经由十二级变为十三级，即王、侯、丞相、检点、指挥、将军、总制、监军、军帅、师帅、旅帅、卒长和两司马。中央政府已经完善了官吏的设置。咸丰三年（1853）秋至咸丰四年（1854），洪秀全相继加封秦日纲为顶天侯，林凤祥为靖胡侯，李开芳为定胡侯，吉文元为平胡侯，朱锡锟为巢胡侯，胡以晃为护天侯，陈承瑢为佐天侯，黄玉昆为卫天侯，卢贤拔为镇国侯，李俊良为补天侯。已牺牲的黄益芸也被追封为灭胡侯。不久，顶天侯秦日纲晋升为燕王，护天侯胡以晃晋升为豫王。

中央政府中，以国家称呼各王的亲属，以国伯、国叔称呼前辈，同辈称国宗，晚辈称国相，都有较高的级别，分别与王、侯爵或丞相相当，出任地方官或外出征战的同时授予提督军务职衔。

朝内丞相官职最高，分天、地、春、夏、秋、冬官六衔，每衔中设置正、又正、副、又副，共二十四人。但丞相不同于清朝，无权决定政务，只是执行各王府的旨意。检点、指挥、将军等丞相以下的官吏工作范围也都不固定。除二十四名丞相外，还有三十六名检点、七十二名指挥、一百名将军，并且下设人数庞杂的属官受制于众多的丞相、检点、指挥、将军。如天王府内，设有侍臣、左右史、掌朝仪、通朝仪、通赞、引赞、掌朝门、月将侍卫、典天舆长等一百人，具有相当于检点的高位。又设有一千多名节气侍卫、典天舆、典天乐、典尉、典天柴等典官，相当于指挥。东王全权处理朝政，日理万机，设了更多属官。但是由于各级官吏没有实权，因此不可能有很高的办事效率。只有奉命外出征战或在某地镇守时，才被授予特权，全权处理。到了后期，封官越来越多。

②地方官制

定都天京前，太平军一直采取运动战、防御战，处于被动局面，由于条件的限制，没有在攻克的州县设官据守。夺取南京后，太平天国为扩大统治区，分兵占领各府州县，设立了地方政权的官职，即守土官和乡官。乡官由地方推举产生，分为六级，即军帅、师帅、旅帅、卒长、两司马、伍长，设监军、总制，由守土官统领乡官，由中央政府统一任命并派遣。

太平天国分为县、郡、省三级地方政权。设监军一人管理县，与清朝的县令相当。设总制一人管理第二级郡，相当于清朝的知府。监军听命于总制，"由军帅、监军谋划一切事情，而由总制做最后的决定"。守土官可以全权决定地方事务，无须向中央政府请示。最高一级地方政权是省，与当时所处的战争环境相适应，由太平天国派遣的一方军事长官充任。郡县两级守土官执掌地方行政和军事大权，县以下设有军，完全依照太平天国的军制进行编制。每军中设有典官，据《太平天国史料》记载：

> 典分田二、典刑法二、典钱谷二、典入二、典出二，俱一正一副，即以师帅、旅帅兼摄……每军每家设一人为伍卒，有警则首领统之为兵，杀敌捕贼；无事则首领督之为农，耕田奉上。

乡官制度的建立开始于咸丰三年（1853）太平军西征。这一年七月（8月），石达开在安徽首先设立乡官制度。咸丰五年二月十七日（1855年4月5日），殿右陆拾肆指挥在安徽宣布："今本大臣统率大军在境驻扎，广纳贤士……本大臣都秉公处理。"设置守土官、乡官,十分有利于巩固太平天国的地方政权,乃至整个太平天国政权。它不但牵制了清军,使天京城得到了有力的保卫,并且深远地影响了太平天国与清军进行的长期革命战争。

③女官制度

太平天国除朝中官、守土官、乡官以外还设有女官。太平天国的男女平等观念由女官制度得到了充分体现。

金田起义初期,大多数信徒都是举家参与。大批妇女加入起义队伍,开创了中国农民战争史上的先例。妇女的参与稳定了军心,可以使太平军在战场上奋力杀敌而无后顾之忧。洪秀全设置男营、女营安置广大会众,中国历史上最早的娘子军即由女营组成。

定都天京后,仍有女营官兵负责守城。广大妇女在斗争中肩挑重担,因此在整个政权中有为数众多的女官。据封建文人谢介鹤记载:

> 设女伪官如在伪府省,伪丞相、伪检点居多。其在外统带女馆者,至伪军帅止,余为百长,馆长俱用黄巾扎头,上写伪衔,军帅以上皆大脚蛮婆,百长湖北最多。天京的朝内女官有左辅正军师、右弼又正军师、前导副军师、后护又副军师各一人。女军师之下,设有十二名女丞相、三十六名女检点、七十二名女指挥,女将军、女总制、女监军、女军帅各四十人,一千名女卒长、四千名女管长(即女两司马)。女营不设师帅、旅帅。女卒长直接听命于女军帅。

女官也设有职同官。如天朝内掌门、东西殿内贵使相当于检点,东西殿内掌门、南北殿内贵使、女绣锦指挥相当于指挥,南北殿内掌门、翼殿内贵使、女绣锦将军相当于将军,翼殿内掌门、女绣锦监军相当于监军等。

3. 军队建设

太平天国很早就创建了军队组织。太平军初期军制规定:

每一军领一万二千五百人,以军帅统之,总制监军监之。其下则分辖五师帅,各分领二千五百人。每师帅辖五旅帅,各分领五百人。每旅帅辖五卒长,各分领百人。每卒长辖四两司马,领伍长五人,伍卒二十人,共二十五人。由本及末,一气贯通,颇得身使指应之效。随着斗争的深入,太平军实力的增强,军制日益健全。每军自两司马至军帅设六百五十六名军官,一万二千五百名伍长伍卒,总共一万三千一百五十六人。包括各类典官和杂职人员,每军多达一万六千人左右。定都天京后,五军变为九军。并于咸丰二年(1852)相继设立土营和水营。太平军不但有严密的组织,而且具有很强的战斗力。"其大小相制,视众如寡,臂使指应,颇能联络一气,分合咸宜。"

太平军一向设有女军,女军对太平天国革命功不可没。女军在征途中发扬大无畏的精神和男子并肩作战,颇有巾帼不让须眉的本色。但女子主要负责运输辎重、制作军鞋军衣,做些辅助工作。有些妇女成为受人敬仰的英雄和模范。金田起义前后,"男学冯云山,女学杨云娇"的谚语十分流行。最多时女军共四十军,每军有二千五百名女兵,总计十万人。太平军十分重视维护广大妇女的利益,使之人格尊严不受侵犯。洪秀全成功地解决了这一问题,贯彻执行男女平等的政策便是其根本经验,"十款天条"的第七条规定:"不好奸邪淫乱。天下多男人,尽是兄弟之辈;天下多女子,尽是姊妹之群……凡男人女人奸淫者,名为变怪,最大犯天条。"这条法律得到了坚决的贯彻,以至于清廷封建文人也承认:"贼禁奸淫甚严,其党皆不敢犯,故妇女无逼迫难已之情。"咸丰五年(1855)春,太平天国在天京城内恢复家庭生活,大部分女兵返回家中,女军人数锐减。

天王洪秀全和东王杨秀清统帅并调集全军,若发生重大战事,由天王或东王派遣诸王、丞相或国宗外出征战。总制通常是军队的最高指挥官,总制之下设监军、军帅、师帅等,监军以下都听命于总制。出战时多由监军指挥,而军师负责操练士卒、整编队伍、驻营扎寨。农村建立军政合一的社会基层组织,家家户户亦兵亦农。

每一家出一个兵,在太平天国统治区域内百姓有多少户,兵就有多少,太平天国的兵数增加了。

二、天国的经济

1.《天朝田亩制度》

洪秀全颁布的《天朝田亩制度》是太平天国的纲领性文件,它包括经济、军事、思想文化等极为丰富的内容。其中的核心部分是"田亩制度",解决土地问题的指导思想和土地分配的原则都得到了详尽阐述。《天朝田亩制度》规定:

> 凡天下田天下人同耕，此处不足则迁彼处，彼处不足则迁此处。凡天下田丰荒相通，此处荒，则移彼丰处以赈此荒处，彼处荒，则移此丰处以赈彼荒处，务使天下共享天父上主皇上帝大福，有田同耕，有饭同食，有衣同穿，有钱同使，无处不均匀，无人不饱暖也。

《天朝田亩制度》详细规定了土地分配的原则。首先，依据产量多少把土地分为三大类九个等级：

> 凡田分九等，其田一亩，早晚二季可出一千二百斤者为尚尚田；可出一千一百斤者为尚中田；可出一千斤者为尚下田；可出九百斤者为中尚田；可出八百斤者为中中田；可出七百斤者为中下田；可出六百斤者为下尚田；可出五百斤者为下中田；可出四百斤者为下下田。尚尚田一亩当尚中田一亩一分，当尚下田一亩二分，当中尚田一亩三分五厘，当中中田一亩五分，当中下田一亩七分五厘，当下尚田二亩，当下中田二亩四分，当下下田三亩。

接着，又详细说明了如何分配。洪秀全倡导在经济上实现男女平等。《天朝田亩制度》规定："凡分田照人口，不论男妇，算其家口多寡，人多则多分，人寡则分寡。"经济地位的提高是妇女解放的关键。政治上的平等必须以经济上平等为基础。在封建社会，农民靠土地维持生计，洪秀全有勇气分给妇女和男子一样多的土地，确实具有伟大的进步意义。

然而，太平天国长期征战消耗了大量的人力物力，统治区也不稳固，根本无法实行《天朝田亩制度》，尤其是其中的核心部分——土地问题最终成为一纸空文。此外，《天朝田亩制度》尽管宣传"有田同耕"，但并没有明确规定农民拥有土地，反而鼓吹"天父上主皇上帝一大家，天下人人不受私，物物归上主，则主有所运用"。农民一年辛劳除维持温饱外，其他所得全部收归圣库。小农经济几千年来导致了根深蒂固的私有观念，农民最反对他们的劳动果实被无偿剥夺，特别在生产力水平低下、物质匮乏的状况下更是如此。即便分得了土地，分得多少好坏都已无关紧要，因为自己并不占有劳动果实，因而也就不关心干得好不好，以及收成的多少。从这一点来说，《天朝田亩制度》对农民并没有吸引力。

《天朝田亩制度》还规定了一些其他方面的内容。它规定了太平天国的军事组织形式,"团营"以来的军事组织形式基本沿用下来。在婚姻问题上,《天朝田亩制度》规定"凡天下婚姻不论财",表明了买卖婚姻为洪秀全所反对。与此同时,他还主张消除娼妓,反对缠足。洪秀全解放妇女的光辉思想得到了充分体现。

《天朝田亩制度》明确规定了职官的考核、任免、升迁、保举及民间诉讼等:

> 凡天下官民,总遵守十款天条及遵命令,尽忠报国者则为忠,由卑升至高,世其官;官或违犯十款天条及逆命令受贿弄弊者则为奸,由高贬至卑,黜为民。民能遵条命及力农者则为贤为良,或举或赏;民或违条命及惰农者则为顽为恶,或诛或罚。

对官吏的考核、升迁还规定"凡天下诸官三岁一升贬,以示天朝之公"。洪秀全对保举制度很重视,进行了细致的规定,可以举荐他人或自荐,层层上报,注重调查研究,征求民意。

两司马是战时最低的军事将领,平时是最低层的民政官员。通常都由两司马处理民间诉讼,无法解决的层层上报,直至天王。《天朝田亩制度》写道:

> 各家有争讼,两造赴两司马,两司马听其曲直;不息,则两司马挈两造赴卒长,卒长听其曲直;不息,则卒长尚其事于旅帅、师帅、典执法及军帅,军帅会同典执法判断之。既成狱辞,军帅又必尚其事于监军,监军次详总制、将军、侍卫、指挥、检点及丞相,丞相禀军师,军师奏天王。天王降旨,命军师、丞相、检点及典执法等详核其事无出入,然后军师、丞相、检点及典执法等直启天王主断。天王乃降旨主断,或生或死,或予或夺,军师遵旨处决。

洪秀全素来重视思想教育工作,《天朝田亩制度》对原来施行的制度做了总结,规定:

> 其二十五家中童子俱日至礼拜堂,两司马教读《旧遗诏圣书》《新遗诏圣书》及《真命诏旨书》焉。凡礼拜日,伍长各率男妇至礼拜堂,分别男行女行,讲听道理,颂赞祭奠天父上主皇上帝焉。

洪秀全尽管未能实施土地政策，但不同程度地实行了《天朝田亩制度》规定的其他制度。

2. 土地政策

农民的土地问题始终是中国封建社会的核心问题。因为社会财富主要由农民创造，土地是他们的命根子。"农民迫切地需要得到土地"。土地兼并日益严重，许多农民无从生存，被迫起来斗争，甚至导致大规模的农民战争。《天朝田亩制度》明确规定取消封建地主土地所有制，千百年来中国农民拥有土地的迫切愿望和要求得到了体现，它极具吸引力，是革命的、进步的。它集中地体现了中国农民要求平等平均的思想。但是，它在当时的历史条件下完全不可能实现，只是空想。以空想代替现实，必然产生种种负面影响。由于无法贯彻实行《天朝田亩制度》，而颁布新法的条件当时又不具备，太平天国就规定"照旧交粮纳税"作为根本的土地政策。所谓"照旧交粮纳税"，就是依照封建国家的传统政策办事。包括清朝在内的中国封建社会，国家财政的主要来源是田赋，即政府通过征收土地所有者土地税维持统治。除少数小土地所有者的土地由自己耕种外，所有大土地所有者都把土地租种给贫苦农民，收取高额地租，地主再将其中的一部分上缴国家。

定都天京后，清军步步围困天京，城内反革命势力加紧活动，人心不稳。为此，东王杨秀清于咸丰三年四月二十九日（1853年6月5日）于天京城颁布《安抚四民诰谕》，表明太平天国不准备较大地改动土地制度。咸丰四年（1854），天京粮食供应日益紧张。杨秀清、韦昌辉、石达开等人提出：

> 天兄大开天恩，差我主二兄建都天京，兵士日众，宜广积米粮，以充军储而裕国课。弟等细思安徽、江西，米粮广有，宜令镇守佐将在彼晓谕良民，照旧交粮纳税，如蒙恩准，弟等即颁行诰谕，令该等遵办，解回天京圣仓堆积。

洪秀全予以批准。定都初期，太平军每到一处，就选派德高望重之人组成村公所，然后依据各村情况决定缴纳粮食和钱财的多少。此法后来一直延用。咸丰三年至咸丰十年（1853—1860）间在安徽、江西、江苏、湖北、浙江等太平天国管辖区域内都实行"照旧交粮纳税"。

太平天国一面沿用封建土地制度，实行"交粮纳税"，同时采取"着佃交粮"的新举措。此起彼伏的革命大风暴中，一大批官僚、地主被太平天国镇压了，他们或死或逃，留下大量无主土地，加上接管的寺院、庙庵土地及农村的公产，太平天国手中拥有了一些土地。农民并没有无偿得到这些土地，而是租种，必须"着佃交粮"。农民所要上缴的田赋和交给地主的地租没什么区别。"着佃交粮"以后，农民的生活尽管清贫，但毕竟比地主的巨额地租和清政府的苛捐杂税要轻一些。农民对官吏和地主恨之入骨，却十分拥护太平军，他们不愿把粮交给地主，而宁愿交给太平军。

3. 经济政策

比起清朝的城市经济政策，太平天国的城市经济政策发生了重大而深刻的变化。太平天国早期的公库就是天朝圣库，它是金田"团营"前各地拜上帝会信徒自发创立的。洪秀全金田"团营"后，将其逐步健全并推广开来。

太平天国定都天京后，不但沿用圣库制度，而且将其进一步强化。定都初期，便把天朝总圣库设在天京水西门灯笼巷内，由圣库供应城市居民日常生活所需。天朝圣库设有专门官吏管理，每人被准许有少量钱财，保障了定都初期天京城内的太平军将士、百姓的生活。

早期的公库制度极大地推动了太平天国的革命发展。公库制度有利于战胜经济困难，共渡难关；防止战争时期官兵间贫富分化，增强凝聚力，一致对敌；遏止太平军将士抢劫、掳掠。

从金田"团营"到定都天京，太平军将士的足迹踏遍江南六个省，与敌人展开了两年半的激烈较量，物资严重不足。正是因为有了公库制度，有限的物质资源才得到了合理充分的利用，使太平军渡过难关。然而这种平均分配的圣库制度，在生产力水平低下的封建社会，在根深蒂固的个体经济和私有观念的冲击下必然面临重重阻碍。群众必然反对剥夺小生产者的私有财产，越来越感到不满，这一制度同时也极大地挫伤了劳动者的生产积极性，导致存入圣库的物资不断减少，而消耗却与日俱增，最终入不敷出。

太平天国晚期，尽管名义上放松了圣库制度，但在天京城内却依旧实行。不过，这种制度被以洪秀全为首的领导层首先破坏了，他们利用手中的权力大肆侵吞，物资越是匮乏，这种问题越是严重。

与圣库制度密切相关的是诸匠营和百工衙。定都天京前就早已在太平军中实行了诸匠营和百工衙制度，但是当时比较简单。如土营负责开挖地道，穴地攻城，而军中的各典衙也只有典旗帜、典炮、典红粉、典铁匠、典木匠几种。夺取南京后，太平天国拥有人数众多的军民和各类手工业者，大大地扩充了诸匠营和百工衙。为组织生产和便于管理，把手工业者按行业和本人的技能安置在诸匠营和百工衙。诸匠营因工作繁重，人数众多，所以依照军队的编制，由高级官吏，即五级官吏统率各营，下设总制、监军、军帅直至两司马。百工衙人数有多有少，差别很大，没有依照军队进行编制，每百人设一卒长负责，下设四个两司马。据《金陵杂记》载，太平天国在天京"设五十九行匠作，制造杂货"。根据其性质划分，大致可以归纳为军事工业类、食品工业类、服饰业类、建筑业类、交通业类、日用工业品类、印玺器饰货币制造业类、印刷业类、美术工业类共九类，其中有一些与诸匠营重合，根据需要，有的并入诸匠营中，也有的因规模太大而升级为营。

诸匠营与百工衙有利于解决太平天国军事上的需要并服务于政权，然而，手工业者是个体劳动者，骤然取消私营经济，进行统一管理，平均分配，不但挫伤了劳动者的积极性，并且不符合客观经济规律。当太平天国发生经济困难时，木匠、织工等一些高劳动强度、低待遇的工匠，开始大批逃亡。

4. 创办商业

定都后，太平天国废除了商业，这种违背社会发展规律的做法很快就行不通了，洪秀全被迫调整政策，采取一些措施保护私营商业，并在天京城内创办公营商业。据清人《贼情汇纂》记载：

> （太平天国）令老贼出城买物，设肆于北门桥，转卖之各馆，人有愿为某业者禀佐天侯给照赴圣库领本，货利悉有限制。有杂货、玉玩、绸缎、布匹、米油、茶点、海味各店，其店皆有贼文凭，称天朝某店，不准私卖……浆人衙开浆园……又有天朝鱼行，天朝典行。

但是，这种办法具有强制性，又十分缺乏灵活性，人们对此都不感兴趣，因此"没到两月，各店都关门大吉"。太平天国还在其统治区的各省间设立公营商业。设四个关卡在武昌至南京间的长江水面上，征收往来商船的关税。抽税没有明确规定，通常比较轻，深受老百姓欢迎。

在经办公营商业的同时，也显著放松限制私营商业。在城外设立专门的互市场所，即买卖街，便是其方法之一。天京城外在太平门外、神策门外、江东门外、汉西门外、栅栏门外、聚宝门外，以及南门大街等，设了不下十余处市场，交易繁忙，有一首金陵城外新乐府诗写道："城外直如五都市，外小负贩时相从。"虽然城外交易异常活跃，商业活动在城内仍然被严格禁止。天京以外太平天国统治区采取了"各安恒业""如常贸易"的鼓励措施，商业活动很兴盛，并日趋繁荣，百货云集苏州等地。太平天国对天京城以外私人商业的支持和保护，不但推动了该地区的经济发展，也是对太平天国革命运动本身的极大支持。

5. 对外贸易

定都天京后，太平天国同西方列强发生了经济和贸易关系。咸丰三年五月（1853年6月），殿左伍检点罗大纲曾告诉到访的英国公使文翰：

> 今弟处非阻通商，终以两下交兵，恐其往来不便。依揆情势，须俟三两月之间，灭尽妖清，庶贵邦之往来不受伪清之期侮也，不亦宜乎？

这就是说，限于当时的形势，通商贸易不便立即开展。极其重视利润的西方资产阶级对此当然不能接受。咸丰四年五月初三日东王杨秀清给英人答复的三十一条诰谕里详尽阐明了太平天国的对外经济贸易政策。有如下主要内容：

> 平定时不惟英国通商，万国皆通商，天下之内兄弟也。主埠之事，候后方定，害人之物为禁。
>
> 前月花旗国炎〔火〕轮船来京者，经诰谕他，不但许伊国通商，至万国亦许往来通商，但通商者务要凛遵天令。凡欲来天国通商者，准到镇江焦山下，听守镇江大员办理。
>
> 凡归贮天朝之煤而无出贩，贵船自后凡欲贩运煤炭者，请免来也。

太平天国允许与各国自由通商。到了太平天国中后期，即便面临困境，依旧奉行自由通商政策，并且欢迎外商前来贸易，互利互惠。

同治二年九月（1863年10月），忠王李秀成、恭王谭绍光在给"常胜军"首领戈登的信中还提出："至各人军装炮械，彼此皆知底细，你处图利，我处置办，听从通商，原无禁令。此时你处如有枪炮洋货，仍即照常来此交易。"

太平天国的对外经济政策具有进步意义，在捍卫太平天国尊严的同时，实现了互通有无，为太平天国对清军的战争提供了支持。然而，太平天国的对外经济政策也有缺陷，即从清政府那里沿袭了封建大国的传统思想。不仅洪秀全，太平天国的其他首领们也都不可避免地存在着这种思想。这在杨秀清答复英国人的三十一条诰谕里得到了充分体现：

第五章 地上天国

> 天王是上帝第二子，是天父圣旨真命，兼天王亲自上过高天，一一奉聆天父明命，是天父二子，为天下万国真主，凿凿有据也。
>
> 各处关口及天下粮饷归附天朝，理所然也。
>
> 不单准上海闽广党投降，天下万国皆要来降也。

杨秀清在质问英人的五十问里更是严厉地斥责：

> 尔各国拜上帝，拜耶稣咁久，现今上帝同耶稣降凡做主，诛灭妖魔几年，因何不见尔等各国具些圣物进贡上帝，进贡耶稣，进贡万国真主，还敢大胆强蛮无理，诡向天国讨取煤炭。尔等各国自想叛逆上帝为何如？叛逆耶稣为何如？叛逆上帝真命万国真主为何如？请问合得天情否？尔亦当自思之。

咸丰十年下半年至咸丰十一年上半年（1860年6月—1861年4月），太平天国相继在苏州设置了海关、在天京设置了"天海关"、在安徽芜湖设置了"龙江关"、在浙江宁波设置了"镇海关"等，征收过往外国商船关税以更好地开展对外贸易。由于太平天国奉行自由通商政策，促进了对外贸易的发展，尤其是太平天国的中后期，许多经济比较发达地区，如江苏、浙江盛极一时。丝、茶是中国的主要出口商品，定都天京后，生丝的所有产区和茶叶的大部分产区几乎都在太平天国统治区内。由于太平天国对外自由通商，鼓励丝茶出口以换取军火和粮食等急需品，加上连年战乱，经济萧条，人民购买力不足，使得在此期间中国的丝茶出口不但没有减少，反而略有增长，尤其是生丝的出口有了大幅度的增长。咸丰二年（1852），中国出口三万二千包丝，到同治二年（1863）增至八万六千包，出口的茶叶也由咸丰三年（1853）的七十多万担增至同治元年（1862）的一百三十多万担。中国的对外贸易没有因太平天国起义而受到影响，太平天国统治区内丝茶出口的增长又从财政上支援了起义者，为与清政府长期坚持武装斗争奠定了基础。

军火和粮食是太平天国进口的大宗商品。太平军一直被粮食问题所困扰，因此太平军的领袖们向来高度重视这个问题，一有机会便大量储存粮食，以防饥荒。清政府方面也发现了粮食对太平军至关重要，所以想方设法围堵太平军，断其粮源，企图以此击垮太平军将士。外国商人也经常趁机高价出售给太平军粮食。第二次鸦片战争后，西方商人凭借可以自由航行长江，倒卖粮食，牟取暴利。清政府极为恼火，曾国藩曾在给咸丰帝的一份奏稿中说："本年（咸丰十一年，1861年）四月十六日辰刻，有洋船一号，悬挂红旗，船载约有二千余石，至安庆城下停泊，次早始赴下游，重载而来，轻载而去。旋据投诚贼供，城内米粮将尽，又无油盐，昨因洋船来此，城内贼匪用金银衣服首饰与洋船买油盐米粮，夜间用小船接递入城，是以各馆又有米粮油盐可吃。"清政府公然投降西方列强后，太平天国通过贸易获取粮食因双方的勾结而困难重重。西方列强甚至明确宣布，对太平天国实行军火和粮食"禁运"。

军火是太平天国的另一大宗进口商品。金田"团营"以来，大刀、长矛等古代常规武器一直是太平军的主要作战工具，清军武器尽管相对先进一些，但也以这类武器为主。在武器差别并不悬殊的情况下，将士的勇敢和高昂的士气是决定战争胜负的因素，所以太平军百战不殆。定都天京后，因清军逐步大量使用洋枪洋炮，太平军伤亡惨重。沉痛的教训及同洋人打交道使太平军逐步意识到了武器至关重要，开始采购外国人的洋枪洋炮。咸丰五年后，太平军逐步扩大了采购量，并着手建立自己的"洋枪队"。太平军的洋枪洋炮除一部分缴获自清军和外国侵略者外，大部分购买自唯利是图的洋商手中。洋商为牟取暴利，或搞假冒伪劣，或高价勒索，可谓"用心良苦"。

虽然在进口外国军火中太平天国面临重重阻碍，经常被背信弃义的洋商欺骗，但是总的来说，太平军用这些洋枪洋炮还是有力地打击了清军和外国侵略者。

三、天国的教育

1. 思想教育

定都天京后，天国由杨秀清主持一切军政事务，洪秀全有充足的时间和精力进行思想教育工作。

洪秀全对思想教育工作素来重视，自从与科举决裂创办拜上帝会以来，不但撰写了一系列理论著作，而且亲自深入群众开展发动组织工作。洪秀全所代表的农民阶级并不代表新生产力，新的先进的思想体系不可能建立，何况统治中国两千年的孔孟之道对他的影响极为深刻，因此，洪秀全的儒家思想观念根深蒂固。咸丰七年（1857）刊刻的《天父诗》中一再鼓吹封建的伦理道德，如

第五章 地上天国

第197首道:

> 起眼看主是逆天,
> 不止半点罪万千。
> 低头垂眼草虔对,
> 为得丈夫敬倒天。

洪秀全还对天王宫中的妇女规定了十该打:

> 服事不虔诚,一该打;硬颈不听教,二该打;起眼看丈夫,三该打;问王不虔诚,四该打;躁气不纯静,五该打;讲话极大声,六该打;有喙不应声,七该打;面情不欢喜,八该打;眼左望右望,九该打;讲话不悠然,十该打。

这里面体现了男女的不平等。深刻的封建主义思想影响,使洪秀全无法科学地揭露封建社会的落后和腐朽本质。尽管如此,洪秀全第一个反对封建儒教,为了信奉唯一的真神"皇上帝",他坚定地反对孔孟之道及一切神学偶像,建都后立刻在天京城内发动了一场扫除"妖书"运动,宣布:"凡一切孔孟诸子百家妖书邪说者尽行焚除,皆不准买卖藏读也,否则问罪也。"

这种禁读和焚烧的做法对腐朽的封建文化是沉重的打击,有利于解放人民群众被束缚的思想,促进历史的进步。然而,这种做法不但遭到旧思想、旧势力的激烈顽抗,而且洪秀全只是以此作为发动群众的武器,许多实际问题连太平天国政权也无法解释和解决。为此,没有文化,但深受孔孟之道影响的杨秀清便趁机声称"天父下凡",曰:"天命之谓性,率性之谓道,以及事父能竭其力,事君能致其身,此等尚非妖话,未便一概全废。"洪秀全既然无法让人们去读新书,也就只能依照"天父"的指示行事。他组织了删书衙,由太平天国的知识分子曾钊扬、何震川、卢贤拔负责。洪秀全亲自修订《诗经》,并于咸丰三年四月下诏曰:

> 咨尔史臣,万样更新,诗韵(即《诗经》)一部,足启文明。今特诏左史右史,将朕发出诗韵一部,遵朕所改,将其中一切鬼话、怪话、妖话、邪话一概删除净尽,只留真话、正话。抄得好好缴进,候朕披阅刊刻颁行。

太平天国极为重视教育工作。为了加强宣传教育，定都天京后发行并修订了大量书籍。太平天国在京城设置镌刻衙、刷书衙等机构，专门雕刻印刷书籍和文告。因印制工作量大，镌刻衙人数猛增，便由衙升级为营，实行军事化管理。

据记载，到咸丰十年七月，经天王洪秀全批准共颁行二十九部诏书，如《天情道理书》《御制千字诏》《行军总要》《天父诗》《武略书》《醒世文》等。洪秀全亲自或与他人合写了其中相当一部分。

太平天国以宗教圣典及太平天国官书，如洪秀全撰写的《幼学诗》《太平礼制》《天条书》等为教材，把四书五经等儒家经典废除了。教师除了两司马外，高级官员如师帅、旅帅也都要去礼拜堂定期授课。

《天朝田亩制度》里明文规定，每两司马所属二十五家儿童每日到礼拜堂，由两司马讲授《旧遗诏圣书》《新遗诏圣书》《真命诏旨书》等，对其开展启蒙教育。在中国历史上这还是首次实行全民教育，为了提高教育质量，培育人才，在天京"设育才书院，老师称为育才官"。胡万智曾担任过育才官。育才官不但教导王府子弟，还到地方选拔人才。有时也选送各军中突出的人才进入育才书院深造。

2. 人才的吸收

洪秀全及太平天国的领袖们十分重视招贤纳士，网罗人才，太平天国自起兵以来，就注重吸收知识分子。永安期间，洪秀全组织了一次考试，录取了四十多人，出身知识分子的南王冯云山名列第一。这可算是太平天国最早的考试。

定都天京后，洪秀全又亲自主持太平天国的科举考试，设立了一系列制度。洪秀全作为一名出身贫苦农民的知识分子，被清朝科举制度深深毒害，极端憎恶清朝科场种种腐败丑恶的制度，因此全部废除，"不论门第出身……每个人都可以参加考试"，让所有应试者公平竞争。考试分为县、省、京三级。由监军负责县试，考中者为秀才；每年三月初三考文秀才，三月十三日考武秀才。由中央政府选派掌考官负责省试，录取者为举人；五月初五日考文举人，五月十五日考武举人。各省守土官提供考中举人者路上盘缠，送首都参加京试。京试在天王洪秀全生日的每年十二月举行。不久，改为幼主生日的每年十月初一进行，后又改为文科每年九月初九日，武科九月十九日。不考儒家经典四书五经，而用《旧遗诏圣书》《新遗诏圣书》《天命诏旨书》等。考试科目类似于清朝旧制，主要考文章和诗。文章用八股体，诗用试贴体。考试题目由洪秀全拟定，与太平天国的政权建设密切相关。如京试考的两道文题，其一："天父鸿恩广大无边，不惜己子，遣之受难，因为代赎吾侪罪孽，尚未报恩，又得荣光"；其二："天父天兄最恶邪、最恶曲、最恶假，人炼得正正直直，善善真真，方转得天也"。诗题为："春风吹清好凉爽，他名未好救饥荒，各说饥荒就是病，乃理世人水深长。"

定都天京初期，除京试外，还分别于杨秀清、韦昌辉、石达开生日进行东试、北试和翼试。天京事变后，取消了东、北、翼三试。

咸丰九年（1859），洪仁玕全权处理朝政后，曾局部修改了考试制度。咸丰十一年，颁布的《钦定士阶条例》，详尽规定了三十三条科场条例，要求"所有应试士子，必须习练诗书技艺，共识天情奥妙"。从中可以看出，太平天国已经建立了比较完备的科举考试制度。

除了通过考试选拔人才以外，太平天国还以招贤来收揽人才。不管是在天京城内，还是新夺取的郡县，总要张榜招纳人才。不管是文人武士，还是手工业者，只要有技能，都被委以重任，并被尊称为"先生""掌书""书手"，享受较高的待遇。

洪秀全尽管重视招揽人才，但却用人不当，招贤之人与科举考试录取之人都没有实权，难以充分施展才华。许多中考者空有虚名，却没有实际工作。更多的人"只是从事文书工作，无权干预军令"。这样，知识分子在天朝没有发挥应有的作用。尽管如此，太平天国对待知识分子的进步政策仍然取得了巨大成就，具有重大意义。

四、天国的外交

太平天国运动在中国大地上迅速发展后，立刻吸引了外国政府、商人及传教士的注意。洪秀全及其太平天国的勇士们在与外国人打交道的过程中，抵制了他们的侵略要求，维护了民族的尊严。同时，由于受时代的限制，也犯了致命的错误。

1. 天国的影响

当太平军数十万大军顺长江浩浩荡荡东下直逼南京城下、接近上海时强烈震动了西方。

咸丰三年二月十二日（1853年3月21日），英国驻华公使文翰从香港抵达上海，马上就此回应。二月十九日（3月28日），他在给英国首相罗塞尔的信中声称：

> 无论其行动如何及其动向如何，在谨候朝命之间，吾已决定：在任何形式之下，绝不左袒中国政府而加以干涉。因为吾信吾之干涉，虽或在最初时似可得完全不同之结果，但适足以延长其战争而已。

信中已明确表示英国政府暂不援助清政府。美国和法国政府也都有类似的反应。英、美、法采取"中立"态度，是因为迅猛发展的形势使他们手忙脚乱。他们不知道清政权还能维持多久，也同样不知道太平天国政权将如何对待西方，是否认可清政府与之签订的不平等条约，是否能维护和扩大侵略权益。他们需要花时间对中国的形势进行详细研究，尔后再作出决定。

而俄国政府起初就采取了不同于英、美、法的立场。早在1852年2月25日，俄国东西伯利亚总督穆拉维约夫就上奏沙皇亚历山大二世，建议俄国政府帮助清政府剿灭太平天国，他说：

> 陛下如果愿意对中国皇帝的困难处境表示同情，窃以为目前正是时机。首先陛下只须致书满清皇帝，表示乐于援助，便足以使年青的中国皇帝及其摇摇欲坠的政府振作起来，倘若在书信往返之际已经发生政变，那么，我国的友好建议，大概可以促使中国皇帝在逃亡时请求我国庇护。

俄国政府采取这种态度，主要是由于俄国更热衷于土地的扩张。

除俄国外的西方列强随后便以"中立"为幌子，频繁出入天京城，试探太平天国的外交政策。

咸丰三年三月（1853年4月），英国公使文翰等人首先造访天京，这是来访的第一个西方官方代表团。起初，在未提前通知的情况下，文翰亲自沿长江而上，考察太平天国统治区。三月二十日（4月27日）文翰搭乘"神使号"兵舰抵达南京江面，受到北王韦昌辉和翼王石达开的接见。随后美国和法国的官方代表团也相继抵达天京。显然，西方列强都旨在打探太平天国在政治、经济、贸易、文化等诸方面的对外政策。太平天国的首领们毫无保留地和盘托出太平天国的对外政策，其中首要的是要求列强必须坚决遵循太平天国制定的所

第五章 地上天国

有法律和制度。

太平天国的领袖们极少了解世界形势，他们继承了清朝统治者高傲自大的心理状态，包括封建文人在内的知识阶层对西方尚且知之甚少，更何况终日辛劳、勉强维持温饱的农民。

当文翰要求面见天王洪秀全时，韦昌辉和石达开联名致文翰一封文书，写道：

> 天父皇上帝派遣吾主临凡，即为天下万国之真主。天下臣民有愿来朝者，对于礼制必须严格遵守。彼等必须具文奏明，自为何人，所操何业，来自何处，先行具奏，始准朝见，此谕。

文翰对洪秀全为"天下万国之真主"无法接受，也不愿行跪拜大礼，因此没能与洪秀全相见。咸丰四年（1854），美国公使麦莲也亲赴镇江、天京、芜湖等太平天国统治地区，也同样没能见到洪秀全。

太平天国的领袖们由于对当时的国际环境不了解，夸下海口，给自己的事业带来不必要的损失，那些妄自尊大的言语一是因为中国封建统治者历来具有唯我独尊的思想，二是因为无知。

咸丰四年（1854）以后，列强没有再主动访问天京，而太平天国的领袖们也不积极探听西方的情况，他们仍旧毫不知晓近代世界。通过双向外交，西方各国却较清楚地认识了清政府和太平天国。

基督教传教士以宗教为幌子，借口发展基督教事业，为各自国家的对华政策服务。

英国传教士最早对太平天国做出反应。咸丰三年，觉士在广州时高度称赞太平天国。他说：

> 作为一名传教士，当我来到中国时，我发现一切都笼罩着午夜黑暗的阴郁。现在乌云被冲破了。虽然我不知道未来的岁月如何，我欢呼出现的曙光。

随后，香港维多利亚主教斯密斯也撰文对洪秀全及其领导的太平天国赞不绝口。他说：

洪秀全的文学才能、道德修养、行政才干、精神智力、领导气魄，为众人所拥戴，并为天弟（冯云山）所悦服；他立即赢得这一运动的领导地位，成为起义军的首领。他在不满地方当局的激荡的群众中间，找到了核心力量。被迫害的基督教徒，团结在这种力量的周围，就可以得到安全和保障。

第二年，维多利亚主教又高度评价了太平天国运动。美国和法国的传教士也有同样的姿态。罗孝全说："现在我对于彼等之斗争具有同情，而且预期重要的结果。天意真是奇妙，与外国战争之出人意料之结果乃是中国之开放。如今，倘此次之革命将推翻偶像之崇拜而开放门户，使福音得以普遍传播于全国，则结果岂非同样奇妙耶？"

西方传教士盛赞太平天国运动为他们提供了在中国，乃至东方传播基督教的大好时机。当然，其中怀疑和反对太平天国的也不乏其人。

与此相比，西方商人采取了较为谨慎的态度，包括大规模进行鸦片贸易的英国怡和洋行在内的大部分商人都要求暂时保持"中立"。

在华的商业利益是他们最关心的，他们唯恐对华贸易受到政局动荡、连年征战的影响。但是也有一些商人认为信奉基督教的太平天国会带给他们更多的利益。

不管持什么立场，都旨在维护本国资产阶级的利益，从这一点来看，西方政府、基督教传教士和商人都是一样的。

2. 反侵略的领袖

①禁止鸦片贸易

洪秀全领导的太平天国有着坚定的禁烟决心。官禄布只距广州城百里之遥，洪秀全到过广州多次。作为一位农民出身的下层知识分子，他深刻了解中国人民因鸦片走私贸易而遭受的深重灾难。

太平天国起义后，洪秀全将"吸食鸦片"列为"犯天条"的大罪，罪不可赦。在与敌人激烈较量的过程中也对吸食鸦片者进行严厉惩处。太平军所经之地，必铲除烟馆。洪秀全还多次作诗痛斥吸食鸦片的做法。定都天京不久，又以诏令的形式重新颁布起义初期写的两首戒吸鸦片烟的诗，让全体军民知晓。《劝人戒鸦片烟诏》写道：

> 天王诏曰："高天灯草似条箭，时时天父眼针针，不信且看黄以镇，

第五章 地上天国

无心天救何新金。吹去吹来吹不饱，如何蚶蠢变生妖！戒烟病死甚诛死，脱鬼成人到底高。"

《警醒军民戒鸦片烟诏》以通俗的诗歌告诫禁烟：

天王诏旨云：朕诏天下军民人等知之，烟枪即铳枪，自打自受伤；多少英雄汉，弹死在高床。

在洪秀全的监督之下，太平天国的各级官员不但坚决遵守，而且大力宣传，每到一处都张贴禁烟的布告。

英国友人吟唎指出："太平天国的法律禁止吸食鸦片，违者处死。"以英国为首的西方殖民者大发非法鸦片贸易的横财，因此极为仇视太平天国的禁烟政策。

②不与平分中国

太平天国定都天京之后大约一年时间里，英、法、美驻华公使相继到天京打探消息，企图使太平天国屈服，以谋取更多侵华利益，但都没有得逞。

英法侵略者为了扩大在华利益，咸丰六年（1856）公然挑起第二次鸦片战争，咸丰八年四月（1858年5月）强迫清政府签署《天津条约》。是年秋，太平军两次攻克清江北大营；初冬，六千多名湘军在三河镇大捷中被歼灭；咸丰十年（1860）夏，两次攻克清江南大营，直逼江苏、浙江、上海，情势危急，眼见太平天国就要扫荡江南，推翻清政府。是年秋，英、法等国强迫清政府签订了不平等的《北京条约》，中国社会的半殖民地半封建性进一步加深。在这种情况下，侵略者又企图把半个中国据为己有，咸丰十一年十一月（1861年12月），英国海军司令何伯和参赞巴夏礼在天京城向洪秀全无理要求平分中国，企图使中国完全变成西方的殖民地。洪秀全不屈服于洋人的引诱与威胁，不出卖中国的主权和领土完整，对此断然拒绝。

英国人在《中国之友报》的一篇评论中写道："叛军从不乞求外国人的帮助，他们并不在乎外国人参不参加他们的队伍，并且他们对于这些外国人总是抱着猜忌的态度的。"侵略者碰了一鼻子灰，为了维护其侵华利益，终于撕去了"中立"的伪装，露出本来面目，顽固地反对太平天国。这并不奇怪。洪秀全没有屈服于强大的敌人。洪秀全大无畏的反侵略精神的影响使太平军将士们一致对敌，与之进行坚决的斗争，决不妥协。

3. 天国与"洋兄弟"

①"洋兄弟"的由来

鸦片战争后，西方列强趁机向中国渗透。1844年10月，丧权辱国的中美《望厦条约》签订之后，清政府被迫取消对基督教的禁令，准许列强在五个沿海通商口岸建造教堂。外国传教士争相奔赴广州。有些在华秘密非法活动的传教士也转到了地上，到处蛊惑人心。在这股与西方殖民者侵华相配合的传教潮中，美、英等国的基督教会走在了最前面。1846年，美国基督教浸礼会传教士罗孝全在广州南关东石角设立了基督教礼拜堂，开始吸收中国教徒。早在1837年他就来华传教。当时外国传教士的活动被清政府禁止，罗孝全只好暂居香港、澳门一带。他自己印刷了一些基督教传教小册子，想方设法给中国人散发。清朝取消传教禁令后，1844年年底，两广总督耆英便在广州大街小巷张贴准许洋人传教的布告，罗孝全便立刻赶赴广州活动。

罗孝全从他的助手朱道兴（亦译周道行）那里听说花县有个叫洪秀全的读书人，早在1843年就开始传播拜上帝，并在广东、广西等地发展了一些信徒。罗孝全被吸引了，认为如果有此人相助，将大大有利于他的传教事业，于是便请他的助手朱道兴写了一封邀请信给洪秀全。信中说："听说尊兄约在十年前得到一本书，其内容符合此处教堂所宣讲者。如足下愿意前来，助弟等在此布道，则必大受欢迎，至所盼祷。"洪秀全曾听一位巫姓同乡提及广州有个美国传教士名叫罗孝全，在广州设立教堂，所传之教类似于拜上帝会，于是洪秀全打算去广州与这位"洋兄弟"相见。他告诉了洪仁玕这个想法，族弟深为赞同，两人便于三月中旬赶赴广州。

罗孝全对洪秀全的第一印象很好，见洪秀全"身高约五尺四五寸，身材魁梧，面圆，身体匀称，年龄约在中年，举止庄重，有君子风"，感到十分高兴。罗孝全和朱道兴等人因此盛情招待洪秀全。

洪秀全和洪仁玕留在广州教会后，开始向罗孝全、朱道兴等人学道。洪秀全与基督教本来毫不相干，只是偶然得了一本传教的小册子《劝世良言》，从此便一发不可收。洪秀全凭自己的理解从《劝世良言》中了解了一点基督教的知识。在广州期间，他认为通过学习能加深对基督教的理解，扩展基督教教义、组织形式及礼拜仪式等方面的知识，以便进一步发展自己的事业。

但是，洪秀全在认真阅读了《旧遗诏圣书》《前遗诏圣书》，以及在教堂里所能看到的一些基督教传教书后，对罗孝全等人的传道大失所望。他发现《圣经》里宣传忍让，在现实世界中逆来顺受，"以求死后升入天堂"。它的思想与

第五章 地上天国

《劝世良言》中鼓吹的"被人冤屈，或被人陷害、诬告而受官刑拷打者……则忍耐顺受而当之，乃思想自己日夕之行为，必有不合理之事，因神天爱我，致使苦楚难为我，责难我，欲令我知罪可速悔改，不致犯大恶"毫无二致。而洪秀全早在1843年读《劝世良言》时，就不能接受"宁甘心忍耐而受苦"的思想。他很是恼火，这一点与他创办的拜上帝会教义截然相反。洪秀全从过去传播拜上帝会的失败中吸取了教训，在来广州教堂之前所写的文章《原道醒世训》中就指出："乱极则治，暗极则光，天之道也。于今夜退而日升矣。唯愿天下凡间我们兄弟姊妹……作中流之砥柱，相与挽已倒之狂澜，行见天下一家，共享太平。"并号召"天下凡间我们兄弟姊妹可不醒哉"，洪秀全很快意识到罗孝全的教堂并非自己需要的学校。

这个时候，一件不愉快的事情又发生了。洪秀全、洪仁玕兄弟二人都是贫苦农民出身，自费到广州来学道使其失去了生活来源，尽管教堂提供粗茶淡饭，但十分缺钱。教堂有两人分别叫黄爱、黄乾，心怀鬼胎，他们唯恐洪秀全二人长留此地对他们不利，便暗地里设计，让洪秀全向罗孝全提出每月发给一定数量的生活费的要求，以造成他们的矛盾。洪秀全对受洗礼之前不发津贴的规定全然不知，以为这合情合理，便向罗孝全提了出来。果然，罗孝全十分气愤。在此之前，罗孝全察觉到洪秀全的心理活动，曾和洪秀全长谈过一次，称得上是一次审查。洪秀全倒也毫不保留，告诉他自己怎样屡试不第、怎样获得《劝世良言》，以及对基督教的一些看法。又提及自己科举失败后的那场大病，病中产生了怎样奇怪的幻觉，还着重叙述自己被上帝接到天堂，生动地描述了天父如何告诉他世人不知天恩，将天父所造万物认作木石偶像来崇拜，教他千万不要效仿世人，要果敢行动。罗孝全很是震惊。基督教既是用来麻痹人民的，旨在诱使人们逆来顺受，不要反抗，而洪秀全的反抗思想和基督教的本意背道而驰。罗孝全失望之余，恼羞成怒地斥责："你说的简直莫名其妙，不知你怎么会有这种想法，足以证明你对《圣经》的无知。"二人的关系日益紧张，罗孝全本来已认为洪秀全并非符合他们要求的忠实奴仆，洪秀全此时又要求发生活费，显然是火上浇油，二者的关系更加紧张。洪仁玕见势不妙，借陪同教堂教士回花县短期传教之机，不再返回教堂。而洪秀全因还要做些事，又跟随两名教徒返回广州教堂。回去后，罗孝全却想方设法拖延甚至拒绝给洪秀全洗礼。洪秀全不平，便断然离开了教堂。尽管学了几个月的基督教，洪秀全仍并非真正的基督教徒。但是，当罗孝全听说洪秀全借上帝基督的旗帜创立了太平天国的时候，便立刻来了兴致，并以有这样的学生而骄傲。他说："到目前为止,我对这个事情极少或完全没有兴趣,但是,今后就不同了。"

虽然洪秀全与罗孝全有很多意见分歧,在广州学道期间两人相处得也并不愉快,但毕竟《圣经》是在罗孝全的教堂里接触到的,毕竟从罗孝全那里了解了一些基督教知识,所以在很长时期内洪秀全仍信任并感激罗孝全。定都天京后,洪秀全对这位"洋兄弟"念念不忘。据记载,洪秀全曾派一位姓叶的师帅去广州,邀请罗孝全到天京布道,并带去了一封亲笔信。这在《太平天国文书汇编》里有记载:

太平天国癸丑三年二月十六日(咸丰三年二月二十二日,公元1853年3月31日)南京起程,三千余里路到广省。叶师帅尊(遵)东王天会(令)所行,远传福音。自说十三行番国钦差大人知之。四月初六日到广省交信,十三行兄弟看见信不收;又夫靖海门医馆,看见信不收;到粤东礼拜堂,大门不开。叶师帅赶上吴州(梧州)交信说兄弟定也。初六日到本省,番国大人看见信不收,兄弟所如开破烂信皮,师帅心不在身。五月初九日尊到粤东礼拜堂,师帅闻见说罗候全大人打发徐先生查访本师帅书信,即到看见,即到靖海门兄弟看见信皮不同四月初六日。信到粤东礼拜堂收入,五月初九日信皮不同。粤东礼拜堂开展,一路福星,信皮不同。信内真实福音。叶师帅不是贪心挞道兄弟钱银,相(想)得回一句福音,回答天朝。

罗孝全收到邀请信后又惊又喜,心想从此在中国可以大展拳脚了。

罗孝全迅速离开广州去上海,欲从上海乘帆船奔赴南京。途中因遭遇清朝水师的阻拦,没能成行。但罗孝全并不罢休,仍表示"我一定不能失去这一良机"。

咸丰十年(1860)秋,太平天国忠王李秀成镇守苏州,苏州离上海很近,罗孝全首先联系上了李秀成,后李秀成派人送罗孝全到天京。八月二十九日(10月13日),罗孝全终于抵达心驰神往的天京,随后被任命为天朝通事官(翻译)领袖,封为接天义。

罗孝全在天京受到优待,并晋升为在太平天国中唯一的洋人丞相。其间,罗孝全曾参与了太平天国的一些外交活动,并协助制定了一些政策,但罗孝全对太平天国独立自主的对外政策大为失望。罗孝全来天京后不久,洪秀全便给他下了一道诏书,写道:

第五章 地上天国

> 孝全认得尔主、尔神、尔爷、尔哥来否？西洋同家人及众圣徒认得尔主、尔神、尔爷、尔妈、尔哥、尔基督、尔先师、尔太嫂来否？天上地下有天国、天京、天朝、天堂、上帝，天国天堂降临人间，举世尽归爷哥，其国磨既，醒否？信否？心静有福，福至心灵，醒信福祉矣！朕愿天父上帝及太兄基督时常眷庇，祝福尔们永平安焉。好醒矣！好信矣！基督圣旨云："在人前不认朕者，朕在天父之前亦不认他也。"天父上帝海底量，今认得爷哥仍未迟也。孝全西洋同家人，识得朕心否？朕今钦赐各项诏书，尔等细认，朕诚上天否？上帝圣旨："尔们认得禾救饥，乃念日头好上天。"醒否？信否？醒信福祉矣！忠上加忠，义上加义，将再见尤大之情矣！福祉靡既矣！钦哉。

诏书说洪秀全有修改约书的权力，即所谓"约书不好些当去"。这意味着，要用洪秀全的宗教观对罗孝全的基督教进行改造，而并非反过来。罗孝全对此当然不能接受，一年后他终于不辞而别。

② "洋兄弟"的尚方宝剑

西方殖民者的勃勃野心使他们急于扩大在中国的权益，咸丰六年（1856），英、法联军公然挑起侵略中国的第二次鸦片战争。太平天国面临事业发展的有利客观环境。然而此时深居王宫的洪秀全的斗志已大大减退，对外部的世界即便不是全然不知，也是知之甚少，所以不能充分分析并利用有利形势，制定出有效的行动纲领。

咸丰八年十月（1858年11月），英国使臣额尔金擅自率领战船，未通知太平天国就从上海启程，逆江而上，对长江沿岸各大口岸进行实地侦察，为取得中国长江沿岸的特权奠定基础。此时，太平天国正值内讧以后，元气大伤，再次陷于战略上的被动局面。洪秀全此时仍没有正确认识"洋兄弟"，为了力挽狂澜，洪秀全寄希望于"洋兄弟"，希望"洋兄弟"伸出援手。他下了一道诏书给额尔金，意图是希望"洋兄弟"帮助太平天国反对清王朝，并再次强调洪秀全是"万国之主"。

列强在与清政府和太平天国打交道的过程中，逐渐意识到较易制服清政府，而扶持腐败落后的清政府也更有利于他们，因此额尔金没有接受洪秀全的请求。

第二次鸦片战争后，尽管大部分基督教传教士和他们的政府一样敌视太平天国，但依然有传教士多次造访天京，并且都受到礼遇。传教士们都企图用西方基督教的思想来改造洪秀全的教义。在这一点上，洪秀全决不妥协，他意志坚决，并要求西方传教士们也接受他的思想。"洋兄弟"们终未能如愿，离开天京后大都批评和敌视洪秀全。相反，洪秀全对"洋兄弟"们的感情并未因此而受影响，他对他们一直是友好的、和善的。

咸丰十年十月初六日（1860年11月18日），英国传教士杨笃信从上海抵达天京，他不但被盛情款待，并且通过罗孝全获得了一份以幼主名义签发的《宗教自由诏》，这份诏书赋予传教士在太平天国境内自由传教的权利。"洋兄弟"们有了这个宝贝在手，便可以自由进出太平天国统治地区了。咸丰十年至十一年（1860—1861）间，相继有英国传教士艾约瑟、慕维廉、觉士、卫廉等人造访天京。

③致命的"洋兄弟"

洪秀全等人由于时代的局限性，对西方殖民者长期抱有不切实际的幻想，把外国人一律视为"我们的洋兄弟"，以礼相待，最终反被"兄弟"算计。

咸丰十年闰三月十五日（1860年5月5日），李秀成、陈玉成等人率领太平军顺利攻克清军江南大营，江南大营的统帅、钦差大臣和春无路可走，自杀身亡。太平军长驱直入，上海的清朝地方官及列强闻讯坐立不安。

中英《南京条约》签订后，开辟位于长江入海口处的上海为通商口岸，经过二十余年的精心筹划，英、美、法三块租界地及一块列强公共租界地先后形成。上海的对外贸易凭借优越的地理位置，以及利用不平等条约得到的特权，从开埠之初起就飞速发展，上海已经成为西方殖民者在华的根据地。上海的清朝地方官吏亲眼看到了洋人强大的经济和军事实力，被极大地震慑了，其中也有一部分人从西方对华的不平等交易中获得了好处，因此他们对列强唯命是从，并不惜卖国求荣。

此时，西方殖民者已公开支持清政府。英国商务监督普鲁斯公然宣称：

> 查上海已开放为通商要埠，华商和洋商之间贸易极为发达。若上海一旦沦为内战战场，商业必遭到严重打击，和平经商的商人，不分中外，将一律蒙受巨大的损失。
>
> 本商务监督有鉴于此，特商请皇家海陆军当局采取适当措施，以防止上海居民遭到抢劫屠戮之苦，并协助弭平一切不法叛乱，保卫上海，抵抗任何攻击。

第五章　地上天国

西方殖民者深知,以其数千兵力,根本不敌几十万太平军,况且太平天国占据长江下游广大地区,他们在上海的商业利益势必受到影响。因此,列强决定借助外交途径使太平军屈服。

西方殖民者的这个决定还有另外一层原因,这就是他们知道洪秀全一直视他们为"兄弟",对他们抱有幻想。四月十三日(6月2日)李秀成东进,夺取苏州和江阴,四月二十八日(6月17日)占领太仓,五月初四日(6月22日)再克嘉定,五月十三日(7月1日)进据松江,兵临上海城外。当时,上海清军兵力空虚,根本不敌太平军,而由美国人华尔领导建立不久的洋枪队仅有百余人,外国侵略军也只有一千二百余人。而李秀成率领将近二十万太平军,一路所向披靡,士气如虹,可以乘势迅速攻克上海。然而,太平军统帅李秀成此时未能认清形势,决定退让,希望通过外交手段夺取上海,从而丧失了占领上海的良机。他对"洋兄弟"仍抱有幻想,向各国公使发出照会,要求派代表到苏州商议,但各国公使置之不理。七月初二日(8月19日),李秀成只率三千卫队,满怀希望赴上海与外国使节谈判。临走前,李秀成再次照会各国公使,声明:

> 本军即将前来上海,凡本军所过沿途,望令贵国教堂派人守候门前,于大军过时报明,以免误会。本军已抵七宝,即将到达上海城下。所有贵国商民,烦请公使转令其于门首悬挂黄旗,守候屋内,不必惊恐。余已令兵士等认明黄旗符号,不准侵扰。其他要事,候到上海再行磋商,先行驰告,借助贵公使健康。

然而,当李秀成一行到达上海城郭时,早已埋伏好的外国侵略军对他们发起了炮击。七月初四日(8月21日),在西门外李秀成一行再次受到"洋兄弟"炮击,太平军依然没有还击。显然,李秀成是在贯彻洪秀全的指令。英法联军攻陷北京城,使洪秀全等人仍未丢掉对"洋兄弟"的幻想。他对其中的利害关系全然不知,认为列强与清政府交火,自然是站在自己这一边。

正是由于洪秀全如此糊涂,给太平天国事业带来无法挽回的损失。中英、中法《北京条约》签订后,在太平天国毫不知情的情况下,开放长江沿线的镇江、南京、九江、汉口为通商口岸。《北京条约》不但认可了英法在第二次鸦片战争中获得的所有特权,而且进一步扩大了。英法既已将侵略势力渗透到长江沿岸,上海就具有了更为重要的经济和战略地位。为维护自身的利益,他们不愿上海卷入中国内战，更不希望太平军夺取上海。同治元年正月初（1862年2月），英国使臣额尔金即派驻华海军司令何伯和他的助手巴夏礼到天京，经多次谈判，最终迫使太平天国允诺在一年内不攻打上海，对长江的其他口岸也如法炮制，声称"将各通商口岸或某一重要通商口岸置于我们的保护之下，并宣布我们将用武力击退叛军的任何进攻"。当陈玉成第二次西征率太平军抵达湖北黄州，直逼武汉三镇时，巴夏礼再次干预，陈玉成在他的威逼利诱下，放弃攻打武昌，导致第二次西征失败。

咸丰十一年，慈禧太后和奕䜣发动宫廷政变，掌握了清政府的实权。此后，清政府便公开与外国侵略者勾结，共同镇压太平天国运动。

同治元年初（1862年2月），李秀成率领太平军再次进攻上海。在此之前，即咸丰十一年十二月十四日（1862年1月13日），列强支持清上海道吴煦成立了"会防局"。同治元年正月十五日（1862年2月21日），英法联军悍然进攻在上海浦东高桥驻守的太平军。三月二十二日（5月1日），侵略军占领嘉定，四月初三日（5月12日）又占领青浦。此后，美国的"洋枪队"也参与进攻。西方殖民者咄咄逼人的进攻使太平军陷于困境。

太平天国最终被清政府和外国殖民者联合剿杀了。太平天国的对外关系中有成功的经验，也有失败的教训。

"洋兄弟"是协助清朝政府围剿太平天国的帮凶。天京陷落后，洪仁玕才痛心地说："我朝祸害之源，即洋人助妖之事……如洋人不助敌军，则吾人断可长久支持。"但已经太迟了，它给太平天国带来了难以补救的严重危害。

第六章 征战南北

定都天京后,怎样进一步发展未竟的事业,仍然是太平天国的当务之急。但是,洪秀全等人却未对形势进行认真分析,审时度势,选择正确的道路。

太平天国领导人误以为清朝统治者已经不足为患,即将实现全国性的胜利,于是决定让主力留驻南京,派遣部分兵力北伐和西征。这样,由于兵力分散,战线过长,强有力的攻击无法形成。骁勇善战的太平军将士在对敌斗争中尽管打了许多胜仗、漂亮仗,终因没有充分估计清军力量,导致北伐军的覆灭;而西征军也因过长的战线及天京形势日益危急,预期目的未能达到。太平军不仅因此错过了夺取最后胜利的良机,而且逐步由军事上的主动进攻变成了被动的防御。

太平天国定都的同时,清政府建立了江南和江北大营,与太平军对抗。太平军英勇反抗清军的进攻,定都初期,进行了一系列的保卫战。

一、失败的北伐

1. 北伐雄师

定都天京后不久,太平天国决定派遣一部分精兵北伐,直捣清廷。

咸丰三年四月初一日(1853年5月8日),天官副丞相林凤祥、地官正丞相李开芳从扬州启程,率领一万多精锐兵力沿长江西上。由天京同时分出一支太平军,由春官正丞相吉文元统率。四月初六日(5月13日)两军在浦口会师,共计两万多人,北伐正式开始。

四月二十一日(5月28日),东王杨秀清发布两个告谕给北伐军统帅林凤祥："尔等奉命出师，官居极品，统握兵权，务宜身先士卒，格外放胆灵变，赶紧行事，共享太平。""至到北京之日，即与监军袍帽，光宠其身。各宜凛遵，毋违诰谕。"这说明太平天国的领袖们被胜利冲昏了头脑，认为胜利已指日可待，并没意识到其决策的错误。

北伐军具有极强的战斗力，其中包括许多广西籍的老战士。指挥北伐军的主要将领林凤祥、李开芳、吉文元、朱锡锟、黄益芸都是天朝的开国功臣，多数是久经沙场的虎将。太平军登陆浦口后，轻易歼灭数百防守浦口的清兵，而在浦口以北东葛驻守的由察哈尔都统西陵阿、副都统明庆、乌陵阿等人率领的黑龙江马队两千余人也不战而逃，退至滁州。四月初九日（5月16日）北伐军夺取滁州。

朱锡锟、黄益芸率领的北伐军后援军，于两天后，即四月初八日（5月15日）登陆浦口，当日屯兵六合县龙池。不料，营中夜间失火，导致火药爆炸，伤亡惨重，主将黄益芸丢了性命，由朱锡锟率领余部赶赴滁州与林凤祥、李开芳会师。

此时，清政府为阻止太平军从扬州北上，强渡黄河，直逼京城，已在黄河下游一带部署主要兵力，安徽、河南境内防守薄弱。北伐军在安徽长驱直入。

林凤祥率二十一军出滁州，攻克临淮关，夺取凤阳，所向披靡。吉文元又从浦口进攻亳州，与林凤祥联合进军河南。江北清营，亟令胜保追击。林、吉两人，率领英勇之师，日夜兼程，马不停蹄。

五月初六日（6月12日），北伐军由安徽亳州入河南境，河南巡抚陆应谷手忙脚乱，赶紧设防，负隅顽抗。陆应谷率三千清兵迎敌。次日，双方在宋家集交战，清军溃不成军，北伐军奋勇杀敌，歼灭四百多名敌军，陆应谷率残兵败将逃往柘城。北伐军抵达归德城下。

这期间，安徽、河南一带贫苦农民，积极响应北伐太平军。北方活动的捻军在张乐行等人率领下实力也不断增强。

此时，北伐军由于吸收了大批河南贫苦农民、捻军战士及被遣散的兵勇，人数已达到四万余人。当时，清政府不但在山东兵力空虚，连京师一带兵力也不足，客观形势对于北伐军十分有利。

归德位于黄河南岸，为迅速渡河，太平军连夜赶赴黄河岸边的刘家口，打算从这里渡河。北伐军如能立即渡过黄河，并执行洪秀全的"师行间道，疾趋燕都，无贪攻城夺地糜时日"的指令，是有可能一举攻克北京的。但是，北伐军夺取归德后，清朝地方官知太平军要渡河北上，唯恐因围剿不力而获罪，下令全部烧毁附近船只,使北伐军难以渡河。太平军在归德一带耽搁了二十余日,直到五月二十二日(6月28日)才在汜水找到一些渡船,开始渡河。二十八日北伐军才基本渡过黄河,挺进中原,前后花了将近一个月。

这期间,太平军并未遭受重大损失。

2. 怀庆受挫

五月二十六日(7月2日)林凤祥、李开芳率军占领温县,六月三日(7月8日)兵临黄河北岸战略要地怀庆府城下。清廷已任命直隶总督讷尔经额为钦差大臣,与尚书恩华,率数千精兵,赶赴河南,到了怀庆,恰好遭遇林、吉。林凤祥正在挖穴攻城,见来了援军,只好分兵抵御。城中闻有援兵,受到了鼓舞,加强了守备。太平军久攻不下。过了几天,郑州、荥阳的太平军,亦败退过河,托明阿在后追击。李开芳对林凤祥道:"驻扎城下,兵家所忌,我军不如移师东进,从大名直捣天津,方为上策。"林凤祥道:"怀庆战略位置重要,不下怀庆,转向东行,如果敌军两面夹击,岂不危矣?"于是没有接受李开芳的意见,一面派人去江宁求援,一面加强建造防御工事。又相持了十天,胜保又到,李开芳仍建议移师,林凤祥却不答应。先后十几次与清兵交战,林凤祥一直未占上风。一个月很快过去了,清廷下旨斥责,讷尔经额与恩华、托明阿、胜保三人心急如焚,便激励将士,誓破太平军,于是分兵三路,发起强攻,火炮齐发,顿时火光冲天。林凤祥等无法固守,被迫弃栅出来,拼死奋战。清军极力反击,大放炮弹。吉文元不及躲避,中弹身亡。太平军见伤了一个主将,便奋力掩护林凤祥向北逃去。

这一仗清军拥有优势兵力和武器,太平军虽然奋勇抵抗,仍然损伤惨重,林凤祥麾下的精锐所剩无几。讷尔经额胜利返回,托明阿南下江宁,单由胜保乘胜追击。林凤祥无路可退,进入山西。

山西巡抚哈芳,毫无防备,边境十分空虚。林凤祥又突然而至,从垣曲县出曲沃县,攻克平阳府城,进至洪洞县。适由曾立昌、许宗扬等率领江宁援兵两万人,自东而来,与林凤祥会师。林凤祥大喜,便联合东进,从潞城、黎城两县间的小路,奔赴临洺关。临洺关位于直隶邯郸县北,乃险要之地,讷尔经额率军凯旋,驻扎关内。

四十天时间里,北伐军由河南入山西,再由山西经河南,进入直隶,直逼保定。保定只距北京三百余里,京师震动。

3. 转入困境

北伐军欲进军北京时,咸丰帝急得手忙脚乱,他极力加强防守京城,派清朝的悍将科尔沁郡王僧格林沁的重兵镇守涿郡，钦差大臣胜保率领的清军驻扎保定。这位僧郡王英勇无比，是蒙旗头号人物，所率之军，也有极强的战斗力，这次出兵凭借一股锐气，连破数座敌大营，歼灭七八百北伐军，杀得林凤祥站不住脚，放弃深州东走天津。

九月二十一日，北伐军攻克献县，二十三日又攻克交河县，第二天占领泊头镇，沿运河北上，二十五日夺取沧州，二十七日占领静海。李开芳率一支太平军攻下独流，二十八日先头部队抵达杨柳青，距天津城仅十里。杨柳青是北伐军到达最北的地方。

北伐军在将近半年时间里，长途跋涉，纵横江苏、安徽、河南、山西、直隶，是中国农民战争史上的一大壮举。

但因为各种原因，北伐军日益陷于困境。首先是难以供给粮食，北伐军没有根据地，也没有后勤部队，一路上就地补给，没有任何保障。况且北伐军的精锐力量多来自江南，不服水土，对江北的面食不习惯。这一点在《林凤祥李开芳吉文元朱锡锟北伐禀报》里显而易见：

> 自临怀（淮）至此，尽见坡麦，未见一田，粮料甚难，将兵日日加增，尽见骑马骡者甚多。忖思此时之际，各项俱皆丰足，但欠谷米一事。临怀（淮）至此，着人带文回朝数次，未知至否？如此山遥水远，音信难通，兹今在朱仙镇酌议起程，过去黄河，成功方可回禀各王殿下金安，无烦远虑也。

北伐军不但缺粮，并且远离太平天国大本营，孤军深入，没有后援，最终陷于危机。

北伐军抵达静海后，恰逢隆冬，太平军精锐主要是江南战士，极不适应北方的严寒，再加粮食和衣物不足，后无援军，极其被动。尽管这样，不屈不挠的太平军战士仍奋力坚持，勇往直前。

北伐军没有屈服于任何困难，但是毕竟存在现实的困境，而且日益严重。

北伐军从扬州动身的第一天起，统治者就清楚他们意图占领北京。虽然北伐军进展迅猛，途中仍由于缺乏渡船，以及久攻怀庆不下等原因耽误了三个月左右，清政府因此得以大量调兵遣将，加强京津一带的防守。待北伐军到达天津附近时，十数万清军已集结在京津一带，数量和武器装备都远在太平军之上。华北平原地势与江南水乡不同，也不同于安徽、河南。清政府大量调集蒙古、黑龙江、吉林等地的骑兵，比起太平军的步兵优势很明显。再加上直隶一带大股的农民起义基本上没有，在沉重的封建压迫和剥削之下的贫苦农民尚未觉醒，致使北伐军难以补充兵源和物资。北伐军两万精锐连连作战，损失惨重，路上吸收的新兵缺乏战斗力，从而使太平军处于明显的劣势。北伐军抵达天津附近时，已经是强弩之末了。

至此，北伐军由战略进攻变为战略防御。

4. 援军覆没

清军发现了这一巨大的战略上的变化，于是便集中优势兵力，连连进攻处于困境的太平军。林凤祥、李开芳只有派人回天京求援。

天京方面，洪秀全、杨秀清几次收到北伐失利、请求增援的奏章后，决定从扬州撤出守军，另抽调天京驻军和西征军的一部分，成立一万人的北伐援军，统帅为夏官又副丞相扬州守将曾立昌、冬官又副丞相许宗扬、恩赏丞相陈世保，于咸丰四年正月初七日（1854年2月4日），由安徽安庆启程北上援救北伐军。北伐援军途中获得百姓和捻军的有力支持，经桐城、舒城、六安、正阳关、颍上、蒙城，迅速进入河南永城、夏邑，再经江苏半县，入山东，接连夺取金乡、巨野、郓城。二月二十一日（3月30日）到达临清，第二天展开攻城，清廷得知北伐援军北上，立刻命胜保带兵入山东截击。胜保抵达山东，临清州已经失守，山东巡抚张亮基奉旨革职遣戍，连胜保、善禄等也被革职戴罪立功。胜保十分恼火，和善禄对临清发起强攻。城内的太平军顽强固守。胜保气得咬牙切齿，督军士三面猛攻，只留下南面一隅，放出一条生路。太平军见有路可退，便懈怠下来，清兵很快破城，太平军纷纷向南逃去。

胜保乘胜追击，到了冠县，放火烧死太平军首领陈世保。曾立昌、许宗扬等逃到曹县，建造工事，加强防守。胜保追到曹县，与善禄商议："曾、许两贼，已走投无路，此城定不能固守，但一直追下去也不是办法。必须尽早将其一网打尽，才好收军。"善禄也无计可施，只请胜保视察地形。胜保留善禄攻城，自率数十名轻骑，到处巡视一天。晚上回到营中，即与善禄密议，命他依计行事。

到了半夜，胜保命士卒手持火具，烧毁木栅，顿时火光冲天，太平军吓得落荒而逃。胜保趁机率众登城，曾、许二人自知不敌，即弃城逃走。胜军穷追不舍。时已黎明，曾、许两人逃到渡口，见前面被河水阻隔，无法前进，正打算沿河撤退，忽有一支兵从河侧杀来，乃系善禄所率之清军。曾、许掉头就走，胜保又紧追而至，曾、许两人根本招架不住，"咕咚咕咚"响了几声，曾立昌、许宗扬都投河自尽。剩下的太平军，被全部歼灭。至此，援军已基本覆没。

5. 北伐惨败

自咸丰三年十月初五至年底（1853年11月—1854年1月），历经三个月的军事对峙，此时胜保已升为钦差大臣，凭借优势兵力多次进攻北伐军，太平军将士舍生忘死，奋力杀敌，多次击退敌人，但终因重重困难，损伤惨重，人数已降到一万以下，而胜保军在三万以上。太平军缺衣少粮，难以为继。这说明相持极不利于太平军。这年年底，北伐军决定放弃静海，向西突围，但由于清军优势兵力的阻击，没有成功。咸丰四年正月二十八日（1854年3月7日），林凤祥、李开芳率军乘大雾突破重围，抵达西南献县。二月初一日（3月10日）至阜城县。清军一路紧追。

咸丰四年三月下旬，苦苦挣扎的北伐军得知援军已到山东，十分高兴。林凤祥听说曾、许已夺取临清，打算乘此还军，联络曾、许，放弃阜城，南进连州，占领连镇。僧王领兵追击，胜保也前去围剿，认为林凤祥已成瓮中之鳖，命不久矣，不料林凤祥自知无望生还，干脆以死相抗。僧王久攻不下，焦躁不安，忽有太平军从南门杀出，气势汹汹，僧王赶紧率兵截击，但太迟了，被他冲出了包围。这突围的太平军统帅正是李开芳。原来林凤祥还不知山东败耗，命李开芳南下接应曾、许，共同援救。李开芳抵达山东，曾、许早已身亡，无处求救，发现高唐州兵力薄弱，一举攻克，杀死知州魏文翰。他正打算分踞村庄，忽然听到城外杀声震天，胜保已领兵追来，只有固城死守。胜保围高唐，僧格林沁围连镇，双方对峙长达半年。

僧王原本骁勇善战，这时也无计可施，眼见冬季将尽，两湖频传捷报，僧王便昼夜强攻才踏平了一半连镇。连镇系东西二镇构成，因而得名连镇。僧王大动干戈，才攻破西镇。林凤祥率残兵固守东镇，直至咸丰五年正月，弹尽粮绝，僧军才得以攻入。林凤祥顽强抵抗，但陷于包围中，最终被生擒，押送京师。僧王再率兵攻高唐，高唐已被胜保围攻了半年多。

李开芳也同样坚韧不拔，僧王凭借初到的锐气，发起强攻却没有成功。他心生一计，令全军撤退。这时城内听说来了僧军，惊慌失措，后来发现城外的清兵全部撤退，便赶紧逃走，不料未行数里，清兵却从四面八方杀来。李开芳自知不敌，掉头就走，退至平县属的冯官屯据守。那时李开芳仅剩五百多人，尚与僧、胜两军对峙了两个月。僧王决河灌敌，李开芳走投无路，最终被擒，解往京师，与林凤祥都被处以极刑。清方曾有一首俚句，咏林凤祥、李开芳道：

第六章　征战南北

　　北上鏖兵固善谋，孤军转战死方休。
　　如何所事偏非主，空把明珠作暗投。

历经两年零两个月的轰轰烈烈的北伐战争以失败而告终。

二、首次西征

1. 胜利进军

咸丰三年四月二十七日（1853年6月3日），洪秀全等人派遣春官正丞相胡以晃、夏官副丞相赖汉英、殿左一检点曾天养等人率七八千将士，千余艘战船，从天京启程，沿长江西上，开始了著名的西征。西征是太平天国总体战略的一个重要组成部分，旨在为天京城内军民的物资供应寻找出路。同时也可牵制敌人兵力，保卫天京。从时间上看，北伐在前，西征在后；从兵力上看，北伐军两万，西征军还不到一万。所以，西征军似乎是被作为"偏师"。

四月二十八日（6月4日）巳刻，西征军由太平抵达芜湖，不久夺取安庆，胡以晃留守。赖汉英率西征军主力继续西进，五月初七日（6月13日）入江西彭泽，过了五天占据湖口，进入鄱阳湖地区，率众南下，五月十七日（6月23日）占领吴城镇，十八日抵达江西省府南昌城下。

这时，清军由革职留任的江西巡抚张芾、办理团防的陈孚恩和湖北按察使江忠源等人驻守南昌，太平军攻城在他们意料之中，因此在太平军到来之前全部烧毁城外民房，以防太平军以此为掩护穴地攻城，同时加强守备南昌的德胜门、章江门、永和门、顺化门、进贤门、惠民门和广润门，昼夜巡察不息。西征军在南昌城下遭遇清军出乎意料的顽强抵抗，使攻克南昌比夺取桂林、长沙、武昌更加困难。

五月十八日（6月24日）太平军正式发起南昌攻坚战。太平军一面用炮轰城，一面暗挖地道。五月二十日（6月26日）凌晨，张芾和江忠源令楚勇兵分三路猛攻太平军，没有得手，双方多次交战。此战太平军歼灭"七名楚勇，包括百长把总李光宽，七十二名楚勇受伤，城上受伤官兵十三名"，大挫了清军的锐气。

南昌城外的太平军在清军封城时未及烧毁的文孝庙一带驻扎，靠文孝庙做掩护，暗挖地道。张芾和江忠源等人认为城外文孝庙极大地威胁着他们，如不铲除，太平军势必凭借其有利地势实施穴地攻城。五月二十七、二十八日（7月3—4日）连续两次派人试图烧毁文孝庙，都没有成功。六月初二日（7月7日）又大规模进攻太平军，经过一场恶战，敌人的进攻被英勇的西征军打退。

咸丰帝为了确保江南重镇，命各地增援，从五月下旬到七月中旬（1853年7月初—8月下旬），又相继调来八千多人的援军，总兵力远在西征军之上。西征军两次轰塌南昌德胜门，均因缺乏兵力未能攻入城内。从七月下旬（8月底）开始，南昌战场进入对峙阶段。这期间，西征军从未放弃攻城，同时调兵力四面阻击来援的清军，西征军先后占领丰城、瑞州、饶州、乐平、景德镇、浮梁等地，由于兵力过于分散，西征军兵力严重不足，便请求天京发兵援助。

但未等增援部队抵达南昌前线，东王杨秀清已下令西征军撤离南昌。虽然未能攻下南昌城，但太平军西征过程中夺取了许多产粮区，得到大量粮食，天京城内的供应困难得到了缓解。

西征军自撤离南昌后，赖汉英因没有攻克南昌，贬职回天京入删书衙，西征军被分为两支：由曾天养率领一支返回安徽与胡以晃部会师，进军皖北，夺取集贤关、桐城、舒城，围攻庐州（合肥）；由石祥祯率领另一支经九江，入两湖，开辟新的战场。八月二十七日（9月28日），石祥祯领兵夺取九江，九江从此成为天京上游长江江面上的门户和挺进两湖的前沿根据地。九月六日（10月8日）占领半壁山要塞，进入湖北。九月十三日（10月15日）于田家镇大败清军，十八日（10月20日）再次占据汉口、汉阳。正在此时，天京总部把重点转向安徽，致使石祥祯缺乏兵力，被迫退守黄州、蕲州一带。腊月十六日（1854年1月14日）在皖北战场西征太平军再克庐州。咸丰四年正月皖北战场的西征军再次进入湖北，于十五日（2月12日）在黄州大破清军，湖广总督吴文镕自杀身亡。十九日第三次夺取汉口、汉阳。廿日克金口，湖北按察使唐树义阵亡。西征太平军再次分成两路：由曾天养率领一路，进攻湖北西部；一路则渡江攻打武昌并挺进湖南。这路人马在渡江之后再次分兵：一路于五月十三日（6月26日）第二次攻占武昌；石祥祯、林绍璋率领另一路进入湖南，从二月初一到十三日（2月27—3月11日）连续夺取岳州、湘阴、靖港、宁乡，震慑长沙。

2. 遭遇湘军

①曾国藩办团练

正当西征太平军在湖南长驱直入之时，遭遇了一个强大的敌人，即曾国藩的湘军。

第六章　征战南北

曾国藩字伯涵，号涤生，他出生时，家人梦见巨蟒入室，金光闪闪，被传为奇闻。道光十八年（1838）中进士，至道光末年，担任礼部右侍郎。咸丰元年（1851），皇帝下诏要求直谏。曾国藩应诏，针砭时弊，言辞犀利，以致触犯皇帝。幸好大学士祁隽藻，及曾国藩会试时房师季芝昌，大力维护，才被赦免。

咸丰二年十二月三十日（1853年1月21日），巡抚张亮基转来了咸丰帝的寄谕：

> 前任丁忧侍郎曾国藩，籍隶湘乡，闻其在籍，其于湖南地方人情自必熟悉，著该抚传旨，令其帮同办理本省团练、乡民搜查土匪诸事务，伊必尽力不负委任。

团集训练简称团练。封建统治者对乡民进行团练，地方性的地主武装因而产生。当太平军兴起时，咸丰帝一面积极设防，一面命各省兴办团练，企图使团练乡勇密切配合正规军（八旗兵和绿营兵），联合镇压农民起义，于是嘉庆之后的第一个办团练浪潮在全国掀起了。清廷利用丁忧或请假在籍的官吏熟悉地方情况的优势，要求他们配合地方督抚行动。前刑部尚书陈孚恩是首任团练大臣，第二任团练大臣便是曾国藩。

清按照古制，父母去世，官吏必须在家守制三年后才能复官。曾国藩正是如此打算的。不料，仅三个多月，皇帝便命他墨绖从戎。他是坚决反对墨绖从戎的。一年多以前，即咸丰元年当他在京城得知江忠源墨绖从戎时，他曾极力阻挠，现在自己却要步其后尘。因此他草拟了一份奏稿，请求在家终制。

巡抚张亮基派人送来两封信，声称太平军攻不下长沙城，已绕道北上，经宁乡，过洞庭，夺取岳州，攻占武汉三镇，巡抚常大淳阵亡。他督促曾氏立刻出兵。午夜，翰林院庶吉士郭嵩焘也远道而至，来曾家吊唁。他知道曾国藩心中迟疑，力劝说："公本有澄清天下之志，今不乘时而出，拘守古礼，何益于君父？且墨绖从戎，古之制也。"他父亲曾麟书也说："以嵩焘之言为正。"于是曾国藩立刻借口遵从父命，"收回奏稿，决计出山"。

②湘军产生

曾国藩在奉旨办团练到达长沙后的第二天，便上奏给朝廷在家中拟好的《敬陈团练查匪大概规模折》，说：

抑臣又请者，逆匪既破武昌，凶焰益炽，如湖南、安徽、江西毗连之省，皆为其所窥伺。长沙重地，不可不严为防守。臣现来省察看，省城兵力单薄，询悉湖南各标兵丁多半调赴大营，本省行伍空虚，势难再调；附近各省又无可抽调之处，不足以资守御。因于省城立一大团，认真操练，就各县曾训练之乡民，择其壮健而朴实者招募来省，练一人收一人之益，练一月有一月之效。自军兴以来，二年有余，时日不为不久，糜饷不为不多，调集大兵不为不众，而往往见贼逃溃，未闻有与之鏖战一场者；往往从后尾随，未闻有与之拦头一战者；其所用兵器，皆以大炮、鸟枪远远袭击，未闻有短兵相接，以枪靶（把）与之交锋者。其故何哉？皆由所用之兵未经训练，无胆无艺，故所向退怯也。今欲改弦更张，总宜以练兵为务。臣拟现在训练章程，宜参仿前明戚继光、近人傅鼐成法，但求其精，不求其多，但求有济，不求速效。

　　这说明曾国藩有着明确的目标，自觉地把太平军作为死对头，同时斥责绿营"无胆无艺""所向退怯"，自己誓要"改弦更张"，取而代之；确定了"总宜以练兵为务"的策略，决定通过办大团解决团练的供应问题。

　　他决心建立一支既不同于清军，也不同于原来地主团练的新型军队。他不敢称之为军，担心封建皇帝产生疑忌，便叫作勇，即湘勇，但有着共同的实质。史料上既称湘勇，亦称湘军。

　　当太平军西征军沿江而上，长驱直入之际，咸丰帝见皖、赣、鄂、湘四省之中，没有强兵，唯曾国藩率领的湘勇有些实力，多次令曾国藩东进增援。

　　此时，曾国藩已训练好了共一万人的水陆两师。其水师十营，前、后、左、右、中为五正营，五正营之外又分五副营，由褚汝航、夏銮、胡嘉垣、胡作霖、成名标、诸殿元、杨载福、彭玉麟、邹汉章、龙献琛分别统率，总计五千人；陆勇亦五千余人，进行整编，一营五百人，"其非湘乡人各领乡军者随所统为小营"，总计十三营，分别由塔齐布、周凤山、朱孙治、储玫躬、林源恩、邹世琦、邹寿璋、杨名声、曾国藩等统领。褚汝航为水路各营总统，塔齐布为陆师诸将先锋。"加上陆路之长夫、随丁，水路之雇船、水手，粮台之员弁、丁役，全军共计约一万七千人。"所备之粮台，带一万二千石米、一万八千斤煤、4万斤盐、3万斤油，携带军中所需的器物和工匠同行。

　　③曾国藩的一篇檄文

　　曾国藩接到咸丰帝的谕旨后，率他在衡阳训练的水陆二师，前去前线围剿太平军。这时，他发表了一篇檄文，即《讨粤匪檄》。

太平天国的蓬勃发展与其不可阻挡之势，使腐朽的清政府手忙脚乱，危在旦夕。曾国藩深知这种局势与导致这种局势的原因，并在咸丰元年便极为中肯地做过分析。他写道："今春以来，粤盗益复猖獗，西尽泗镇，东极平梧，两千里中，几无一尺净土。推寻本原，何尝不以有司虐用其民，鱼肉日久，激而不复反顾。盖大吏之泄泄于上，而一切废置不问者，非一朝夕之故矣。"但是，曾国藩为维护自己的阶级利益，没有公然揭露"有司虐用其民，鱼肉日久"的黑暗现实，甚至没有驳斥太平军"肃清胡氛"的政治主张。他既为国家衰亡痛心疾首，更对"粤匪"之"猖獗"深恶痛绝，一心希望扭转时局。他深知"胡氛胡尘"密切联系着众多的士子文人，一荣俱荣，一损俱损，维护和中兴"胡氛胡尘"是当务之急。同时，他也知道，如果简单地为"胡氛胡尘"申辩，会引起有民族感的士民的厌恶。所以，他丢掉太平天国檄文中的"胡氛胡尘"这个议题，重新做了一个大题目，即反对太平天国"诋儒毁佛"的行动。

《讨粤匪檄》说：

粤匪焚郴州之学宫，毁宣圣之木主，十哲两庑，狼藉满地。嗣是所过郡县，先毁庙宇。即忠臣义士，如关帝、岳王之凛凛，亦皆污其宫室，残其身首。以至佛寺、道院、城隍、社坛，无庙不焚，无像不灭。

这些行为原本反映了"拜上帝会"教徒独尊上帝、不信他神，是太平天国革命的组成部分。曾国藩对此大加批判，声称"斯又鬼神所共愤怒，欲一雪此憾于冥冥之中者也"。曾国藩搬出孔子、孟子、关羽、岳飞，甚至土地、城隍、佛家、道士来对抗洪秀全的西洋神，而孔子、孟子等，正是千年来被封建文人和中国老百姓奉作神明的精神偶像。

曾国藩深知封建文人和老百姓的这种文化心理，借口"扶持名教"，号召封建文人反对太平天国。

他呼吁："抱道君子，痛天主教之横行中原，赫然奋怒，以卫吾道。"

曾国藩的《讨粤匪檄》，是封建卫道士的宣言，是杀气腾腾的战书，也是下达给封建文人的总动员令。曾国藩集结了一大批封建文人，来镇压富于革命思想的另一个文人发起的太平天国运动。

3. 进入低谷

①靖港大捷

二月间，曾国藩的湘军与太平军交战几个回合，曾一度攻占岳州。正当曾国藩打算报捷之时，三月初七日，刮起强劲的北风，洞庭湖掀起惊涛骇浪，水勇惊慌失措，很多溺水而死，二十四艘战船、辎重船漂沉，数十艘撞伤。随后，太平军于临湘羊楼司大破王鑫部后，三月初十日（4月7日），夺取岳州。曾国藩兵败逃走。他在《岳州战败自请治罪折》中承认："臣奉命会剿，尚未出境，即有此挫，皆由臣调度乖方所致。"

岳州之役后，石达开堂兄弟石祥祯与林绍璋统率太平军乘胜追击，占据长沙城北五十里以外的靖港，三月二十七日，又攻占仅距长沙城西南九十里的湘潭。王闿运后来分析道："当是时，寇若从湘潭上游乘春水攻省城，及从靖港乘北风来攻，皆不过二十刻。"与此同时，本来活跃在衡州、永州、郴州、桂阳及两粤诸地的会党，更加积极地展开行动，曾国藩自己也说，"闻风响应，从乱如归，东南大局不堪想"。到处人心惶惶，"听到号角，见到火光，都手忙脚乱"，因而紧闭城门，自断饷道。曾国藩于是于三月廿四日（4月21日）召众商议，大家都说："入城坐困，应该亲自督战。"湘勇经岳州、宁乡两次战败，七八百人阵亡，千余人又被淘汰，加上林源恩所部远在平江镇守，驻守省城及其附近者已所剩无几，与太平军实力悬殊，自然无法同时兼顾靖港、湘潭两处。那么首先攻打什么地方，当时产生了意见分歧。有人建议先攻克靖港的太平军大营。曾国藩由于多次接到出省援鄂的上谕，也认为如果能大破靖港太平军，便可沿江北上；况且，假如先攻湘潭，似乎有意退避。但是幕友们多表示反对，声称湘潭是大商埠，军事要地，应先攻湘潭；如果攻靖港大败，再退回省城，无异于自寻死路。陈士杰坚决持这一态度。他对王闿运说："今独可悉兵援湘潭，即不利，犹得保衡、永，图再举；若不顾根本，但图进取，则一败俱死矣。"王闿运转告曾国藩这个意见，曾"恍然大悟"。陈士杰不仅亲自游说曾国藩，而且动员杨载福、彭玉麟说明先攻湘潭的好处。恰恰这时，"水师十营官皆至，让彭玉麟决定何去何从"。在这种形势下，曾国藩才决定先攻湘潭，于三月二十八日派候补副将塔齐布、蓝翎守备周凤山率一千三百多兵勇增援湘潭。次日，又派候补知府褚汝航等管带水师五营逆湘江而上，夹攻湘潭，并且商定由曾国藩于第二天亲率五营接应。

当天晚上，长沙县乡团的士绅突然来报："靖港数百敌军不是我们对手，容易对付，团丁欲大造声势震慑贼寇，已搭浮桥迎接援军。不可坐失良机！"

第六章 征战南北

曾国藩一听,怦然心动,认为:"潭城贼被官军水陆痛剿,专盼靖港之贼救援,亟应乘机攻剿,俾贼逆首尾不能相顾",于是改了主意,在第二天卯刻率领四十多只大小战船、八百名陆勇进军靖港。靖港地处湘江、资水交汇处,对岸有铜官山,六朝时曾于此置铜官,所以得名铜官渚。曾国藩随水师督战,坐船抵达铜官渚二十里以外的白沙洲。

临行前,李元度极力阻止:"已调精兵围攻湘潭,必然胜利。现在不宜轻举妄动。"曾国藩充耳不闻。李元度和章寿麟都请求同行,但遭到拒绝,曾国藩还秘密交给李元度一份遗疏和一份两千多字的遗嘱,托李元度在他死后将遗疏交湖南巡抚代陈,遗嘱则交给他的弟弟们,又嘱咐他好好保护营中军械辎重、百余艘船,曾国藩誓死一搏。不料,四月初二(4月28日),湘军船队刚靠近太平军军营,就遭到炮火的猛烈轰击,无法前进,只好迅速撤退。却因风大浪急,逆水而上十分困难,只得牵缆缓缓前进。而太平军的小队不断砍断缆绳,水师因此溃不成军,失去了三分之一的船炮;八百名陆师与团丁联合进攻时,团丁见太平军旗号掉头就跑,陆师也紧随其后,争夺浮桥,桥坏板浮,百余人坠水。曾国藩见大军如此狼狈,手持利剑,立于桥头,扎下令旗,高声说:"过旗者斩!"但湘勇顾不了那么多,纷纷落荒而逃。申刻开仗,不一会儿陆勇、水勇全部溃散。曾国藩遭遇如此惨败,悲愤交加,乃投水欲自尽。三名随行标兵拖拉,曾国藩破口大骂,标兵只得作罢。正在曾国藩就要被水淹没之际,一个人从座船后舱跳出来,一手把他拉上岸。此人乃章寿麟,字价人,长沙人,供职于曾氏幕府。曾国藩发兵前,陈士杰、李元度预料,曾国藩万一兵败,必死,便让章寿麟在曾氏座船船尾潜藏。此时,曾国藩见到章寿麟,仍然大摆架子,怒道:"谁让你来的?"章寿麟便信口瞎说:"湘潭战事取得成功,特来报捷。"他给了曾国藩一个台阶下。曾国藩身穿湿衣,狼狈不堪地返回长沙市郊南湖港。

②痛失湘潭

太平军尽管胜利攻占靖港,但南线却失利。太平军攻占湘潭后,湘勇首领塔齐布奔赴湘潭城外,趁太平军尚未站稳脚发动大规模进攻。四月初一日(4月27日)曾国藩又派出五营水师援助塔齐布,依靠精良武器战胜太平军水营,夺取湘江水面的控制权。因湘军主力聚集在湘潭,又装备了购买自国外的大炮,太平军只有林绍璋一支编师,且林又指挥失策,使太平军处于困境。林绍璋见势不妙,亲率主力乘船向湘江上游驶去,被湘勇水师追上,再次战败,弃船登岸,回到湘潭途中,又中了敌人的埋伏。湘勇乘胜登上云楼,进入城内,打开城门，太平军在混战中痛失湘潭。湘潭之战总共进行了八天，水陆数战，太平军屡屡受挫，伤亡惨重。

湘潭之役是具有全局意义的重大战役。太平军作战失利，错失一个全歼湘军、占据湖南、巩固西线的良机，西征至此由战略进攻转为防御。而湘军则凭借这一胜仗摆脱了困境，扭转了局面，开始由被动转为主动，并乘胜东进，向湖北和江西开辟战场。

③退守武昌

六月初二日（6月26日），西征太平军夺取武昌，控制了武汉三镇，如果能就此镇守武汉，西线仍有胜利的希望。曾国藩此时正竭力争取主动，湘军初建，军纪不严。靖港之败，溃不成军，即便在湘潭之役中取胜的水陆勇也大肆劫掠。他们就是为了发财才入伍，所以改名换姓的大有人在。这些人自然不会有很强的战斗力。曾国藩深知这一点："若将已散者复行招回，则断难得力。"因此，他从岳州、靖港、湘潭之役后，立刻开始整顿湘军，不再收回溃散之勇，裁去溃散营哨的营官哨长，甚至裁掉了自己的弟弟曾国葆。经过整顿，仅剩五千多名水陆各勇。与此同时，他把罗泽南、李续宾所率湘勇调回长沙，又令英勇善战的塔齐布、杨载福、彭玉麟等大批征集新勇，新增数营，湘勇又迅速增加到一万来人。他还征调广东、广西水师兵勇，广东派山东登州镇总兵陈辉龙带四百名水兵、一百尊炮，广西派升用道员李孟群带一千名水勇，来湘增援。又在衡阳、湘潭设立船厂，建造了六十多只战船。

这次整顿之后，湘军大大提升了战斗力，水陆两师总共多达两万。此时太平军在湘潭战败之后，向北撤到以岳州为根据地的湘北地区。湘北地区是水乡泽国，水师正好派上用场。故曾国藩凭借水师，进击岳州。自六月二十七日（7月21日）至七月初三日（7月27日），两军水师于岳州城外洞庭湖上大战，陆师也一同交战。结果湘军占领了岳州，太平军尽管发起四次反攻，都以失败告终。从此，太平军撤离湖南，而湘军则一路紧追。

岳州至武昌之间，有个名叫城陵矶的战略要地，西扼由荆州入四川的大门，南截由洞庭湖入湘的咽喉。镇守于此的是太平军猛将、秋官又正丞相曾天养。清军方面的水师，除了直属于曾国藩的以外，还有总兵陈辉龙领导的一营，广西保升道员褚汝航的一营，广西保升同知夏銮的一营，广西升用道员李孟群的一营，总计四千多人，其中李孟群营有一千名广西水勇，陈辉龙营有四百多名广东水兵，剩下的以湘人为主。这批水师不仅装备精良，且屡战屡胜，锐气十足。七月十六日（8月9日）辰刻，陈辉龙、褚汝航、夏銮督率部进军城陵矶，李孟群这时还没有抵达岳阳，但其所部之前队广东水兵也随陈辉龙动身。他们刚在城陵矶遭遇太平军，狂风大作，广东提标水师右营游击沙镇邦，却乘风追击，陈辉龙督促拖罟前去救援，却被困在漩涡激流之中，两广兵勇之船又被狂风吹动，挤作一团。太平军的战船四面出击，重重包围了他们，太平军水师诱敌深入，大获全胜。广东水师全军覆没，总兵陈辉龙和湘军水师总统褚汝航被击毙。

两天后，即七月十八日（8月11日），年过花甲的老将曾天养率约三千太平军战士弃舟登岸，打算据险驻扎，却与湘军悍将塔齐布遭遇。两军交战，塔齐布的兵丁黄明魁刺翻了曾天养的坐马，曾天养阵亡。这次太平军共损伤百余人，且大将战死，被迫退守武昌。

④武昌失守

为收复武昌重镇，清政府令署湖广总督杨霈从京山、孝感，从西北进攻汉阳，令魁玉、杨昌泗自襄阳水路攻打汉口，荆州将军官文则由调弦口协助部署此北路兵力。至于南路，清政府则寄希望于曾国藩、塔齐布。清政府企图使太平军腹背受敌，一网打尽，因此于闰七月十三日又安抚曾国藩等："塔齐布、曾国藩自带兵以来，既未尝遇败而怯，定不致乘胜而骄，总宜于妥速之中持以慎重，则楚省贼踪渐可扫荡。"曾国藩接受了失败的教训，要塔齐布从蒲圻、咸宁陆路进攻，只担心塔齐布孤军深入，难以为继，忽报周凤山、罗泽南自长沙抵达，曾国藩喜出望外，立刻召见。周、罗二人行了礼，便说："骆中丞得知水师新挫，特遣某等前来听差。"二人原本驻守长沙，奉骆抚命增援曾国藩，曾国藩于是命周凤山赴擂鼓台，罗泽南赴城陵矶。二人刚离开，李孟群接踵而至，曾国藩令他前往城陵矶，协助水师。

水陆两军便聚集于城陵矶，有高桥在城陵矶附近，太平军便驻扎，形成城陵矶犄角。塔齐布奉曾国藩檄，单枪匹马，直奔高桥，太平军上前迎敌，塔齐布一扬刀，后面的罗、李各军，一拥而上。太平军不敌，逃往城陵矶。湘军乘胜追击，城陵矶约两万名太平军，全部出动，气势汹汹。塔齐布身先士卒，冲入太平军阵中，湘军紧随其后。恰好天降大雨，狂风大作，湘军乘风发起强攻，拔去数丈竹签，跃过两重濠沟，杀声震天，太平军吓得连连败退，湘军越战越勇，连毁十余座敌垒，水师亦击沉数十艘敌船，从城陵矶杀到螺山，从螺山杀到金口，马不停蹄，太平军尽管英勇，也难以招架。经过两三天的激战，湘军扫荡了东岸的旋湖港、芭蕉湖、道林矶、鸭栏矶，又攻克西岸的观音洲、白螺矶、阳林矶，从此牢牢控制了从岳入湘的门户。

曾国藩收到捷报，就从岳州启程，进驻螺山，被授予三品顶戴。曾国藩又进驻金口，命水陆两军乘胜追击，所向披靡。荆州将军官文，恰好派魁玉、杨昌泗等，率五千人来增援，湘军实力进一步增强，收复了蒲圻、嘉鱼等县，进入武汉境内。这时杨霈做了湖北总督，也夺取了蕲水、罗田及黄州府属各城，北路逐步肃清。

曾国藩于是召集众将商议攻打武昌，派塔齐布去攻洪山，罗泽南为前锋，令弟子李续宾做后援。李续宾即迪庵名，与罗泽南是同乡，身材高大，力大无比，至此独率一军，跟随罗泽南。罗泽南还没到花园，太平军已出来迎敌，双方正难分难解，北岸忽然火光冲天，大炮声不绝于耳。太平军担心江面失败，立刻撤退。原来花园北临大江，内枕青林湖，太平军南北驻扎，部署大批火炮，向北抵挡清水师，向南拦截清陆军。曾国藩既派了罗泽南，又命杨载福、俞晟、彭玉麟、李孟群、周凤山等，率水师前后夹击，火攻敌船。敌船所剩无几，太平军伤亡惨重。罗泽南趁机进攻敌垒，共有九垒被栅环绕，上列巨炮，罗泽南令军士持手枪，匍匐前进。太平军开炮射击，军士执枪滚入，近前后才站起身，前赴后继登城，自辰至酉，一连攻占八垒，还有一垒，是太平军大营。罗泽南所部已极度困乏，恰好李续宾到来，发起强攻，击退太平军。太平军仍拼死固守，俞晟、杨载福等也恰好登岸夹击太平军大营。太平军见大势已去，只好弃营逃走。罗泽南逼近武昌，塔齐布也夺取洪山，接踵而至，城内太平军趁夜逃走，湘军于是收复了武昌。荆州军统领杨昌泗，奉曾国藩命，渡江收复隔岸的汉阳城，二者相距仅仅一小时。知府许赓藻率团勇也夺取了黄州府城，太平军的残兵纷纷逃散。

⑤田家镇大败

夺取武汉三镇后，曾国藩雄心勃勃，制订计划从中路、南路、北路三路并进，欲把西征军从湖北驱逐出去。由塔齐布率领湘勇南路沿长江南岸进军湖北东部；由杨霈督带清兵北路进攻蕲州、广济；中路湘勇水师沿长江而下，总兵力一万多人，进攻太平军的田家镇—半壁山防线，西征军形势日益危急。

天京方面接到失去武汉三镇的消息后，于八月二十四日（10月15日）命燕王秦日纲负责西征军军事。

秦日纲受命后立刻从九江赶至田家镇—半壁山一带加强守备，太平军已有数万兵力。曾国藩率水陆各军，沿江东行，下大冶，拔兴国，破蕲州，兵临田家镇。田家镇地势极为险要，东面有半壁山，俯瞰大江，易守难攻。太平军从半壁山起，置四道横江铁锁，用木排阻拦，遍列枪炮，另置数千艘战船，聚集在一块儿，犹如一座巨岛，岸上又有二十余座营垒。湘军自蕲黄东下，陆师首先抵达，由塔、罗二将率领，与田家镇太平军交战，虽歼灭了数千名太平军，仍无法近前。

至杨载福、彭玉麟等相继到来，湘军决定分水师为四队：第一队用洪炉大斧，斩断铁锁；第二队掩护第一队；第三队等开了铁锁后，赶往下游，乘风放火；第四队留守营中，听命行事。四队部署完毕，杨载福率副将孙昌凯，作为开路先锋，熔斩铁锁，顺江而下，余三队随后跟上。火炮齐发，太平军走投无路。那时岸上的塔、罗二军，望见水师已占了上风，便下令急攻敌垒。各军士勇往直前，用刀枪仍觉不够，也顺风放火。于是江中岸上同时纵火，经过一天一夜，即便铜墙铁壁，也化为一片焦炭。可怜太平军将士大量毙命，还有少数太平军，四散而逃。这次乃是湘军首次同太平军恶战，岸上的二十三座太平军营，江中的五六千艘太平军船，全被铲除，湘军攻克田家镇。

田家镇之役，使太平军在九江、安庆上游的屏障荡然无存，水师全军覆没，西征的计划又遭失败。

4. 大败曾国藩

先后丧失了湖南、湖北的基地，西征太平军余部在江西九江一带聚集，太平军领袖陈玉成抵达广济，联合秦日纲、罗大纲等，据险防守，不料塔、罗二军乘胜攻打，咄咄逼人，都来不及趋避，怎能抵抗？不能守广济，便撤往黄梅。黄梅地处湖北、江西、安徽三省交界之处，陈、秦、罗三个首领奋力抵挡，挑选数万名悍卒，在城西的大河埔驻扎，分遣士卒万余名守小池口，万余名防城北，数千名在水陆间穿梭，互为援应。塔军刚到双城驿，距大河埔十里，还没驻扎，陈玉成已领兵而至，幸好塔军军纪严明，登上山冈，站稳脚跟，养足锐气，再冲下迎敌。激战中，杨、彭等已攻进小池口，陈玉成只好撤走。湘军水陆双管齐下，立刻攻破大河埔敌营，城北的太平军逃之夭夭。塔齐布猛扑城头，被石头击伤了头，包扎伤口后再上战场，太平军不敌，纷纷逃走，黄梅又被收复。

接着，清军分两路趋向太平军控制的九江，曾国藩率湘勇水师走南路，是主要的进攻力量；湖广总督杨霈率清兵走北路，占据广济援应湘勇。当鄂、赣战局不利于太平军之时，翼王石达开率援军火速西进，冬官正丞相罗大纲亦从饶州率军援救。受命于危难之际的石达开面对强大的敌人，镇定自若，制定了正确的作战方针，扭转了战局。

石达开发现了湘军的弱点：将士都被胜利冲昏了头，刚攻九江，又围湖口，兼击彭泽，兵力分散，易逐个击破。于是他抓住湘军骄傲、急于求成的弱点，命太平军"每夜以千余陆师，扰乱湘军营地，使湘军'彻夜严加守备，不能安睡'"，让他们更加急躁不安。随后石达开故意撤离湖口守兵，吸引一部分湘军水师从长江进入鄱阳湖。果然，咸丰四年十二月十二日（1855年1月29日）湘军水师营官萧捷三、孙昌国、段莹器等率百二十余号各营长龙触板，从湖口进入鄱阳湖。石达开、罗大纲等立刻封锁湖口，把湘军水师内外隔开。大船留在长江中，笨重难行，极大地削弱了战斗力。石达开抓住战机，于当天晚上，令西征军以轻舟开进长江攻打湘军水师大船。曾国藩自供："是夜三更（太平军）复用小划三四十号攒入老营，烧我船只……火箭喷筒，迷离施放，呼声震天，我军以内河百余小船未归，无以御之，被焚大战船九号，小者数号，杂色坐船三十余号。"

十二月二十五日（1855年2月11日），西征军乘夜驾轻舟逆流而上，在九江江面烧毁百余只湘军战船，太平军还夺获了曾国藩的座船，击毙了管驾官、监印官。湘军辎重损失殆尽，曾国藩先乘小船逃到另一艘舢板船上，随后潜入塔齐布的陆师营地，得以保命，这时他恼羞成怒，又要寻死觅活。不久，逃到了南昌。

湖口、九江大捷使太平军自湘潭战役以来屡战屡败的局面得以扭转。湘军水师只搭百余只破船退到武汉修补，太平军肃清了九江江面湘军，乘势西进，第四次夺取汉阳，第三次占领武昌。曾国藩为了反败为胜，对其水师重新整顿，使之扩充到十个营四百余只战船，并从广东买了二百尊洋炮，同时调遣陆军，决心收复已落入太平军手中的武昌。石达开见曾国藩极力夺取武昌，便乘虚攻打湘军必经之地——江西。十月十五日（1855年11月24日）石达开率部从湖北通城翻过幕阜山入江西，接连攻下新昌（今宜丰）、瑞州（今高安）、临江（今清江）、吉安等城。咸丰六年二月十八日（1856年3月24日），被称为"两岸之关键，省城之咽喉"的战略要地樟树镇也被攻克，夺取南昌也为时不远。曾国藩危在旦夕。他手忙脚乱，大叹江西形势"岌岌将殆"。恰在这个紧要关头，不料天京形势严峻，杨秀清调回江西太平军援救天京，被迫暂停攻打南昌。石达开返回天京后，先后由黄玉琨、韦昌辉主持江西军政事务。太平军仅用三个月时间就占领了江西十三府中的九个府五十多个县，一大块比较巩固的统治区形成了。

第六章　征战南北

三、保卫天京

太平天国定都后，清军在天京城外建立江南大营和江北大营，多次对太平天国首都天京发起挑衅。太平天国抽调精锐部队北伐和西征而分散了兵力，显然犯了战略上的错误，太平军没能利用有利时机，在清军尚未站稳脚跟之时，集中优势兵力，打破清军对天京的围困，最终铸成大错，太平天国首都的安全受到了威胁。

1. 一破江北大营

早在咸丰三年年初（1853年2月上旬），太平军由武昌启程，大举进军长江下游时，清廷为阻止太平军渡过长江北上，挺进河南，调集吉林、黑龙江、山西、直隶等省的大量清军南下。正月初二日（2月9日），在吉林"选派马队二千名精兵"，在黑龙江调集的二千清军已经上路。正月十五日（2月22日），"请调二千名山东兵赶赴江宁"。二月初十日（3月19日），直隶提督陈金绶率四千人赴安庆；二月十一日（3月20日）琦善部八千人也奔赴安庆。与同时到达安庆的向荣商量合围太平军后，陈金绶、琦善率军各自从长江北岸东进，三月初（4月中旬）抵达扬州，是为"江北大营"，总兵力一万多人。琦善总领大营，胜保协助处理军务。不久，又吸收了地方兵勇驻扎，人数又有所增加。

江北大营建立后，咸丰帝"下令琦善、陈金绶等立刻进攻"。但是，琦善却按兵不动，唯恐把太平军引向长江北岸，会增加自己的压力，于是借故拖延。琦善与向荣的矛盾已经表现出来，他在给咸丰帝上的疏里的意见截然不同于向荣：

> 大股匪众盘踞江宁、镇江、扬州，三城恃为犄角。臣与向荣分攻江宁、扬州，南北之军皆在陆路，声势既难联络，其水陆艇船又远在镇江。现江宁、扬州击败之贼往来江中，无所阻挡。且浦口、六合、仪征等处，随在皆可登岸……浦口、六合、仪征防兵甚单，只有马队，无步队，不能收相辅而行之益。

琦善一面请求增援，一面惊扰扬州太平军。太平军也没有主动进攻消灭江北大营有生力量，扬州战场两相对峙。

咸丰三年三月中旬（1853年4月下旬），太平军方面作出重要决定，抽调精锐部队北伐和西征，为此，被迫收缩防线。三月十一日（4月18日），太平军从七桥瓮据点撤离，第二日，又自己焚毁钟山的营盘，清兵乘机攻打雨花台，加紧包围天京。洪秀全却不在乎，抽调久经沙场的太平军优秀将领林凤祥、李开芳出师北伐，由曾立昌驻守扬州。扬州因此防备空虚。素来消极应战以自保的琦善一反常态，于四月中旬（5月下旬）加强攻打扬州太平军。曾立昌尽管势单力薄，但骁勇善战，接连击退清军，琦善只得再次进行防守。但琦善手下胜保、雷以诚二将见太平军明显处于劣势，扬州处境日艰，急于求成，又多次发起强攻，战斗极其艰苦。曾立昌指挥得当，击退清军，扬州暂时化险为夷。

数日后，琦善卷土重来，加紧包围扬州。七月一日（8月5日），扬州守将曾立昌向瓜洲守将吴如孝求援。瓜洲太平军将士赶来援救，终因兵力不足，没有成功。在困境中，扬州太平军与清军进行了长达三四个月的武装对峙。

此时太平军北伐大军孤军深入，在山东、河北受阻。太平天国决定由曾立昌率领一支北伐援军前去救援，因此决定撤离扬州。十月中旬（11月底），赖汉英率太平军抵达瓜洲，援救曾立昌军。十一月二十六日（12月26日），赖汉英援军进入扬州城，并连夜撤离扬州，清军乘机夺取空城。

太平军从扬州撤出后，大江以北仅存瓜洲一处要塞，清军趁机逐步南移江北大营。咸丰四年（1854），清江北大营兵分东西两路，由帮办大营军务的直隶提督陈金绶等人率领东路，在桂花庄一带驻扎，直逼瓜洲；由钦差大臣琦善亲自统带西路，在秦家桥附近扎营。西路清军不时进攻瓜洲太平军，屡战屡败，未能得手。太平军也时而以小股兵力发起主动进攻，但因抽调主力北伐、西征，兵力匮乏，无法进行大规模反攻。双方僵持了整整一年。

咸丰五年（1855）上半年，北伐军及北伐援军先后战败，全被歼灭，剿灭北伐军的清军悍将僧格林沁乘势南下援助清江北大营。同时，活动了一年半的上海小刀会被中外反动派于咸丰五年年初（1855年2月）联合剿杀，清江苏巡抚吉尔杭阿领兵驻守镇江，瓜洲一带的太平军压力更大了。另外，西征太平军兵败湘潭后，七八个月都没能重整旗鼓，无法出兵援助瓜洲，而包围天京的向荣的江南大营又趁机挑衅。因此天京处于危境，瓜洲太平军陷于不利的境地。

在这种形势下，洪秀全、杨秀清决定对战略方针进行调整，收缩西部战线，回兵巩固东部。二月，由秦日纲、陈玉成、李秀成等人统率的1万太平军从安徽返回镇江南岸。二月二十七日（4月2日）夜，顺利渡过长江，与瓜洲太平军会师，一举攻破了清江北大营。

第六章　征战南北

攻克清江北大营后，太平军乘势积极进攻，三月初一日（4月5日），再次夺取扬州，"运输扬州一带粮草到镇江"。清朝苦心经营了三年的江北大营轻易被捣毁，从而从根本上扭转了江北战局，太平军再次由被动转为主动。

2. 初战江南大营

①粉碎阴谋

咸丰三年二月初十日（1853年3月19日），太平军夺取南京之日，向荣军抵达安庆。同日陈金绶率领四千北路清军也奔赴安庆。第二天，钦差大臣琦善率八千清兵接踵而至。向荣、琦善约定，向荣从南岸水路进攻，琦善由江北向东追击，以夹攻太平军。

二月二十日（3月29日），向荣军抵达小丹阳，随后经由秣陵关，驻扎在距南京东二十里的沙子冈。二月二十七日（4月5日），再逼近明孝陵卫。二月二十九日（4月7日），向荣军向钟山发起强攻，太平军有力回击，重重打击了清军，"十一名阵亡，一百八十名受伤"。向荣进攻失利后便在孝陵卫驻扎，伺机而动。驻扎南京东南孝陵一带的这支清军被称为"江南大营"。向荣统领的总兵力有两万多人，其中三千多人留守湖南，二千余人驻守湖北，江南大营中有一万七千余名兵勇，内阁学士许乃钊协助处理军务，按察使彭玉负责粮台事务。

多次与太平军交战，并屡次战败的向荣此时认为自己实力很强，力主集中兵力攻打南京。他在给咸丰帝的奏章里说：

> 无如我兵紧逼贼营，贼众兵单，势难多拨，焦急实深。因思逆首现在江宁，惟有攻其所必救，悉力赶紧进兵，若日内能夺占钟山，即可进攻省城，谅分股之贼必然缩回。为围魏救韩之计。然不派兵，先扼要害，究欠周密。

为此，向荣的江南大营清军多次攻打钟山太平军，双方各有损伤，向荣占不了上风，南京东郊两军相持。

太平军定都天京后，尚未肃清暗藏在城内的奸细，破坏事件时有发生。面对内忧外患，洪秀全、杨秀清加强防守天京。先由北王韦昌辉负责天京城的城防工作，后由翼王石达开统领。韦昌辉设承宣官在北王府对面，专门传达北王的命令。承宣官建造了五丈高的观楼，昼夜巡视。

太平军对各城门的警卫高度重视。入城几天后，为避免清军攻击，砌小城门,像普通大门一样,设一扇门。晚上关闭此扇门后再关闭所有城门。门中设两位炮,司门司炮人住城圈中。几天后又在城圈向里设栅,开两扇门,晚上从内上锁。

此外,太平军还加强城外的防守和建造营垒。在城东钟山、城南雨花台建了坚固营垒;从北部的神策门开始,往东及东南的太平门、朝阳门、正阳门、通济门外都设有营垒。

陆军驻扎在城西的水西门外和城北的仪凤门外。在大胜门至观音门江面上部署水师。为了增强水陆的防御力量,太平军还招人建火箭及战船,在水西门外设船厂。

太平军严加防备,向荣无从下手。他自知无力正面进攻,"设计用间"政策又故伎重施,认为"眼下贼已固守,不敢轻出,须用计取。拟与城内胁从之众,潜通消息,再行动手方能有济"。

太平军攻占南京前,进攻长沙、武昌之际,吸收了大量两湖船民。天王洪秀全号召他们英勇作战,承诺夺取南京后建立"小天堂",可满足任何要求,并按照船民的习惯,同意他们各家团聚,无须分男馆女馆。占领南京后,太平天国又大力推行男女分隔政策,水兵及其家庭也不例外。由于行动过激,又没有做好思想工作,水兵很是不满。于是向荣便趁机派人挑拨,有人被迷惑了,打算投敌,但被东王杨秀清压制,向荣诡计没有得逞。

虽然太平军进入南京城后曾展开"搜妖",亦曾处死许多清朝大小官吏及士绅,但仍潜伏了一些反对太平天国的人。是时,太平军将领钟芳礼奉命筹备绸缎,以供将士家属所用。有吴姓商人自告奋勇,钟芳礼经由杨秀清许可,任命其为总制,增设织营,城中一些敌视太平军的士绅商人便有了藏身之地。吴凭借可以自由进出城内偷偷送一部分人出城。南京城内廪生张继庚,字丙桓,曾协助清军反对太平军。张继庚经常在这里联络不满太平天国之人,暗中谋划起事。后又联系织营,约定千余人在神策门做内应,协助清军劫营。张继庚写信给苏将军,时已十月,恰逢大雨,未能实施。张继庚又多次为清营提供情报。一次张继庚又命三名奸细去清营报信,被太平军发现。咸丰四年二月十三日(1854年3月12日),太平军逮捕张继庚归案。二十四日(3月13日)夜,其余党见势不妙,杀死巡察的太平军战士,匆忙举事。但是,太平军此时早有准备,城门中又增加了新的木栅,另加重锁。余党破门不成,便用刀斧砍砸。守城太平军听到动静,立刻将余党全部歼灭,又处死张继庚,成功粉碎了奸细的阴谋,保障了天京城的安全。"设计用间"彻底遭到了失败,向荣已无计可施。

② 一破江南大营

一部分太平军誓师北伐、西征之后,天京、扬州城内减少了兵力,加强了被动防御。向荣认为机会来了,又卷土重来,再次攻打天京。向荣低估了太平军的实力,多次进攻,皆被太平军击退,受挫后,又另谋出路,把目标转向镇江。

向荣把镇江清兵增加到一万人,由提督邓绍良率领。四至六月(5—7月),双方会战多次,难分高下。七、八月(9、10月),刘丽川等人领导上海小刀会起义,占领上海,清政府抽调镇江三千名兵勇前去镇压,两相对峙,向荣由镇江打破缺口的图谋未能实施,只好先攻上海,再图天京。他夸下海口对咸丰帝说:

> 俟上海一克,即令虎嵩林带领此股兵勇,顺道先攻镇江,自必易于得手。而后以镇江得胜之师,与臣分扼金陵之东北,以江西江忠源得胜之师扼其南,以河北胜保得胜之师扼其西,以各战船结水营于上游,扼塞大江,则该逆之救援可断,而大军之犄角已成。彼时四面兜剿,既可掩其空虚之处,并可截其遁逃之路,如是则坚城一破,元凶即可授首。

当然,这只是向荣的一席大话而已。

多次攻打南京失利后,向荣消极防守,侧重于围困。一有任何动静,向荣都会迅速反应。但是,天京城固若金汤,向荣自知无法攻克南京。3年来,向荣以南京城东的孝陵卫为中心,建造了一条北起长江南岸的石埠桥、南至东坎的军事防线。有两个目的:其一巩固江南大营自身,并以此打探天京城情况,伺机而动;其二是防止太平军进军苏州一带。苏州地处的太湖地区是清政府重要的财政来源。

咸丰五年(1855)上半年,天京的形势极为不利,洪秀全、杨秀清决定调整战略方针,他们下令调回西征战场大量精兵援救天京。一破清江北大营后,统领太平天国的杨秀清决定乘势攻打向荣的江南大营。

攻克江南大营是咸丰五年年底至六年年初(1856年上半年)洪秀全、杨秀清总战略重要的一个组成部分。杨秀清一面命秦日纲从瓜洲返回,一面传令石达开立刻东进,与秦日纲军联合夹攻江南大营。不料,秦日纲在返京途中在镇江受阻,而石达开部在东进路上亦小有失利,不得不延期合攻。

石达开率三万大军于四月初八日(5月11日)夺取芜湖后,连夜奔赴天京。石达开兵分三路,中路军于四月十五日(5月18日)抵达小丹阳一带,挺进秣陵关;五月初三日(6月5日)北路军抵达天京北乡;五月十一日(6月13日),南路军占领溧水,三路军包围了向荣的江南大营,特别是南路军极大地威胁了江南大营。五月初(6月初),秦日纲、李秀成等人胜利抵达天京城外,随后奉命进攻江南大营。杨秀清亲自督战,他全面掌握了形势,此时已胸有成竹。

而李秀成等人对形势认识不清,缺乏思想准备。据李秀成回忆:

> 东王令下,要我将孝陵卫向帅营寨攻破,方准入城。将我在镇江得胜之师,逼在燕子机(矶)一带,明天屯扎,逼得无计,将兵怒骂。然后亲与陈玉成、涂镇兴、陈仕章入京,同东王计议,不欲攻打向荣。我等回报,向营久扎营坚,不能速战进攻。东王义怒,不奉令者斩。不敢再求,即而行战。

太平军咄咄逼人的攻势使向荣惊慌失措,他赶紧上书咸丰帝请求救援。

就在向荣的江南大营手忙脚乱之时,太平军集中兵力发动强攻。五月十五日(6月17日),秦日纲、李秀成、陈玉成等人从燕子矶、神策门、太平门等处分别出兵,从背部攻打江南大营。第二天,石达开从天京北乡出兵,在尧化门、仙鹤门一带建造几十座营垒,又在黄马群设防,向荣江南大营清兵通往仙鹤门和石埠桥的路被切断了,敌人被分割成两部分。五月十七日(6月19日),太平军全力进攻仙鹤门的清军。五月十八日(6月20日),太平军集中优势兵力,发动全面进攻。经过一天激战,太平军大获全胜。

五月二十五日(6月27日),秦日纲、李秀成部东进,占领句容,攻取丹阳。向荣郁郁而终。

至此,太平军解除了天京之围,占据了长江中下游的大城市南京、安庆、九江、南昌。江苏、安徽、江西、湖北等地的大片土地都在太平天国控制之下。

到咸丰六年六月,又加赣州、宁都,总共二十三个府州。太平天国在军事上达到了全盛时期。

第七章 由盛及衰

一、天京事变

咸丰六年(1856)下半年，正当太平军破除清军江北、江南大营，取得了天京外围战场和西征战场的巨大胜利之际，太平天国的首都天京城内爆发了举世震惊的大变乱。

1. 皇权主义的危害

①天王的权威

太平军攻克南京后，洪秀全等人曾展开过一场战略讨论。从金田"团营"到夺取南京，纵横半个中国，历时两年半，太平军损失惨重。当时，太平天国一部分高级官员希望在南京把"小天堂"的承诺变为现实，获得实在的好处，拥护定都天京。而太平军广大将士也渴望早日安居乐业，他们已厌倦了夫妻分居、物资匮乏的局面。于是洪秀全便定都天京。

洪秀全对封建皇帝及为其服务的儒学、道学、佛学深恶痛绝，斥责历代皇帝是僭越者、假天子，与此同时，他又以神人合一的真命天子自居。他反对崇拜任何偶像，却又建立对自己的个人崇拜。他坚定地反对传统，却又深受传统的影响。

洪秀全的皇权主义思想始终挥之不去，封建化贯穿整个太平天国运动始末，只是定都天京以后，时机成熟了，日益明显而已。实际上，早在军兴之前，洪秀全就已准备了龙袍，悄悄穿在身上，为此萧朝贵曾提醒他不要为外人知晓。咸丰元年二月二十一日（1851年3月23日），太平军将士们刚刚起义，尚被强大的敌人围追堵截，洪秀全就急不可耐地在东乡自封为天王，并以天父的名义颁布诰谕曰：

我差尔主下凡作天王,地〔他〕出一言是天命,尔等要遵。尔等要真心扶主顾主,不得大胆放肆,不得怠慢也。若不顾主顾王,一个都难(活)也。

这样的权势和气派丝毫不亚于封建皇帝。不久,他又在永安依据封建伦理道德观念颁布《太平礼制》《幼学诗》。攻打长沙时,不顾军情危急,他在城外忙于制造玉玺,效法封建皇帝命人记录起居。咸丰二年十二月初九日(1853年1月17日),洪秀全身着古时王者服装,由数百人前呼后拥,乘八抬大轿由汉口进入武昌。咸丰三年二月二十日(1853年3月29日),洪秀全进入南京时从水西门坐黄轿,一大帮人相随,令路人跪拜,不许仰视。据说是由十六人抬轿,极具排场。入主南京后,尽管敌人大兵压境,他仍急于大兴土木,劳民伤财,历时近一年,在清两江总督府的基础上建造了奢华的天王宫。天王宫刚刚竣工,即毁于一场大火。第二年又重新修建。

和历史上任何一个开国的封建皇帝相比,洪秀全都拥有不相上下的奢侈和权势。洪秀全一直深居王宫,沉溺享乐,三宫六院妻妾成群。根据幼天王洪天贵福讲,他"有八十个母后""九岁时就给我四个妻子",而一般的太平军将士却奉命长期分别居住男馆、女馆,没有正常的夫妻生活。洪秀全对政事不闻不问,深居后宫,五百首《天父诗》中绝大多数是为妻妾宫女而写的。宣扬什么"宫内最贵两十宫,因会救亮故高封""半点怠慢云中雪,后来结局尔就知""女真总宜真,男人近莫应""妻道在三从,无违尔夫主",完全就是封建伦理道德、三纲五常的儒家腐朽思想。

正是因为洪秀全等人日趋严重的皇权主义思想,最终导致天京事变的惨剧。

②杨秀清的皇帝梦

本是由洪秀全发起了太平天国农民运动,道光二十八年(1848)年初,杨秀清、萧朝贵却在洪秀全回粤传教、冯云山被囚的困境中,在拜上帝会会众主要的聚集地——广西紫荆山地区分别以"天父"、"天兄"自居,"下凡附身传言",这虽然有利于稳定会众,但洪秀全从此下降为"天父"的次子,被迫认可了杨秀清、萧朝贵"传言"的权力。杨秀清以上帝名义传言时,洪秀全必须下跪听命。丧失神圣大权,为领导集团的内讧埋下了隐患。咸丰元年(1851)二月,杨秀清被封为左辅正军师,领中军主将;同年十月,被封为东王,统领诸王,从而集教、政、军大权于一身,洪秀全只是名义上的最高领袖。

随着太平天国运动进一步发展,尤其是太平天国定都天京后,洪、杨在

第七章 由盛及衰

"小天堂"纵情享乐，此时权力和荣誉、权力和物质利益便密不可分。

自从永安封王，杨秀清有权节制各王后，杨秀清获得了太平天国的一切军政大权。对于这一点，清朝封建文人的著作中多有体现。张德坚在《贼情汇纂》里说杨秀清：

> 自恃功高，一切专擅，洪秀全徒存其名。秀清叵测奸心，实欲虚尊洪秀全为首，而自揽大权独得其实。其意欲仿古之奸权，万一事成则杀之自取。

石达开有很强的军事才干，对建立太平天国功不可没。定都天京后，为了遏制石达开，杨秀清让他长期驻守天京，只是在西征军陷于困境时，才放他出去支援，很快又将其调回。以致石达开不满杨秀清。

膨胀的野心促使杨秀清开始挑战天王洪秀全的权威。咸丰三年十一月二十四日，天京城内大兴土木，建造天王宫殿。庞大的工程需大量用人，为补充人手，抽调了不少女兵，其中包括杨长妹、石汀兰，以及朱九姐妹二人。东王府的女承宣官杨水娇得知后报告给杨秀清，请求将上述四人撤回。杨秀清便乘机挑战洪秀全，从而引发一场不小的风波。杨秀清先以"天父"的名义命杨水娇传北王韦昌辉来领命。杨秀清声称"天父"附体，言谈举止一反常态。但因北王府位于天京城内中正街，远离东王府，不能立刻传到，时间长了，杨秀清装不下去了，便先"回天"去了。

当北王韦昌辉抵达东王府后，杨让韦随行前往天王府。杨秀清故伎重施，径直把轿子抬至天王府金龙殿前，当面质问洪秀全。据《天父下凡诏书》记载：

> 天父怒天王曰："秀全，尔有过错，尔知么？"天王跪下，同北王及朝官一齐对曰："小子知错，求天父开恩赦宥。"天父大声曰："尔知有错，即杖四十。"其时北王与众官俯伏地下，一齐哭求天父开恩，赦宥我主应有之责，小子等愿代天王受杖。天王曰："诸弟不得逆天父之旨，天父开恩教导，尔哥子自当受责。"天父不准所求，仍令责杖天王。天王对曰："小子遵旨。"即俯伏受杖。天父诏曰："尔已遵旨，我便不杖尔，但有石汀兰、杨长妹，当使其各至王府与国宗一体安享天福，无用协理天事。朱九妹两大小前亦有功，亦准居王府安享天福，余皆等尔清胞奏尔也。"言毕天父回天。

这下子令天王威风扫地，洪秀全表面上不在意，却耿耿于怀。是时，许多封建文人潜伏在天京城内,迅速把此事传扬开来。清廷及所有反对太平天国的人便以此大肆嘲弄。

杨秀清得意忘形,张扬跋扈。在定都天京的三年时间里,"天父下凡"竟达三十余次,以神化自己,打击洪秀全的威信。咸丰四年二月初四日的一次"下凡"中,杨秀清声称:"朕为天下大共之父,众小皆是我子女。"

咸丰五年七月十二日三更半夜,"天父"突然从天而降,因数重朝门紧闭,洪秀全没有及时迎接,"天父"便大发雷霆了,诏曰:"咁(这样)久还不开朝门?真是该打!"其时,天王刚到,见"天父"大怒,跪奏曰:"求天父开恩赦小子迟延之罪。"三更半夜到天王府,没有任何要事,仅找洪秀全之妻赖氏嘱咐挑选娘娘、王娘事,简直是无事生非。

激化洪、杨矛盾的根源并不在于杨秀清独掌军政大权,对此洪秀全是能接受的,也是其许可的,关键是不能威胁他的权威。问题恰恰出在这里。杨秀清多次借用"天父"的名义,对君臣关系进行干扰与调整。正因为这样,洪秀全和杨秀清的矛盾日益激化。

咸丰六年(1856)四月,太平军攻克清军江南大营,统帅向荣被迫自杀;从武汉经九江、安庆到镇江的千里长江也被太平军控制;曾国藩及其湘军于南昌孤城困守,走投无路。在此胜利形势下杨秀清以为是时候夺取最高权位了,自己的皇帝梦再也按捺不住,便上演了一出"逼封万岁"的丑剧。他于七月借"天父下凡",把洪秀全召到东王府说:"尔与东王均为我子,东王有咁大功劳,何止称九千岁?"洪只得说:"东王打江山,亦当是万岁。"杨又说:"东王世子岂止是千岁?"洪又不得不说:"东王即万岁,世子亦便是万岁,且世代皆万岁。"洪秀全还允诺在杨秀清生日这天正式加封。

据《李秀成自述》记载:

> 因东王,天王实信,权托太重过度,要逼天王封其万岁。那时权柄皆在东王一人手上,不得不封,逼天王亲到东王府封其万岁。

假如说,在此之前杨秀清只是"威风张扬",或者"权托太重"的话,如今则发生了实质性的变化。在中国封建专制时代,"万岁"就代表当皇帝,杨秀清是要夺洪秀全的王位。

2. 天京大屠杀

洪、杨二人都深知"国无二主"这个简单的道理,现在杨秀清要晋升为

第七章 由盛及衰

"万岁",洪秀全的地位受到了直接威胁,洪怎能不忌恨和恐慌呢?于是,洪秀全赶紧秘密召回韦昌辉诛杨。据清方《金陵续记》载:

> 咸丰六年秋,东贼杨秀清欲夺洪秀全伪位,先将洪党分调出城,遂私刻太平天国真命主杨秀清伪戳,于七月间,假称天父下凡,传洪逆之子不至,洪自往焉。入东巢,杨逆踞坐不起,云天父在此,洪逆即跪。盖贼等本系串惯伎俩,互相诞语,以愚党下,有是语不得不跪也。杨逆假天父语问洪逆云:尔打江山数载,多亏何人?答云:四弟。杨云:尔既知之当何以报?答以愿即加封。随出向众党云:嗣后均宜称东王为万岁,其二子亦称万岁。贼众诺,杨色稍霁,洪亦不转。洪随回入已穴,命群贼即于穴外所筑土城上密布枪炮,恐杨来暗算;一面遣腹贼至江西调北贼韦昌辉回金陵。

韦昌辉本是一个有钱却没有权势的土地主,豪绅地主和官吏常欺侮他。从道光二十八年(1848)韦昌辉举家参加拜上帝会后,直到咸丰三年(1853)太平军定都天京,韦昌辉对太平天国革命功不可没。

韦昌辉加入拜上帝会后,全力支持革命,在金田村自筹资金,开炉十二座,打造兵器,成立了一支上千人的队伍,从而扩大了金田"团营"的规模。军兴以后,韦昌辉率军多次战胜优势敌人,战功显赫,纵横大江南北。"以骁勇善虞而著称,常说他可以以一敌十。"韦昌辉是最高领导层的重要成员,他参加制定并施行了一系列重大决策。李秀成说:

> 所知事者,欲立国者,深远图为者,皆东王杨秀清、西王萧朝贵、南王冯云山、北王韦昌辉、翼王石达开、天官正丞相秦日昌(即秦日纲)六人深知。除此六人以外,并未有人知到(道)天王欲立江山之事。

永安期间,韦昌辉曾协助杨秀清对周锡能叛变案进行审理,亲笔记录,并通过这件事教育太平军将士们。据《天父下凡诏书》记载,是时:

> 北王承天父命大声唱道:"众兵将!今我们托赖天父皇上帝权能,破残妖魔诡计,指出周锡能反骨偏心,谋反对天。众兵将同心踊跃,立志顶天,天做事,天担当,齐要放胆,时刻要纪念天父权能恩德,每事要加时长灵变。"

定都天京后，首都的军事和防卫工作由韦昌辉负责。太平天国的所有军政大事都先由杨秀清、韦昌辉、石达开三人"秘密商议"后才向天王禀报。在与外国交往时，韦昌辉坚持太平天国独立自主的对外方针，捍卫了太平天国的尊严。咸丰三年（1853）英国公使文翰造访天京。韦昌辉会见他时强调："吾等今后不特彼此相安无事，而且还可以成为亲密的朋友。"并进而郑重声明："尔等如帮助满人，真是大错，但即令助之，亦是无用的。"总之，韦昌辉自参加拜上帝会，就始终位高权重。

杨秀清既然敢公然羞辱天王洪秀全，自然不会把韦昌辉放在眼里了。杨秀清多次侮辱韦昌辉，让他下不来台。

咸丰三年二月（1853年3月），韦昌辉派其殿前右二承宣张子朋率水师逆长江西上向湖北进军。张子朋性格粗暴，因争船只，责打多名水营兵士，引起公愤。杨秀清闻讯，即召见水营指挥唐正财，安抚一番，命他劝慰水营兵士，并赐予重金，加封丞相。唐正财在水营官兵中威信很高，经他调解，很快平息了风波。张子朋出错，被杨秀清打了一千杖，也无可厚非。从处理这件事上体现了杨秀清很强的办事能力。事情至此，理应画上句号，但杨秀清却偏要大显神威，又借口用人不当把韦昌辉责数百杖。这样，太平天国的"二把手"把"三把手"当众打了一顿。韦昌辉不但吃了苦头，而且颜面扫地，因此耿耿于怀。

韦昌辉本是一名骁勇善战的将领，咸丰四年（1854），杨秀清曾多次派韦昌辉领兵去安徽、湖北援助西征，待准备好了一切，甚至已经上路，杨又突然召回韦昌辉，改派别人前往。

更令人无法容忍的是杨秀清从定都天京到太平天国内讧的三年多时间里，"天父下凡"多达数十次，并且完全由杨秀清的个人意志决定。有时为了一件微不足道的小事情，他便半夜三更"下凡"，让人措手不及。杨秀清又斥责韦昌辉不能每次都及时召集天京城内广大官员和将士听取"天父"训诫，动辄就要责杖四十，简直是无理取闹。对此，韦昌辉虽忍辱负重，但一直怀恨在心。

韦昌辉得到天王洪秀全的密令后，觉得有了机会，于是挑选了精兵三千，从江西瑞州前线火速返回，于咸丰六年八月初三日深夜到达天京城外。韦昌辉领兵回京，杨秀清却把他拒之城外，韦昌辉再三请求，愿把部下留在城外，只带数十名随从进来，杨秀清这才答应。韦昌辉入见洪秀全，洪秀全假装发火："现在由东王执掌天国军权，你难道不知？东王没命你回来，你怎能擅回？快去向东王请罪！"说完，已眼泛泪光。韦昌辉知道天王迫于形势而说这番话，便去东王府请谒求赦。杨秀清立刻召进，韦昌辉恳求向天王前缓颊。杨秀清

第七章　由盛及衰

道："弟事自当代请，但我将以八月生日，进称万岁，弟知之否？"韦昌辉道："四兄勋高望重，巍巍无比，早宜明正位号。不过弟在外征妖，未敢明请哩。"立刻跪拜，叩称万岁；并命一行人，也高呼万岁。杨秀清十分满意，下令设宴犒劳韦昌辉以下。韦昌辉入席，开始还百般讨好，后来发觉杨秀清微醉，便起身说："天王有命，秀清谋逆不轨，着即加诛！"杨秀清听了试图逃走，韦昌辉随从一拥而上，砍死了他，又进入内室，全斩他的子女侍妾。

　　杨秀清同样倚仗权势欺压领导核心中的其他人。咸丰四年四月的一天，杨秀清的一位远房叔叔经过燕王秦日纲的王府前，秦日纲的牧马人某甲坐在门前没有拜见他，于是这位狐假虎威的"同庚叔"便公然将某甲打了二百皮鞭，大发淫威之后还不罢休，捆绑住他移交燕王，要求严加处罚。燕王还没下令，随即又押赴某甲至卫国侯黄玉琨处。黄玉琨负责天朝刑部事务，认为这件小事，已经打了二百鞭子，可以不再追究了。但黄玉琨不敢得罪这位东王府的人，便极力劝解，以求息事宁人。不料这位"同庚叔"固执己见，坚持要严惩，见黄玉琨不合他的心意，便又向杨秀清告状。杨秀清也大发淫威，严厉惩处有关人员。据清方记载：

> 东贼大怒，锁发北贼杖日纲一百，承瑢二百，玉昆三百，某甲五马分尸。玉昆杖后，夜投水救起，削去伪侯为伍。

　　燕王秦日纲因此也对杨秀清怀恨。所以在韦昌辉除掉杨秀清的前一天，秦日纲离开前线，于八月中旬（9月中旬）返回天京，参与了韦昌辉的大屠杀。荡平东王府后，洪、韦间产生了不同意见。洪秀全告诉韦昌辉："尔我非东王不至此，我本无杀渠意，而今已孥戮之，此属又何辜，毋乃伤天父好生心，以宽纵为宜。"不同意再杀无辜。然而在金田村年收约两万斤租谷的韦昌辉，参加农民运动后，其阶级本性并未改变。他对杨秀清阳奉阴违，欲取而代之。秦日纲返回天京后，韦昌辉更有恃无恐。所以除掉杨秀清后欲斩草除根，花了两个多月杀害了东王府内的男女老少及东王的部下和家属总计二三万人。石达开9月中旬回到天京，得知杨秀清已死于昌辉之手，两党大动干戈，便进行调解。韦昌辉充耳不闻，声称要将东王余党全部铲除，石达开这下发了火，大声道："你既杀了东王，也好罢手，为什么灭他家族？你灭他家族，还嫌不足，定要除他余党，我天国不为东王而亡，恐要为你而亡了。"韦昌辉不以为然，石达开气愤地离开。石达开知道韦昌辉也欲加害于他，便趁夜逃走。韦昌辉恼羞成怒，诛杀石达开全家。韦昌辉失去了理智，不但不回头，反而在自取灭亡的道路上越走越远。他双管齐下，一面逼迫洪秀全，一面命秦日纲去追击石达开。

石达开回到安徽，集合部下打算声讨韦昌辉。据清方档案记载：

> 石达开自金陵城中逃出，即至安庆一带招匪，现已到池州、青阳，声称十万，其实约有万余。欲救宁国之贼，再赴金陵与韦逆打，为杨逆报仇。

此时，太平天国朝廷上下极为不满韦昌辉的暴行，一致要求诛杀之。

天王兄弟万仁发、万仁达，与东王党私下讲和，联合对付韦昌辉，韦昌辉逃亡，东王党便占据北王府，杀得一个不剩。韦昌辉出城，只有数十人追随，渡江至清江浦，恰好遭遇原来奉命在外的东王党，擒住他，送回江宁。洪秀全下令斩首，将首级送与石达开，好言相劝，请石达开返回。面对内讧后的一片混乱，石达开已对洪秀全产生了疑惧。此时，跟随韦昌辉屠杀的秦日纲、陈承镕在京城仍大权在握。石达开决定不立刻返回，并要求诛秦、陈。全朝军民一致肯定石达开在整个内讧中的作用，纷纷推举他为义王，要求让他回京处理朝政。变乱之后，天京城内力量薄弱，洪秀全被迫同意石达开的要求。十月下旬（1856年11月下旬）石达开返回天京，十一月初一日（11月28日）下令将秦日纲和陈承镕处死，天京大变乱终告结束。这次杨秀清叛乱，洪秀全密召韦、石诸人，都是听取钱军师的意见，后见韦、杨内讧，他竟不见了踪影。洪秀全从此少了一个参谋。

天京大变乱对太平天国事业产生了巨大的，乃至灾难性的消极影响。李秀成在分析太平天国失败的原因时一针见血地指出："误因东王、北王两家相杀，此是大误。"太平天国在天京变乱后，由盛转衰，逐步走向灭亡。

二、走向衰落

1. 变乱后的朝政

①石达开出走

天京事变使太平天国的领导核心分崩离析。这个核心中原本有七位领袖：

第七章　由盛及衰

两人战死沙场（冯云山、萧朝贵），三人丧命于内讧中（杨秀清、韦昌辉、秦日纲），只剩下洪秀全和石达开了。论能力和资历，都应由石达开总理朝政，而且合朝上下都十分拥护他。大家希望石达开能力挽狂澜，重振太平天国雄风。石达开不负众望，小心谨慎地处理内政，安抚人心。在军事方面，石达开进攻和防御双管齐下。他针对已失武昌、上游危急的情势，固守九江，保卫长江以下航道；西南则固守江西；主动进攻安徽一带，对骁勇善战的青年将领陈玉成委以重任，在咸丰七年正月至四月（1857年2—5月）间先后攻克舒城、六安、正阳关，随后又占据湖北的黄梅、广济、蕲州、罗田等地，直逼武昌；东线则固守句容、溧水。清军对首都的威胁得以解除。

但是，经历变乱后的洪秀全不积极吸取内讧的教训，而是不再信任异姓兄弟，表面上让翼王负责朝政，事实上极力遏制，不久又废除军师职务。洪秀全此时还有顾虑，便让他的两个哥哥安王洪仁发、福王洪仁达与石达开共同处理军政。这两个人无才无德，一心钳制石达开。朝中上下都感到不满。大家纷纷抵制安、福二王，洪秀全因而更加疑忌石达开，双方关系越来越紧张，君臣疑忌的局面再次出现。当时，石达开掌握兵权，又深受将士的拥戴，其力量足以抗衡洪秀全。但他无心篡权谋位，又担心在争权夺利的残酷较量中白白牺牲，便决心离开天京。咸丰七年五月十一日（1857年6月2日），他率一部分将士出走。

石达开的出走，再次沉重打击了太平天国的事业，太平天国已不可能再重整旗鼓。从此，太平天国进入了最困难的一段时期。

石达开走后，洪秀全成了孤家寡人。原来由杨秀清掌管一切军政大权，洪秀全长期深居宫中，待他重掌大权后，却力不从心，处理不了复杂的军政事务。洪秀全没有从残酷的内讧斗争中吸取教训，反思产生问题的原因，积极解决问题，而是"被东、北、翼三王弄怕，不再信任外臣，只重用同姓兄弟"。

洪秀全任人唯亲，让其长兄洪仁发、次兄洪仁达总理朝政。然而这两位出身农民的国宗，一无志向，二无才干。一旦上台，便充分暴露出农民小私有者自私自利的劣根性，引起朝中上下不满。除任用同姓宗亲以外，洪秀全独揽军政和宗教大权，声称"主是朕做，军师亦是朕做"，并宣布"永不封王"。杨秀清总理朝政时，由杨秀清统一调动各战将，没有人违令。诛杨后，削弱了军事集权，各军团相对独立了，中央权力丧失了权威。这种局面显然只会有利于敌人。此时，年青有为的将领还没有成熟，一时间"朝中无人掌管，外无用将"。为此，李秀成曾上奏天王，提出"择才而用，定制恤民，申严法令，肃正朝纲，明正赏罚，衣〔依〕古制而惠四方，求主礼而恤下，宽刑以代〔待〕万方，轻世人粮税，仍重用于翼王，不用于安、福王"。谁知天王大为恼火，革去李秀成合天侯爵位。

②调整领导核心

洪秀全逼走石达开，极大地震动了天京城，满朝文武官员一致要求罢免安、福二王职务，召回石达开。天王在极端的困境中仔细研究了形势，为了巩固内部的团结，安定人心，洪秀全最终接受了李秀成及朝内文武将士的建议，剥夺了洪仁发、洪仁达的王位，请石达开回朝。只是这样做，仍不能让石达开放心。但如果石达开借此机会，与洪秀全冰释前嫌，求同存异，重新团结起来，仍有可能挽回大局。然而石达开没有那样做，而是拒不返回天京。这样，石达开就在一定程度上分裂了太平天国，犯了无法挽回的错误。

据清两江总督何桂清给咸丰帝的奏章称：

  洪逆以溧水、句容相继克复，大兵云集镇江，屡求石逆救援不应；该逆将洪仁发、洪仁达伪号削去，并镌刻义王金牌一道及合各城大小伪职求救表章送往安庆。

同时洪秀全又公开为杨秀清平反，恢复名誉。出版于咸丰七年十月（1857年11月）的下一年历书中，杨秀清的头衔是"传天父上主皇上帝真神真圣旨劝慰师圣神风禾乃师赎病主左辅正军师东王"，同年颁布的《太平礼制》中明文规定杨秀清之子世袭九千岁，即"东世子臣下呼称东嗣君九千岁；第二子臣下呼称东二殿下爵千岁；第三子臣下呼称东三殿下爵千岁"。经整顿后的天京城内有了较宽松的政治环境，加强了团结。

洪秀全在对领导班子进行了调整后，提拔了一批年轻的将领。罢免洪仁发、洪仁达后，升蒙得恩为正掌率。不久又封青年将领陈玉成为又正掌率，与蒙得恩取代安王、福王同理朝政。与此同时，提拔李秀成、李世贤、杨辅清等一批将领进入领导核心。这批人身经百战，立下了汗马功劳，支撑着太平天国后期的危局。

2. 变乱后的战事

①屡失阵地

天京事变不仅丧失了杨秀清、韦昌辉、秦日纲、陈承镕等一批领导层的核心人物，而且连累了二三万太平军将士及其家属。其中许多人倡导并参加了金

第七章　由盛及衰

田起义，这批久经沙场、骁勇善战的老将士对太平天国革命功不可没，他们是太平天国的中流砥柱。在战场上他们英勇顽强，震慑几十万清军。他们面对强大的敌人从未屈服，却无辜枉死在残酷的内讧中。这场震惊天下的内讧，使太平军的革命运动转入低谷，并且这种衰败迹象立刻在当时的战场上显示出来了。

天京大变乱极大地打击了太平天国将士，也产生了极为恶劣的政治影响。洪秀全自从建立拜上帝会就始终宣传天父"皇上帝"是唯一的真神，耶稣是"皇上帝"的长子，洪秀全是"皇上帝"的第二子，并一直延续着这种观念，人们齐心协力追随洪、杨这些政教合一的领袖，一心向往洪秀全规划的天国。然而，大变乱使在上帝之子身上笼罩的光环荡然无存，剥去了神的外衣，露出了人的面貌。原来他们只不过是普通人，甚至是有许多缺陷的人。于是人们开始怀疑乃至反感拜上帝会，从而导致信任危机。

信任危机造成人心涣散，使太平天国不能全力以赴对付敌人。军心不稳，士气日衰，指挥分散，进攻力减弱。清朝统治者把这一切全看在眼里，曾国藩心中窃喜："自洪杨内乱以来，贼中大纲紊乱。"

石达开出走后，有五六万人随他出京，导致天京城内空虚。随后石达开又把对敌斗争前线的部队带走。

清政府感到机会来了，四处调兵遣将，开始全面进攻太平天国。五月二十日（6月11日）溧水陷落，闰五月二十五日（7月16日），句容失守。

曾国藩的湘军趁太平天国内讧，太平军撤离江西、湖北前线之机，得以休养生息，重整旗鼓，再次成为太平军的劲敌。

这时曾国藩在江西得两湖援军，占领南康，曾国华等也攻占瑞州，李元度、刘于淳诸将攻克宜黄、崇仁、新淦等县，江西战事有了进展。官文又攻下汉阳城，阵斩太平军的钟丞相，刘指挥、胡林翼占领武昌城，活捉太平军检点古文新等十四人，武汉被收复。湘军又乘势夺取黄州、兴国、蕲州、蕲水、广济等处，短短十天，荡平了湖北。于是杨载福率领四百余艘水师，李续宾率领八千余人陆师，顺江而下，长驱直入，抵达九江。曾国藩在南昌得知后，亲赴九江，途中又听说萧启江、刘长佑二军已攻占袁州，其弟曾国荃也组建一部吉字军，从萍乡入会周凤山，占领安福。捷报频传，曾国藩十分高兴。到了九江，但见水陆两军实力很强，全军上下士气高涨，不料却久攻九江不下。转眼已是咸丰七年，曾国藩在营中过了年，打算移师瑞州，忽由湘乡传来噩耗，乃是曾国藩父亲去世。曾国藩返家，朝廷命他墨绖从戎，曾国藩固请终制。于是清延命总兵杨载福、道员彭玉麟就近率兵勇,并命两湖巡抚抽调陆军赴江西镇压太平军。

杨、彭二将围攻九江,守城悍将林启荣多次突围,都没成功。他便拼死固守,杨、彭二将也无可奈何。且外江内湖被阻隔三年的水师,仍然没有沟通。杨、彭经长久商议,彭玉麟建议强攻石钟山。这石钟山是江湖险要之地,遍布太平军,以确保九江城,所以湘军内外相隔。杨、彭二人,兵临九江城下,左首要防着九江,右首要防着石钟山,难以兼顾,于是决定先攻石钟山,派人与内湖水师秘密约定,里外夹击,又与陆军统领李续宾密议,命他依计行事。

发兵这一日,先由内湖水师拼命突破湖口,依山列阵,太平军严加戒备,自然一拥而上;但太平军内有人担心彭、杨夹攻,李续宾舍陆登舟,赶来增援。后来得知李续宾已移师而去,太平军于是全力对付两面水师。杨、彭二将听说内湖水师已出湖口,便分战船为两翼,疾驰而行。那时满山遍野太平军,分兵拦截,两军交战,都不顾一切地殊死搏斗,整整持续了四五个时辰,依然杀声震天,直杀得天昏地暗、日月无光,忽然山上火起,火光冲天。太平军惊慌失措,回望山顶,已烧成一片,吓得胆战心惊,落荒而逃,湘军乘胜追击,把太平军杀得落花流水,天还没亮,已夺得八十九艘战舰,千二百尊炮,歼灭太平军万余人。外江内湖的水师,成功会师。这一场激战,如果不是李续宾假装移师宿太,乘夜渡江,绕到石钟山后,登山放火,水师未必能打胜仗。杨、彭至天明收军,清点人数,也有不小的伤亡。既克湖口,彭泽县就位于下游六十里,县南有小孤山,也是矗立江中,太平军据险固守,沿南北两岸,建造石城,加强防御,声援九江。太平军头目赖汉英已驻守四年。杨载福联合进攻,到彭泽县南岸,派兵士登陆。太平军出城迎敌,驻营的兵士四散逃去。那时太平军穷追不舍,直到急水沟,忽然一声号炮,杨载福率大军从后杀来。太平军自知不敌,赶紧撤退,但已太晚了,只好迎战,不料后面又杀来敌兵,冲散了太平军,太平军手忙脚乱,无暇相顾,各自奔命,逃回城中。这从后攻击太平军的敌兵,正是筑营佯败的兵士。杨载福率众痛斩敌军,立刻包围了彭泽城,四面进攻一日,第二天撤去两隅,只攻西南两面。赖汉英亦令太平军全力抵抗,一天下来,双方都疲惫不堪。攻城的兵士逐渐懈怠,守城的兵士也松弛下来。赖汉英想暂时松口气,不料城东有清军突然登陴,拔去赖字的太平军旗,改为李字的清军旗,赖汉英吓得惊慌失措,只得率众弃城逃走。杨军单攻西南,是故意留出东北两面,一面由李续宾趁夜偷袭,一面放赖汉英逃生,赖汉英有勇无谋,果然中计。赖汉英逃往小孤山,抵达江边,又遭遇清兵,杀声震天。幸赖汉英急中生智，立刻脱去军装，摘掉红巾，逃之夭夭，所遗部众则全军覆没。

杨载福夺城后，彭玉麟也很快攻占了小孤山。赖汉英逃到江边，已走投无路，只得微服潜逃，杨、彭、李占了要塞，荡平九江上下游敌垒，于是全力进攻九江。

林启荣驻守九江，严加戒备。杨、彭、李联合水陆各军，四面出击，却久攻不下；又开挖地道，轰塌东南二门，但仍被击退。李续宾鼓励士卒再挖隧道；曾国华也从长沙赶来，协助续宾，地道又成。水陆军十六营，全面进攻，攻至半夜，引爆地道炸药，炸毁一大片城墙。湘军经历两次伤亡，个个奋勇直前，誓要报仇雪恨，约两三时，歼灭一万七千多名太平军。启荣尽管英勇，但寡不敌众，最终阵亡。悍将李兴隆，也战死沙场，九江乃平。李续宾立此大功，被任命为巡抚，专折奏事。曾国华亦得同知衔。

镇江与瓜洲南北形成掎角，是太平天国长江下游的战略要地，防守着首都天京城的东部。清朝官员深知这一点。三年来，尽管多次攻打，但都不敌驻守该地的殿左五检点吴如孝率领的太平军，始终未能得手。天京变乱后，江北大营集结一万四千清兵，包围了瓜洲。天京事变前，太平军攻克清江南大营，钦差大臣向荣郁郁而终，改由江南提督、新任钦差大臣和春统率江南大营，尚有四万七千官兵，驻扎句容、溧水和镇江附近三处。

太平天国守将吴如孝面对变乱后的困境，决心靠自己的力量捍卫镇江和瓜洲。他亲自在镇江督阵，派丞相谢锦章驻守瓜洲，加强防御，做好了充分准备。

这时候，和春、张国梁自丹阳合兵，又攻打江宁属县，占领句容、溧水等城，直逼镇江。镇江是金陵掎角，余、吉二人前次久攻不下，都因金陵多次派兵援救。这番张国梁来攻镇江，仍用吉尔杭阿旧法，率兵拦截敌军粮道，太平军屡次来争，张国梁奋力抵抗。太平军连败四次，才放弃攻打，在运河北岸筑垒驻守。张国梁也不强攻，休整了几天，联合总兵虎嵩林、刘季三、余万青、李若珠等，一道攻城。镇江太平军，有些麻痹轻敌，至四总兵杀到，以秋风扫落叶之势，咄咄逼人。太平军大吃一惊，赶紧迎战，石炮齐发，但却东西难以兼顾，此时又杀来了张军门所率之军，太平军闻风丧胆。城外的清兵，却越战越勇，城墙也不断倒塌。清兵便攻入城内，搜杀数千人，太平军首领吴如孝却不见踪影，追到江边，也没发现，大概已突围逃走。

张国梁夺取镇江城，德兴阿也攻占瓜洲。原来德兴阿驻守扬州，得知镇江太平军与清军对峙，认为江南的太平军无暇北上支援，便率兵攻打瓜洲，四面出击，攻破城池。太平军走投无路，多被歼灭。有上百个太平军逃走，又由清水师阻击消灭。

南北都告捷。和春、张国梁依然窥伺江宁，又建立一个江南大营。

却说湖北巡抚胡林翼，奉旨出兵援赣，派李续宾赴瑞州，文翼赴吉安。湖南巡抚骆秉章，也派江忠义、王鑫赴临江。这时太平军仍控制着吉安、临江两处。刘长佑、萧启江进攻临江，久攻不下；吉安方面，自曾国荃抵达厉，产生了意见分歧。恰好江西巡抚文俊罢职，耆龄取而代之。耆龄担心丢失临江，一面调王鑫至吉安，一面要求由曾国荃统率吉安军。王鑫抵达吉安时，太平军首领石达开前锋正到，一场激战，未分胜负。这位王鑫颇有安邦定国之心，如今与太平军相持几天，没占到上风，反损伤数百名军士，心中十分不快，导致卧床不起。忽报石达开亲自抵达，军中大吃一惊，立刻通报王鑫，王鑫急得不知所措，顿时口吐白沫，竟一命呜呼。幸好曾国荃赶来，稳定了军心。

曾国荃便领兵攻打石达开，石达开这次因天京变乱出走，悲愤交加，无心恋战，既到吉安，见清军势盛，他竟不战而走。先到的太平军，因后队撤退，自然跟随，落后的太平军，后被曾国荃追杀而死。后因太平军远去，曾国荃便移师攻打吉安。吉安太平军，仍旧固守。曾国荃久攻不下，回湘扩充兵力，发起强攻。守城的两名太平军首领，一为先锋李雅凤，一为丞相翟明海。李、翟多次迎敌，都未得手，尤其是翟明海屡吃败仗。两人相互埋怨，李雅凤恼羞成怒，竟杀死翟明海。翟明海的部下，弃城逃走。李雅凤势单力孤，曾国荃趁机攻入，一番苦战，生擒李雅凤，解省正法。

平定了江西，清廷命李续宾率军图安徽，由曾国藩统率。曾国藩来到江西，听说太平军分窜浙闽，便前去增援，途中得知浙西一带，太平军势弱，不足为患，只闻省浦城、崇安、建阳、松溪、政和各县，太平军兴风作浪。国藩命萧启江、张运兰赴闽镇压，刚上路，大股太平军忽然反攻江西，抚州、建昌、西府戒严。幸好刘长佑亲自督战，截住新城，击退太平军，太平军又退回闽境。

②力挽狂澜

此时，太平天国已陷于极端的困境。

但是，洪秀全是一位坚韧不拔的农民领袖，他没有屈服于眼前的困难，仍执着于自己的事业。在生死存亡的关头，洪秀全力挽狂澜。

为了激励太平军，扭转战局，由李秀成召集，于咸丰八年六月中旬（1858

第七章 由盛及衰

年7月下旬），在安徽枞阳举行了各镇将领参与的军事会议。洪秀全发布命令加封五军主将领，分别晋升陈玉成、李秀成、李世贤、韦俊、蒙得恩为主将，同时提升了其他有功将领，振奋了军心。

会议决定以安徽北部为战略重点，以此为突破点，之后攻打江浦、浦口一带清军，保卫天京。会上决定合并各支太平军，组建两大军团。由陈玉成领导西路军团，包括骁将韦俊、李世贤等部，是发起进攻的主力部队，安徽的省城庐州是主攻方向，要求沿路各支太平军在人力物力上全力支援；由李秀成统率东路军团，负责牵制庐州以东清军兵力，把清江北大营与庐州的联系切断。

会后，陈玉成立刻回到潜山，召集部队赶往安徽舒城。李世贤部则集合精兵，准备全面进攻庐州清军。七月中旬（8月下旬）完成了所有军事部署。钦差大臣胜保胆战心惊，无可奈何地上奏咸丰帝说：

> 捻匪在北，粤匪在南，中间仅隔定远一城，而寿六亦极吃重。臣以一军横在其中，已属腹背受敌，没有疏虞，其患不可胜言。

咸丰八年七月十五日（1858年8月23日），陈玉成率军夺取安徽庐州之后，联合捻军将领龚瞎子、张洛型等，由庐州出发，有十多万兵力。龚瞎子、张洛型等人占领安徽蒙城县雉河集，出没无常。清廷曾派太仆寺卿袁甲三率军镇压。但捻军性质不同于太平军，太平军攻城略地，专攻险要，派兵驻守所据城池，捻军以雉河集为基地，称为老巢，不去占据老巢以外；有时到处劫掠，抢得金银财宝，全搬回老巢。出发时，先传令收拾行具，称为整旗，以马为前驱，叫作边马。前面是边马，大股在后，若遭遇官兵，能战就战，否则就逃。独四面固守老巢，据险防守，即便千军万马，一时也难以攻克。所以袁甲三镇压了好几年，收效甚微。陈玉成此次打算进军江淮，联合龚、张两捻首，同敌清军。太平军于八月初三日（9月9日）夺取定远，直逼滁州。李秀成部则从全椒动身，在滁州一带与陈玉成部会师后，直奔清江北大营。此时，西线的敌人乘机进攻，有两个目标：一是掣肘东路太平军，协助江北大营抵抗太平军的攻势；二是趁太平军西路兵力薄弱占领地盘。是时，太平军的劲敌湘军头目曾国藩正在福建与石达开部较量，湖北的湘军头目胡林翼回籍丁母忧。清廷便任命湖广总督官文署理湖北巡抚，希望他掌握对湘军的控制权。显然，湘军与清廷有冲突。官文领命，令李续宾为湘军统帅。李续宾沿江入皖，长驱直入，平太湖，拔潜山，下桐城、舒城，太平军望风而逃。李续宾忽然得知陈玉成进攻庐州，于是立刻前去救援。部将谏道："现在未克安庆，如果攻打庐州，恐怕安庆太平军，断我后路，不如在桐城休整几天，伺机而动。"李续宾道："已有都将军马队进攻安庆，太平军必奋力固守，哪里顾得上我，我军正可攻打庐州。"原来荆州将军都兴阿，正奉旨进军安徽，援助李续宾，鲍超、多隆阿为前锋，正进兵集贤关，所以李续宾这么说。部将道："都将军既抵达安庆，我军正好联络他，先攻克安庆，再图庐州。"李续宾发了火："救急如救火，庐州万分危急，怎能不救？若庐州失守，狗贼移师安庆，都将军尚且不保，我军又能怎样？"部将又道："我军只有数千人，既无先驱，也无后援，势单力孤，倘若遇险，则危矣。"李续宾道："可发书湖北，请兵援应。"立刻修书一封，遣人驰送，另派兵留守舒、桐各城，率精锐直奔三河镇。

三河镇北通庐州，东临舒城，南接桐城，东毗邻巢湖，地势平坦，交通发达，物产丰富，是庐州和天京物资重要供应地。太平军素来苦心经营三河镇，据险防守，加强防御，在城外建造了九座城垒。李续宾若要夺取庐州，必须先克三河镇。驻守三河镇的太平天国骁将吴定规一面准备迎敌，一面向驻守六合的陈玉成求援。"一日五文前来求救，陈玉成立刻率兵援助。"

九月二十八日（11月3日），李部兵临三河城外，已成强弩之末。李续宾每占领一城都分兵驻守，此时只率了不过六千人的湘军。诸将请李续宾择地驻扎，等待援兵。李续宾刚扎营一天，到了第二天，沉不住气了，又要出兵。诸将极力劝阻，李续宾愤愤道："我自用兵以来，从不后退。战死沙场，也是在所不惜。明日定要与他决一死战！"诸将只好作罢。

十月初二日（11月7日），湘军首先进攻三河镇城外九垒，守将吴定规奋力抗击，李续宾身先士卒，将士紧随其后，冒着枪林弹雨，勇往直前。一天下来，攻占了太平军九座营盘。清点人数，参将萧意文、都司胡在位，及千余勇兵战死。忽后面杀声震天，太平军铺天盖地而来，遥望旗号，乃是太平天国英王陈、侍王李，李续宾道："陈玉成到了，还有什么侍王李，想是李世贤。"随即摆开阵势，严阵以待。转眼之间，陈玉成前锋已到，两相交战。有十多万太平军，续宾仅有四五千兵力，眼见太平军一拥而上，围住李续宾军，绕了多达数十重。李续宾奋力突围，怎奈四面坚固无比，力不从心，将士相继被歼灭。李续宾叹道："今日便是我以身殉国之日。"回顾诸将，让他们自谋生路。诸将道："公不负国，我等怎能负公？"李续宾于是下令月亮出来后突围。不一会儿月出，李续宾拼命冲突，太平军人多势众，李续宾自然不敌。参将彭友胜，游击胡廷槐、饶万福、邹玉堂、杜延光，守备赵国梁相继阵亡，李续宾也最终毙命。李续宾一死，将士惊慌失措，急忙奔命，反被杀死。同知曾国华，及知府王忠骏、知州王揆一、同知董容方、知县杨德闓等都丧命。道员孙守信、同知丁锐义，固守中右营三日，弹尽粮绝，兵败身亡。桐、舒、潜、太四邑，再次陷落。都兴阿也撤离安庆，退守宿松，皖、楚大震。据《李秀成自述》记载：

> 那时清军外无来救，三河隔庐郡五六十里，庐郡又是陈玉成派吴如孝守把庐城，舒城李军又被陈军隔断，欲救不能，后李将见救不及，营又紧困，自缢而死。

三河战役，历经十几天，太平军歼灭六千多湘军，不但安庆转危为安，并且大挫了湘军的气焰，振奋了太平军军心，有利于后期维护天京的稳定。

陈玉成会合李秀成部，向江北大营逼进时，陈玉成部、李秀成部，加上共同作战的捻军各部，号称二十万之众，其实只有四万人。此时，清江北大营仅有一万五千人左右的兵力，面对太平军的优势仓皇失措，赶紧请求江南大营增援。清江南大营统帅和春即派总兵冯子材率领五千人马援助德兴阿。清廷也派援军共同抵抗太平军，此时清江北大营明显增强了兵力，除德兴阿本部一万五千人外，另加清江南大营五千援军，胜保统率的数千蒙古骑兵，总计达到三万人左右。胜保一部曾剿灭了林凤祥、李开芳率领的北伐军，后又在安徽、河南等地剿灭捻军，连战连胜，士气正旺。陈玉成决定先挫挫胜保的气势，主攻胜保军。八月十九日（9月25日）陈玉成、李秀成在乌衣联合攻打胜保。

第二天，太平军乘胜主动攻打小店。小店防守江北大营的外围，距江北大营总部仅二十余里。由冯子材统率五千江南大营援军镇守。冯子材部被太平军一举歼灭，五千清军仅存二三百人，太平军抵达浦口，全面进攻江北大营。八月二十一日（9月27日），陈玉成率军正面进攻，李秀成从后路夹击，轻易夺取浦口，江北大营被破。

再次攻克江北大营后，太平军乘势继续进攻，江浦、天长、仪征等县相继失守，太平军直抵扬州，攻西北门。德兴阿这时候正安坐在江口水师舟中，袖手旁观。扬州没有固定的主帅，见太平军攻打西北，便由营总富明阿、守备詹启纶，领兵出北门迎战，守备张德彪出西门对敌。两边正打得难解难分，陈玉成趁南门防备空虚，分兵进入城内。城既失守，富、詹等人也无心恋战，落荒而逃。德兴阿闻讯，倒也担心了，赶赴邵伯湖，收集残兵败将，驻扎万福桥，扼守东北，同时向江南大营求援。咸丰帝大发雷霆，下令罢免德兴阿，咸丰九年二月初五日（1859年3月9日），又令撤销江北大营，由江南大营统帅和春节制余部。自从天京内讧杨秀清身亡后，在军事上太平军始终没有强有力的领袖和统一的指挥，在困境中，各部无暇相顾，很少合作征战。此次太平军各部协同作战，大获全胜，石达开离开后太平天国的被动挨打局面得到了扭转，严峻的形势有所改观。

第八章 重现曙光

一、洪仁玕执政

1. 干王与《资政新篇》

洪仁玕很早就参与并发起了拜上帝教。自从道光二十八年（1848）在广东老家与洪秀全分别后，十年来尽管没有亲自参加太平天国革命，但一直为天国的事业而操劳。他十分了解天国的事业，并异常执着。

洪仁玕经过十个月艰辛跋涉，终于在咸丰九年三月二十日（1859年4月22日），抵达心驰神往的太平天国的首都天京。

洪秀全与族弟久别重逢，感慨万千，"又惊又喜"。洪秀全考核了族弟后，发觉数年不见，洪仁玕见识广博，深谙内政外交，实在是可用之才。朝中急需一位能佐理朝政的人，再加上洪秀全"专信同姓之重"的思想的影响，因此，半个月后，即咸丰九年四月六日，"封义爵加主将，四月初一日（农历四月初九日，5月11日），改封开朝精忠军师顶天扶朝纲干王"。加封洪仁玕为干王，被迫除去安王、福王爵位之后，"永不封王"的决定从而得到了改变。

天王集合京城百官，当场授以印信，并声明今后天朝由干王处理京内不决之事，由英王处理京外不决之事。英王即陈玉成。文武两王，成为洪秀全的左膀右臂。洪仁玕不负众望，很快显示了他的才能。

十九世纪中期，资本主义世界获得了飞速发展，为了牟取暴利，加紧侵略和掠夺殖民地半殖民地。在第一次鸦片战争之后，尤其是第二次鸦片战争期间，"外国资本主义在很大程度上分解了中国的社会经济。一方面，中国自给自足的自然经济基础被破坏，城市的手工业和农民的家庭手工业也被破坏；另一方面，推动了中国城乡商品经济的发展"。资本主义各国迅速发展的经济和军事实力，必然对中国社会产生重大影响。清政府为维护自身利益，展开了一场"师夷长技以自强"的洋务运动，主要是采购和制造洋枪洋炮。太平天国的领袖们清醒地意识到旧式农民起义的方针和路线已经完全不适应客观形势的变化，改革势在必行。

洪仁玕在英国殖民统治的香港生活将近十年，回到天京后立刻依据自己收集的材料及其个人对资本主义世界的理解，与太平天国的实际相结合，经过几个月的研究和分析，撰写出了全面反映他的改革朝政思想的《资政新篇》。《资政新篇》分为前言和"用人察失类""风风类""法法类""刑刑类"四个部分。在前言中，洪仁玕表达了他的"变通"观点，要求从实际情况出发进行改革，显然促进了太平天国的革命。其中"今不可行而可预定者，为后之福"的高瞻远瞩观点，正是其思想的宝贵之处。

洪仁玕直截了当地宣称："治国必先立政，而为政必有取资。本军师恭膺圣命，总理朝纲，爰综政治大略，编成《资政新篇》一则。"这就是说，要把国家治理好，好的政策是前提，而只有依靠充分的根据才能制定好的政策。

《资政新篇》第一部分"用人察失类"主要讲"禁朋党之弊"，洪仁玕针对内讧削弱了中央权力，地方各自为政，揭示了结盟联党之危害：

> 为兵者行此而为将之军法难行；为臣者行此而为君之权谋下夺。良民虽欲深倚于君，无奈为所隔绝，是不可以不察也。倘欲真知其为朋奸者，每一人犯罪，必多人保护隐瞒，则宜潜消其党，勿露其形。

"禁朋党"旨在巩固中央的权力，即"强本弱末"。洪仁玕是近代中国第一个引进资本主义精神文明的人。《资政新篇》第二部分"风风类"，主要是对陈腐的旧风俗、旧习惯进行批判，以新风俗、新习惯、新道德取而代之，倡导人民群众移风易俗，即所谓"以风风之"。

洪仁玕倡导的资本主义式的新文明，与愚昧落后的封建陈规陋习相比具有进步意义。怎样改变旧习惯呢？洪仁玕建议"自上化之"，即上面给下面做示范，除此别无他法，只好又强调必须虔诚地信奉至高无上的上帝，显然又被唯心主义唯神论束缚了。

《资政新篇》的第三部分是"法法类"，它包括洪仁玕改革朝政的政治经济纲领，阐述了实现其纲领的立法问题，是《资政新篇》的核心部分。

洪仁玕把世界各国的情况介绍给国人，不仅详细论述了英、美、法等西方

第八章　重现曙光

大国的情况,而且涉及日本、暹罗、土耳其等当时被侵略的小国。洪仁玕比较了解当时的世界形势,这不但是自诩为天朝大国、妄自尊大的清朝封建统治者难以企及的,也是其他太平天国领袖无法做到的。改革则生,不改则亡,正是出于这种思想,洪仁玕制定了经济、政治、外交、思想文化等各个方面的一系列政策。在经济方面,洪仁玕提出了发展交通、开办银行、发展工业、奖励开矿、建立并完善财政制度。

关于舆论宣传和社会生活,洪仁玕主张控制舆论导向,为此应设立新闻馆和新闻官。"兴邮亭以通朝廷文书,书信馆以通各色家信,新闻馆以报时事常变、物价低昂。只须实写,勿着一字浮文。""兴各省新闻官。其官有职无权,性品诚实不阿者,官职不受众官节制,亦不节制众官,即赏罚亦不准众官褒贬。"社会生活方面,诸如"兴医院""兴乡官""兴乡兵""禁溺子女"等。

外交政策方面,洪仁玕坚持独立自主的对外方针,与各国发展平等互利的经贸关系。"凡于往来言语文书,可称照会交好、通和、亲爱等意,其余万方来朝,四夷宾服,乃夷狄戎蛮鬼子一切轻污之字,皆不必说也。"

《资政新篇》的第四部分是"刑刑类",主要是讲实行新的刑法制度,即建立并完善带有鲜明资本主义色彩的司法制度,主张以"恩威并重"之法,"善待轻犯",使其弃恶从善。

从上述这些措施可以看到,洪仁玕试图在中国推行资本主义式的改革。难得的是,通过基督教在一定程度上也接受了一些资本主义思想的洪秀全,面对太平天国后期的困境,也认识到必须进行改革。他在仔细审阅了《资政新篇》后,热情支持其中绝大部分条款,批准颁布。

咸丰九年,即洪仁玕抵达天京的当年,《资政新篇》经天王洪秀全批准,作为太平天国的正式官方文件颁布,以后多次发行新版。

《资政新篇》尽管具有伟大的进步意义,但它并没有真正贯彻实施。这是因为太平天国后期缺乏稳定的社会环境,日益危急。即使形势好转,西方列强也会竭力遏制中国走向独立富强之路。

2. 干王的改革措施

洪仁玕还结合变乱后天京城内人心不稳、士气低落的状况,逐步提出了自己的改革方案,以便创造一个"新天新地新人新世界"的理想天国。

洪仁玕高度重视加强中央的领导权,他针对当时"人心不一""人心不和"的现实指出:

> 查东王在日，即末秩微员，升降必由天廷转奏，片文只字，刊刻必自京内颁行。故官虽少而足贵，必无越队求荣；印虽小而可珍，孰敢私镌伪铸，其郑重为何如也。近来欲遏逃顽，必先除僭乱……倘有私与官职者，当律以大辟；私受官职者，亦正典刑。

洪秀全半个月中，让一名初来乍到的农民总理朝政，以李秀成为首的功臣宿将对此极为不满。

李秀成十分不满加封洪仁玕，尤其是在"封有两月之久，事无谋"的情况下，更加忿忿不平。

但是，洪仁玕注重团结内部，对功臣宿将礼敬有加，凡事必与陈玉成、李秀成商议，英王陈玉成一直与洪仁玕保持着密切关系，李秀成也逐步改变了对洪仁玕的看法。

面对咸丰八年（1858）以来，高级将领尤其是已投靠的捻军将领如李昭寿、薛之元等，先后叛国通敌，带给天国事业巨大的损失，洪仁玕认为加强思想教育工作刻不容缓。咸丰十年（1860）之后，叛逃的将领锐减。

受西方文化影响颇深的洪仁玕意识到了太平天国天历的缺陷。因此他上奏天王曰：

> 天历……便民耕种兴作，亦属天情真道不可少。恩请每四十年一斡旋，斡之年每月二十八日，节气俱十四日，平匀令善，有便于民。自四十年至八十年，一百二十年，一百六十年，至千年万载万万载永远如是，每四十年一斡为总。

天王洪秀全迅速采纳了洪仁玕的建议，咸丰九年十月二十二日，新历正式颁布。

此外，洪仁玕还大胆改革了文教。首先对考试的内容进行了改革，考生在原有的《旧遗诏圣书》《新遗诏圣书》《天王诏书》《天条书》等太平天国发行的书籍的基础上，增加了经过洪秀全或删书衙修订的四书五经，以及《钦定武略》《兵要四则》等，从而能吸引更多的知识分子参与。此外又增加了时论一项。同时更改了取士的名称，还用乡、县、郡、省、京五级考试制度代替原来的县、省、京三级考试制度。规定乡试、县试和郡试分别于每年天历二月、三月、四月举行，省试和京试每三年举行一次，以便更多地吸收人才。洪仁玕坚决反对浮夸的文风，提倡文以纪实，这有利于阻止太平天国领导层的迅速封建化，有利于为太平天国事业吸收更多有用之才。可惜在当时的情况下，这一努力收效甚微。

推行这些新政，在一定程度上加强了团结，使太平天国的事业有所起色。

二、扭转战局

1. 二破江南大营

自咸丰八年十月（1858年11月）三河大捷后，太平军军事上的被动局面尽管暂时得以扭转，但并未发生根本性的变化。咸丰九年（1859），太平军没有同清军进行大战，这段时间清政府凭借人力物力的优势再次在西东两线威胁天京。

咸丰八年（1858）下半年，太平军二破江北大营和三河大捷后，清政府继续调兵遣将发起反攻。在安徽南部太平军李世贤部主动出击。皖南战场双方再次对峙，原来追随石达开的国宗杨辅清部于八月上旬（9月中旬）夺取皖南的婺源，在赣皖边境转战，与清军及湘军经过近一年的较量，未分胜负。身为右军主将的韦俊（韦志俊），因其兄韦正（韦昌辉）在天京内讧中滥杀无辜，天王和天朝将士难免对他有所猜忌，因而怀恨在心。后终因激化了与杨秀清的族弟杨辅清、杨宜清的矛盾，于九月底（11月初）叛逃。韦俊叛变后，皖南青阳、繁昌一带的战场形势迅速改变了，太平军相继丢失郭村、夏村、乌石陇等地的据点，皖南战局陷于困境。

与此同时，太平军在江北也处于被动地位。三河大捷后，江北的形势本来大有希望。洪秀全在新开辟的统治区设立了天浦省，任命原捻军首领薛之元为天浦省守将。然而，捻军尽管是一支重要的起义军，但也有严重缺陷。它缺乏具有凝聚力和号召力的农民革命纲领与远大的政治目标，一个统一的领导核心始终没有形成，各自为政，互不隶属；战术上实行流寇主义，战斗力不强。捻军首领成分复杂，其中尽管有杰出的农民起义领袖，但也有一些乌合之众，甚至有土豪劣绅在其中，可谓鱼目混珠。

太平军大力吸收他们参与，在共同反对清朝腐朽统治的斗争中，捻军功不可没。太平天国中后期，因为自身弊端日益暴露，困难重重，忽略了教育捻军将领，因此，不时发生捻军首领献城叛变的事件。咸丰九年正月二十六日（1859年2月28日），薛之元叛变，六合形势逆转，江浦、浦口失守，造成天京供应困难，李秀成为收复两浦，浴血奋战，终因兵力不足，没有成功，便请求天王调前军主将陈玉成援助。三月中旬（4月中旬），陈玉成率大军到达浦口，合李秀成共达四五万人，强攻浦口清军，扭转了形势。韦俊叛变后，安庆在敌人面前暴露。陈玉成认为安庆是天京上游的屏障，必须确保无虞，于是十一月中旬（12月上旬）让李秀成驻守，自率大军去皖北救援，天京战区陷于危境。

此外，清廷还加紧围困天京。咸丰九年（1859）年初，清江南大营花费几年时间挖成围困天京的长壕，清军企图凭借这条深宽各十余尺的深壕使天京与世隔绝，从而将太平军困死。清军以多达七万的兵力围城。江南大营统帅和春先后两次奏报咸丰帝说：

> 东北一路五十余里，营垒之外，壕墙迤逦……西南一路，又已驻扎四十余营，衔接四十余里。
>
> 此时金陵围攻，自城北之上元门至西路之三汊河、乐心寺、江干寺止，共长一百三四十里，大小营垒一百三十余座，兵勇约四万有奇。

在这种情况下，太平军从正面很难突破清江南大营的围困。西线曾国藩、胡林翼的湘军直逼安庆，蠢蠢欲动；李秀成则困守两浦，无暇相顾。其他战场上太平军兵力有限，难以抽调力量援救京都。

在危急的形势下，天王洪秀全与洪仁玕商量，决定全面调整战略。据封建文人赵烈文记载：

> 庚申（1860年）正月，我兵围江宁急，城中逆首洪秀全四出求援，纠合逆徒，令由池州进攻徽、宁、浙境牵我师，为"围魏救赵"之计。

苏、杭，乃至福建一带，是清政府粮食的主要供应地之一，也是江南大营军饷的主要来源，同时和春还负责兼办浙江军务粮食。一旦太平军占领苏、杭，咸丰帝必定降罪和春。因此，解除天京之围最好是攻其必救之地。

咸丰十年年初（1860年1月底），洪秀全等人着手实行"围魏救赵"之策。正月初六日（1月28日）李秀成率兵南征，赶赴芜湖，在芜湖集合诸路将领召

第八章 重现曙光

开军事会议，公布了突袭湖州、杭州，分散敌人江南大营兵力，以解京围的策略。各部进行分工，强调要齐心协力，一致对敌，即所谓"如欲奋一战而胜万战，先须联万心而作一心"。会后，李秀成便率兵两万挺进南陵。

和春发觉了太平军的行动及目的，但不以为意，仍加紧包围天京。并分别于正月初九日、初十日（1月31日—2月1日）趁李秀成率部南下夺取江浦和浦口、九洪洲，从四面合围天京。然而，此时太平军在江浙迅速进展，势不可当，直逼宁国、广德州、杭州等地。清廷手忙脚乱，唯恐丧失江浙重地，便下令和春分兵前去援救。和春连续从江南大营抽调两万余兵力，占江南大营三分之一的总兵力。太平军"围魏救赵"的战略决策获得了成功。

二月十八日（3月10日），李秀成的先头部队抵达杭州城外，太平军炮火摧毁杭州清波门数丈城墙，先锋队奋力登城，占领了除八旗兵驻守的满城之外的杭州。三月初二日（3月23日）清总兵张玉良率大军抵达杭州城外武林门。得知这是江南和、张抽调过来的兵力，李秀成大喜，决定立刻撤离杭州，实施"返旆自救"的第二步战略。李秀成随即下令在杭州城内遍插旗帜，虚张声势。三月初三日（3月24日）从清波、涌金二门悄悄撤出，进军余杭。当时清军被蒙在鼓里。太平军经临安、孝丰，于三月十五日（4月5日）到达广德州。李世贤部假装攻打湖州后也退到广德州，二李再次会师，三月二十一日（4月11日）夺取建平。南北大军兵分五路。即由李秀成率领第一路，从建平东北之溧阳、句容奔赴紫金山、天京，为主要进攻方向；由侍王李世贤带领第两路，由溧阳经常州、句容，赶往天京北门洪山、燕子矶；由杨辅清统率第三路，从高淳北进，经溧水，到达天京城南之秣陵关、雨花台；由刘官芳、陈坤书负责第四路，由溧阳直奔天京高桥门；由陈玉成、吴如孝等率领第五路，由全椒启程，经东西梁山渡江，东进天京。二十八日（4月18日），李世贤部主力攻打金坛，杨辅清部夺取溧阳，清提督郑魁士退守镇江。闰三月初三日（4月23日），李世贤撤离金坛，北上夺取句容县，中路杨辅清则占领了天京南的秣陵关，清江南大营的后路从而被截断。闰三月初七日（4月27日），李秀成联合李世贤攻打淳化镇，清江南大营设在天京东南的长围被攻破。此时，陈玉成也带领皖南太平军渡过长江，经头关、板桥等地抵达天京西南。至此，太平军五路大军已经全部聚集在天京城外东、南、西三面，拥有十万人的总兵力。天京城内太平军得知城外已一切就绪，也做好了准备进行配合，闰三月十一日（5月1日）率先从天京上坊门、安德门攻打清军，李秀成随即下达总攻的命令。

十三、十四日（5月3—4日）连降大雨。十四日（5月4日），陈玉成率领西路太平军冒雨强攻清江南大营壕墙，城内太平军全力协助，突破了清军西部长壕。十五日（5月5日），李秀成、李世贤、杨辅清等人率领其余各路于凌晨同时猛攻天京城东孝陵卫清军大营，清军大败。十六日（5月6日），太平军乘胜再破天京城东小水关清军大营，和春、张国梁、王浚招架不住，收拾残兵逃至镇江。至此，清江南大营土崩瓦解，太平军大获全胜，天京转危为安。

二破清江南大营战略意义重大，不仅天京被围的局面得以扭转，而且从此永远解除了江南大营对太平天国首都所造成的威胁。

2. 曾国藩二次出山

①回乡奔丧

咸丰七年二月十一日（1857年3月6日），曾国藩在瑞州军营得知噩耗，二月十六日呈上《报丁父忧折》，廿一日便抛下军事败局离开，廿九日抵家。其弟曾国华、曾国荃亦同时委军回籍。依照规定，曾国藩报丁忧后，应先由皇帝批准才可动身，但他顾不了这么多，因为他此时一心希望远离战场，以定下心来。因湖南巡抚骆秉章与湖北巡抚胡林翼相继上奏为他求情，咸丰帝才没有降罪于他。

曾国藩返回宁静的山村，远离战场，禁不住前思后想，环境虽安谧，心情却难以平静，"无法抛开江北的军事"。在三个月假期结束之时，他上奏恳求终制。咸丰帝说："当兹剿贼吃紧，亟应假满回营，力图报效。"命他立刻去江西督阵，并署理兵部侍郎，以资统率。

曾国藩闲居家中一年四个月，到咸丰八年（1858年）六月，国内形势大为改观。英法联军侵入广州、天津，强迫清政府与英、法、俄、美四国于咸丰八年五月分别签订了不平等的《天津条约》。而且第二次鸦片战争并未因签订《天津条约》而结束，侵略者仍故意刁难，借机挑衅，以扩大侵略权益。在太平天国方面，自天京变乱之后，洪秀全疑忌石达开，而石达开也于咸丰七年五月底固执地出走天京，驻留安庆四个月，召集二十多万精兵良将，开始在江西、浙江、福建等地转战，向西挺进。洪秀全没能召回石达开，只有整顿朝纲，任命蒙得恩为正掌率，陈玉成为又正掌率，李秀成为副掌率，新的领导班子开始形成。然而，自内讧以后，太平天国"人心不稳，貌合神离"的败象不可能迅速改观，因而与围敌相持一年多的武昌于1856年12月再次失守；1857年7月溧水、句容相继陷落；12月又丧失镇江、瓜洲，江南大营因而得以重建，重新包围天京；10月，湖口陷落，湘军外江与内湖分割的水师会师，实力迅速增强；咸丰八年四月，九江失守，贞天侯林启荣部一万七千人阵亡。这种形势

第八章 重现曙光

已大大不同于曾国藩困守南昌时的情况。曾国藩当然清醒地认识到了这一点。这是一方面的情况。

另一方面，湘军的将领大多已位高权重，由曾国藩举荐的胡林翼不仅早已晋升为巡抚，并且新加太子少保衔，李续宾已被任命为浙江省布政使，并加巡抚衔，连当年以千总应募的杨载福也已官至提督，赏穿黄马褂，而曾国藩仅是在籍侍郎，没有地方实权，比胡、李、杨等官位低，这令曾国藩耿耿于怀。再说，石达开出走后，经江西东部的广丰等地进入浙江的江山、常山、开化一带，围攻衢州。于是，江西东部、安徽南部的清军兵勇急往援救，清廷已任命漳州镇总兵周天受为提督，领军来浙督办军务。但是，这些兵勇军纪败坏，只知劫掠，毫无战斗力。

北京的浙江官绅极力攀附声势正盛的湘军，要求李续宾任浙江布政使，率湘军赴浙，但湖广总督官文断然拒绝。清廷乃命周天受负责浙江军务，后来又担心周天受资历不够，无法服众，又派和春赴浙督办军务，而和春借口生病不去。

正在这时，清廷谕江西巡抚耆龄，令萧启江、张运兰、王开化等部立刻增援浙江。在清军聚集浙江、各自为政、没有统一领导的情况下，清廷亟须任命一名具有威信的高官前去稳住阵脚。早在咸丰七年十月胡林翼就奏请启用曾国藩，朝廷没有同意，这次，又继给事中李鹤章等之后，再次奏请启用曾国藩。故清廷咸丰八年五月二十一日的上谕，按照胡林翼的说法，写了"萧、张、王等皆系曾国藩旧部，所带勇丁，得曾国藩调遣，可期得力"的话。实际上，这是胡林翼胡编乱造的。萧启江原隶属江忠源；张运兰、王开化是王鑫旧部，王鑫于咸丰七年八月初四日于江西乐安病死之后，由张、王二人分别管带老湘营。在此之前，他们绝不会受制于曾国藩。

由于有上述各种原因，曾国藩便不再坚持统兵者必须兼任巡抚的观点。他于咸丰八年六月初三日（7月13日）接到上谕，初七日便再次墨绖上道。咸丰帝看到他的《恭报起程日期折》后，于七月初五日回复："汝此次奉命即行，足征关心大局，忠勇可尚。"无疑，他十分满意曾国藩这次没有讨价还价，所以特意表彰他"奉命即行"。

②受诏再领军

咸丰八年六月初七日，曾国藩从湘乡农村的老家出发，次日抵达县城。初十日，率刘蓉、郭意诚和儿子曾纪泽，赶往湘潭。随后搭民船，于十二日抵长沙。在这里，他和巡抚骆秉章及骆的幕僚左宗棠、司道及其他头面人物见了面，被许可带吴国佐及盛湘营同行，骆同时承诺湖南每月供应两万两饷银。六月十九日，他登舟北上，于二十四日深夜沿湘江抵武昌，他与胡林翼久别重逢，开怀畅饮，谈笑风生。又多次会晤总督官文、粮使张仲远、廉访罗淡村等，湖北方面也答应每月供应一万两饷银。七月初二日未正，他离开武昌，顺江东下，至阳逻镇，彭雪琴驾小舟迎接；至巴河，李续宾自蕲水来会；至兰溪，李续宜亦自蕲水来会，唐义渠自张家塝来见，刘蓉这时才返回。然后，他顺流而下，经蕲州、龙坪，于十一日抵达九江，进据湖口。在这里，他命令张运兰、王开化两部驻守铅山县之河口镇，又将自己的随从人员和粮台人员安排妥当。接着不慌不忙于七月二十日自湖口出发赶往江西省城，拜会巡抚耆龄及各地方官。二十四日，抵达赣闽边界，沿信江而上，一路上会见各路人马，发号施令。八月初八日，到达河口前线。

当时，张运兰部、萧启江部、吴国佐部、朱品隆部已相继抵达河口镇，合兵驻扎，严阵以待。为防止石达开所部太平军南移，曾国藩又与署闽浙总督庆端商议，由庆端驻守延平（今南平市），以防太平军从建昌、叶坊南下；又与江西巡抚耆龄商议，派刘长佑由抚州移师新城、泸溪（今资溪），调丁峻之彰武军与熊应文之武威军由玉山进驻金溪，严加守备，以防太平军进入江西。

然而，正当曾国藩布置妥当之时，太平军却从福建邵武县、光泽县启程，越过铁牛关，长驱直入，接连攻克江西泸溪、金溪、安仁（在今余江县境）等县，深入江西内地，曾国藩只好命张凯章、王文瑞、吴国佐等前去救援，曾国藩也赶紧于八月十五日从河口镇撤退到弋阳县。正在这时，在吉安的太平军又突围东进，先后攻占宜黄、崇仁。清廷于八月十四日命停驻江西的曾国藩"亟堵筹剿"，以致曾国藩所部湘军被左右夹击，手忙脚乱。八月十九日，太平军撤出安仁，北上万年等处，抵达江西东北境，曾国藩这才稍稍安了心，于二十七日出发赶往福建，第二天，抵达仅距弋阳四十里的双港。他原本在十二日奏由分水关入闽，二十四日奏由云际关入闽，所以打算经双港，行六十里至湖坊，行三十里至陈坊，再南行七十五里便抵达云际关。但他到双港的第二天，即八月二十九日，张运兰前来，告诉他新城有一万多太平军，刘长佑部尽管在抵抗，但只怕寡不敌众。张运兰提议先去建昌府，改由杉关入闽。曾国藩无奈之下，只好再次变更进军路线。从双港西进，经港口、塘湾、金溪，于九月初九日抵达建昌府南城县。

曾国藩在南城驻留了长达五个月零两天。这期间，福建邵武郡知府匡已峰给曾国藩写信求援，声称顺昌、洋口一带太平军势旺，请曾国藩立刻援救。邵

第八章　重现曙光

武郡举人张垣等人也写信求援。十一月初三日，清廷下令，命曾国藩迅速入闽。他自己也正有此意。

但他的入闽计划最终没有实现，大半年过后，他仍在福建以外。这是因为军事形势不断变化。咸丰八年冬季，江西战事升级。太平军不仅夺取了赣东北重镇景德镇及其附近地区，十月下旬，又由福建大批进入赣南的宁都一带，攻打重镇赣州，震动了江西全省，巡抚耆龄请曾国藩立刻救援。面临这种形势，曾国藩只能先保江西了。

③身处逆境规蓝图

在三河之战中，湘军大败。曾国藩的弟弟曾国华也阵亡。胡林翼痛心疾首："三河溃败之后，元气尽伤，四年纠合之精锐，覆于一旦！"

曾国藩终日忧心忡忡，九月二十八日（11月3日），写信给在乡间的弟弟们说："金陵大营去冬即有克复之望，今年六七月间，贼势尤极穷蹙。八月间，逆匪忽破浦口，德钦差营盘失陷。又破江浦、天长、仪征三县。扬州被围，并有失守之说。南京之贼接济已通，气势复旺。天下事诚有非意料所及者！"

与此同时，江西建昌、宁都一带因为连年征战，土地荒芜，疫病流行，兵勇也被传染了。张运兰部先行入闽，三千多人有八百人患病，萧启江部有一千三百五十六人染病，吴国佐部也多于八百人，刘长佑部更加严重，已经完全丧失战斗力，"行军数日，疾病大肆蔓延，沿途抛弃锅、帐子、药"。江西省内湘军的战斗力被极大地削弱了。

曾国藩被这一切搅得心烦意乱。十月二十九日（12月3日），他给儿子写信说："军情变幻不测，春夏间方冀此贼指日可平，不图七月有庐州之变，八九月有江浦、六合之变，兹又有三河之大变，全局破坏，与咸丰四年冬间相似，情怀难堪。但愿尔专心读书……则余在军中，心常常自慰。"从此，曾国藩不再夸口一年内剿灭太平军了，并且终日心神不宁。他因久住建昌，却毫无进展，想移师湖口，又担心闽贼趁机进犯，进退维谷，寝食难安。

但是，曾国藩依然头脑清醒。咸丰八年十一月二十六日，他对建昌东面的福建连城一带、南面江西信丰一带与北面景德镇一带的太平军状况进行了分析。

他感到，在江北三河溃败、撤围安庆的形势下，"如果再丢失南岸彭泽、湖口，则九江危矣"，湘军在整个战场上会全线溃败。因此，他指出："全盘考虑，景德镇比南路更为重要。"于是他立刻把从福建折回的张运兰部派往景德镇，与率领饶防兵勇的刘于淳会师。舍东舍南而图北，是曾国藩走的关键一步，为他后来挺进安徽，包围金陵奠定了基础。

十一月十一日（12月15日），清廷根据官文、骆秉章等人的奏请，命曾国藩移师赴皖，因此曾国藩在十二月十一日（1859年1月14日）上奏，着重指出："论大局之轻重，则宜并力江北，以图清中原。论目前之缓急，则宜先攻景德镇，以保全湖口，……先固南岸。"又整整一个月后，即咸丰九年正月十一日（1859年2月13日），由于闽浙总督王懿德奏请曾国藩暂不出兵，留张运兰部防守闽镜，曾国藩上了一本高瞻远瞩的通筹全局折，提出了"两利相形，当取其重；两害相形。当取其轻，又不得不舍小而图大，舍其枝叶而图其本根"的重要战略原则，执意先攻景德镇、婺源的太平军。他进一步在奏折中建议："就现在之兵力稍加恢郭，北岸须添足马步三万人，都兴阿、李续宜、鲍超等任之；中流现有水师万余人，杨载福、彭玉麟任之；南岸须添足马步两万人，臣率萧启江、张运兰等任之。三道并进，夹江而下，幸而得手，进占十里，则贼蹙十里之势；进占百里，则贼少百里之粮。即不甚得手，而上游之势既重，即下游之贼不得不以全力御我。其于金陵、庐州两大营，均足以抽釜底之薪，而增车外之辅。"这样，他再一次从江西省境内的困境中摆脱出来，并将绿营兵与湘军兵分三路，联合进军安徽，直取金陵，设计了一幅清晰的蓝图。历史表明，尽管战斗中出现了这样那样的情况，但基本上清军是依他的计策行动并扭转了战局。

④拒绝西防

石达开出走后，在安庆召集了二十万大军由安徽启程，先至江西抚州一带，后来进入浙江、福建，经赣南、湘南，进入广西、贵州，随后大举进入四川。曾国藩曾收到的援浙、援闽的命令，主要是攻打石达开部。石达开进入赣南后，曾国藩派萧启江率本部五千人截击；石达开部挺进湖南，萧启江又领兵追击，从吉安进至茶陵。这时，在赣北前线的张运兰部三千七百人，因以湖南人为主，湘乡人尤多，得知后纷纷要求回乡抵敌，曾国藩只好奏调张运兰部于咸丰九年六月二十八日（1859年7月27日）离开景德镇，经南昌、临江、袁州回湘，攻打宝庆。而在此之前二十多天，即六月初五日（7月4日），曾国藩本人也收到"着曾国藩即日统带，由楚、江前赴四月夔州扼守，以踞两湖上游之势"的上谕，因为此时蓝大顺已在四川举事，又有迹象表明石达开部欲挺进四川。

这道西防的上谕令曾国藩十分为难。考虑了十多天，他最终决定拒绝统兵西防。湘军已于六月十四日夜占据了景德镇，但六月十八日（7月17日）曾国

第八章 重现曙光

藩还没得知这一消息，他上奏说，眼前尚未平定，如果贸然统兵西去，"是未保将危之四川，先弃甫定之江西"；又说，石达开部"号称二三十万"，而自己"以区区万人入蜀，剿固不敷，防亦不足。孤军客寄，伤亡难补。以势度之，恐无裨于大局"，并且湘勇"道经楚境，必且纷纷请假，势难禁止"；又对友人说："敝部人才太乏，顷又奉旨防蜀，毛羽不丰，岂足高飞？"

但是，一二十天后，曾国藩除了已提前命张运兰、王文瑞率老湘营、副湘营、吉左营等共四千人于六月二十六日离开景德镇回湘外，还突然于七月初七日亲自撤离抚州，率六千人经南昌至湖口，接着溯江而上，对奉命西防的态度完全改变了。他认为，受命投蜀时，"景德镇战事未定"，"不久听说已攻克景德镇、浮梁，情况不同了"，也颇有道理。

但事实上，曾国藩在20天中改变对西防谕旨的态度，是顾虑自己是否拥有地方实权。

但是，事情并未如他们所希望的那样发展。六月二十三日（7月22日），曾国藩在抚州收到胡林翼的"密条"，立刻回复："密件俟到黄面商。"八月十一日，曾国藩到达黄州，停留七天，与胡林翼住得很近，他们私下商议谋划好了一切。这以前，经过茬港、南昌、湖口时，曾国藩分别于七月初九日、十一日、十三日、二十日，连续四次收到廷谕，既叫他发兵四川，又叫他分兵留赣，唯独没有任命他为四川总督。于是他与胡林翼商议之后，又于十八日（9月14日）赶往武昌，会晤当地大员。但是，二十一日他刚抵达武昌附近的阳逻镇，就收到咸丰帝八月十三日下达的新的谕旨："官文以宝庆解围，败贼悉数南窜，川省已有备无患，请饬曾国藩缓赴川省"，令曾国藩"即暂赴湖口，俟调回湖南各军，为分路进剿皖省之计。设湖南败匪尚未免有入蜀之虞，只可从缓酌量办理"。这种含糊的话，使本不愿入蜀的曾国藩有了正当的理由。

曾国藩于八月二十三日抵达武昌后，停留了十天，与官文等多次磋商后，决定不再西行，而是率兵东进，因为太平军远走，不再威胁四川。经官文再次上奏，朝廷命曾国藩"会合都、胡诸帅，分路东征"。这一重大变更，正中官文、胡林翼下怀。而曾国藩声称不愿远赴异地，乐于留鄂，与胡林翼等共事。九月十五日，他在家书中说："四川之行，一则吾部下人才太少，二则四川、湖北两省俱不允许饷项，三则鄂省官场除胡中丞外上下均不欲我西行，是以不果入蜀。"这都是事实。胡林翼希望他入蜀，是别有用心的。而无法实现时，他热情地挽留曾国藩合作共事。咸丰四年，胡林翼尚是贵州省黎平府知府升用道，经湖广总督吴文镕奏调湖北差遣，乃率六百黔勇赶赴湖北金口。黔勇以山民为主，不善水战，加上无饷，长夫、火药、锅、帐也都没有，进退两难。曾国藩乃与骆秉章商议，供应银两，并于二月十五日（3月13日）奏调他至岳州，与湘勇共同对付太平军，隶属于曾国藩。后来，曾国藩率湘勇进军武汉三镇，胡林翼此时刚担任四川按察使，又是曾国藩于闰七月初九日（9月1日）奏调他随同塔齐布从岳州赶赴湖北，不久调为湖北按察使；其后，曾国藩攻克武昌，乘胜东进，围攻九江，又于十二月廿一日（1855年1月9日）奏调胡林翼去江西会战；咸丰五年初，湖广总督杨霈兵败广济，又是曾国藩令胡林翼率千余人援救武昌。这年三月，胡林翼担任湖北巡抚，从此，湘军于湖南之外又有了湖北这个基地，它这不仅是湘军进攻退守的重要据点，而且是湘军粮饷供应的重要来源。

3. 东征苏、常

①夺取苏、常

二破江南大营后，太平军需要决定何去何从，即西进还是东征。如前所述，天京大变乱使湘军得以喘气休整，并趁太平军各部联合攻打清江南大营，相继占领了太平军在安徽的重要据点太湖和潜山，安庆受到直接威胁。自咸丰三年五月初四日（1853年6月10日）西征军夺取安庆后，始终靠这里防守天京西面。占据安庆不仅可以控制长江水路，从而获取巢湖平原的丰富物产，而且能借此联系正蓬勃发展的安徽捻军，互相援应，一致对敌。因此安庆具有极为重要的战略地位。陈玉成坚持先救安庆，以曾国藩在安徽的湘军为主要作战目标。干王洪仁玕表示赞成。

咸丰十年闰三月十一日，在洪仁玕、陈玉成、李秀成、杨辅清、李世贤等人出席的天京庆功会上，将领们针对"进取良策"各抒己见。会上陈玉成再次强调应先救安徽，而侍王李世贤则建议取闽、浙。东取闽、浙，也有一定的道理。长江中下游尽管已没有清军的直接威胁，但物产丰富，是天国的物资供应地，必不可少。这样，一西一东，出现了严重的意见分歧。会上洪仁玕并未对陈玉成的主张给以坚决支持，而是采取了折中态度。原来是因为天王洪秀全早已决定先取闽、浙。据李秀成回忆：

> 自六解京〔围〕之后，息兵三日。天王严诏下颁，命我领本部人马去取常、稣（苏），限我一月肃清回奏。

粉碎清江南大营的战斗是闰三月十六日（5月6日）结束的，休整三日，

第八章 重现曙光

当是闰三月十九日（5月9日），也就是说天王是在召开庆功会的前两天给李秀成下的诏。庆功会上洪仁玕已经得知天王的意图，显然，洪仁玕是在执行天王的命令。但是，庆功会上决定的这个方案并没有彻底丢掉西线，东线一旦成功，立刻西进，因此洪秀全只限李秀成一个月的时间。李秀成奉命后，立即进军苏、常前线。

咸丰十年闰三月二十五日（1860年5月15日），李秀成、陈玉成等率领数万太平军分别离开天京，胜利的东征开始了。出征当日，李秀成大军就夺取了句容，直逼丹阳。在奔牛遭遇清军抵抗，将其打得落花流水。

二十九日（5月19日），太平军攻打丹阳，清守军迅速败退，弃城而逃。清湖北提督王浚、总兵熊天喜等人被斩，钦差大臣和春等人逃往常州。

李秀成占领丹阳后，又逼近常州。当时，两江总督何桂清部署了两万多清军在常州，但根本不敌气势旺盛的太平军，四月初一日（5月21日）逃往苏州。出逃前，清军大肆烧杀掳掠，百姓强烈不满。四月初六日（5月26日），太平军夺取常州。钦差大臣和春无路可走，被迫自杀。

占领常州后，李秀成命杨辅清南下进攻宜兴，自己则继续率大军东进，攻克无锡。在无锡城外高桥虽遇清军奋力抵挡，第二天便破城，命黄和锦、樊玉田等人驻守，自己则按照洪秀全"限一月肃清回奏"的要求，日夜兼程进军苏州。

苏州是清朝江苏省的省会，不但是长江下游的重镇，南北交通要塞，并且经济发达，颇多豪绅富户。

何桂清从丹阳逃离后，于四月初三日（5月23日）到达苏州，清江苏巡抚徐有壬斥责他玩忽职守，不战而逃，把他拒之门外，他只好转逃常熟。四月初六日（5月26日），即太平军夺取常州的同日，和春部一万多残兵败将涌入苏州及其附近地区，官僚地主豪绅手忙脚乱，仓皇失措，举家弃城逃跑。

四月十一日（6月1日），清提督张玉良部两万余溃兵又涌入苏州，进一步加剧了苏州城的混乱。这一天，李秀成率太平军由浒墅关到达苏州城外，张玉良还没站稳脚，连夜出逃。太平军兵临城下，清候补道李文炳、候补知府何言义等人不战而降。李秀成轻易夺取了苏州城。

在李秀成的主力挺进苏、常之际，其他几路太平军也配合李秀成同时大举进攻。英王陈玉成部渡过长江，攻打扬州，以牵制江北清军，使之无力救援苏南。但是，这一路军队行动失利，于四月十二日（6月2日）转而攻打全椒，不久又回到天京。攻打镇江的黄文金部太平军于四月初五、初六日（5月25—26日）受阻，四月十二日（6月2日）夺取江阴县。杨辅清部于四月十二日（6

月2日）占领宜兴，又于五日后攻克长兴。

李秀成夺取苏州后派两支队伍继续向南进军。一支由陆顺德、麦冬良统率东进，四月二十五日（6月15日）占领昆山县，二十七日（6月17日）攻克太仓州，五月十三日（7月1日）夺取松江府，只距上海几十里。在一个半月时间里东征太平军驰骋长江三角洲广大地区，声威大震。

②曾国藩见死不救

太平军相继攻占苏、常，赢得了江苏战场上的主动权，同时大规模进攻浙江。咸丰十年四月十一日（1860年5月31日），浙江巡抚王有龄及杭州将军瑞昌合奏苏南"军情万分危急"，请求朝廷催促曾国藩救援。清廷接到奏章后，于四月十八日（6月7日）指出，"为今之计，自以保卫苏、常为第一要务"，便命曾国藩"统领所部各军，探明道路，赴援苏、常，以顾大局"。在此之前，清廷于四月初一、初九，曾两次命曾国藩"率师东下"。在"常州被围，苏城危急"的形势下，又于四月十九日下达第四道谕旨，令曾国藩"取道宁国、广、建一带，径赴苏州，相机兜剿，以保全东南大局，毋稍迟误"。同一天，清廷加赏曾国藩兵部尚书衔，署理两江总督。曾国藩能担任两江总督，固然有肃顺的大力举荐，而事实上是在这种危境中，清廷不得不起用他。所以第二天，即四月二十日（6月9日），清廷立刻下达第五道谕旨："曾国藩现署两江总督，军务、地方，均属责无旁贷，着即遵照前旨，迅速驰赴苏州，相机援剿。"四月二十一日（6月10日），清廷下达第六道谕旨，命曾国藩"统带各军，兼程前进"。但曾国藩无动于衷，一直不发兵。实际上，太平军已于四月初攻克常州、丹阳、无锡，四月十三日占领苏州，只是朝廷还不知晓，连发五道谕令，都不管用。等到四月二十九日（6月18日）下达第七道谕旨的前一天，才得知已失苏州，故再下令："曾国藩即赴两江总督署任，并统带湖北各兵，迅扫贼氛，以副委任。"同一天，又下达第八道谕旨："着曾国藩即遵前旨兼程前进，由浙赴苏，会同瑞昌调度各军。"距下达第一道谕旨之日整整一个月已过去，曾国藩才不慌不忙于五月初三日上了一本《苏、常、无锡失陷，遵旨通筹全局，并办理大概情形折》，拒绝立刻赶赴下游。清廷鞭长莫及，无法进行遥控，在五月十一日的上谕中只得默认他的抗旨不救。

曾国藩掌握了署理两江总督的地方实权，越发雄心勃勃。胡林翼也给他写信说，"苏、常失守以后，督、抚、监、司或死或未死，或已补或未补，进贤退不肖，此其时矣！今宜起两军，一出杭州，一出扬、淮"，而"以湖南、北为兵之本，以江西为筹饷之本"。曾国藩觉得这是个很宏大的计划。但他再次

第八章 重现曙光

出山之后，用兵更加小心谨慎，力求万无一失，所以没有接受胡林翼的建议。但他毕竟已是两江总督，必须向江苏方面作出一些表示，在五月初三日的通筹全局折中，他声称自己"职应南渡"，"以固吴会之人心，而壮徽、宁之声援"，所以打算在皖南开辟新的战场。"第一路由池州进规芜湖，与杨载福、彭玉麟之水师就近联络；第二路由祁门至旌、太，进图溧阳，与张芾、周天受等军就近联络；第三路分防广信、玉山，以至衢州，与张玉良、王有龄等军就近联络。"第三路其实旨在加强皖南的后援，保证饷道的通畅。兵分三路，摆出援浙的姿态。这样，曾国藩便与胡林翼一同在皖中、皖南兵分七路进军南京。但是，曾国藩心有余而力不足，他五月十五日（7月3日）从宿松出发时，只能率领鲍超部六千人、朱品隆和唐义训部二千人及在宿松的二千马步，共约一万人渡江。他匆忙奏调远在湖南郴州的张运兰部入赣；命王梅村征集三千人驻守江西抚州；又命新授"以四品京堂候补，随同曾国藩襄办军务"的左宗棠在湖南招募五千人入皖；还命正帮办营务处的李元度再募三千平江新勇，与早由饶廷选率领的平江五营联合防守广信、玉山、衢州一路，以保障江西东部。

③李秀成经营苏、常

夺取苏州后，由于当时民心涣散，秩序紊乱，广大群众受了清政府的蛊惑，惧怕太平军，李秀成颁布了安民告谕曰：

> 本藩恭奉天命，
> 统师克复苏城。
> 现下城池已克，
> 急于拯济苍生。
> 除经严禁兵士，
> 不准下乡等情。
> 为此剀切先谕，
> 劝尔百姓安心。
> 不必徘徊瞻望，
> 毋庸胆怯心惊。
> 照常归农乐业，
> 适彼乐土居民。
> 绅董可速出首，
> 来城递册投诚。

自无流离失所，
永为天国良民。
因有官兵来往，
尔民导引须勤。
军民各不相扰，
各宜一体凛遵。

公布告谕以后，太平军大力宣传，百姓对他们逐渐表示欢迎和拥护。

李秀成率领的东征军以锐不可当之势占据了苏南这块富裕之地，并按照洪秀全的指令，以清朝江苏省的常州府、松江府和太仓州辖区为核心成立了苏福省，定苏州为省会。占领苏南后，洪秀全大喜，即以幼主的名义发布一道圣旨，对李秀成的功绩给以赞扬，并鼓励其认真治理苏福省地区。不久于咸丰十年九月二十一日洪秀全又颁布了《谕苏省及所属郡县四民诏》。

由此可知，洪秀全高度重视经营苏福省。李秀成也对这片新开拓的统治区极为重视，进行了长期规划。忠王和朗天安陈炳文、符天福钟良相、僚天燕邓光明、绍天豫周文嘉等其他许多将领都相继在各地张贴告示，呼吁人民"徐归故土""各安恒业以全生理"。为了维护社会治安，忠王李秀成曾下令："一不许残杀平民，二不许妄杀牛羊，三不许纵烧民居。有犯其一者杀无赦。"此时已久经战乱，再加上清朝的黑暗统治，广大民众生活在水深火热之中，为此李秀成实行了一系列救济贫民的措施。

这些举措不但稳定了动荡的局势，也赢得了百姓的拥护，李秀成威名大震。一面积极安民，同时李秀成很注重招抚清朝官员、豪绅大户及抢匪路霸等敌对势力。在招抚中冒着生命危险，深入虎穴，以诚相待。招抚政策的成功，有利于东征的胜利进军，不费一兵一卒就夺取苏州城，减少了太平军军事力量的消耗，为恢复和发展经济奠定了基础。也必须承认，实施招抚政策也曾极大地危害了太平军，主要是因为李秀成不注意教育投诚过来的人，放松了警惕，对他们过于信任，以致一部分敌人乘虚而入，伺机发动叛乱，投靠清朝。

东征太平军很重视建立自己的基层政权组织以巩固统治，严格按照《天朝田亩制度》举办乡官，在巩固地方政权、稳定秩序、发展生产等方面乡官都发挥了积极作用。

正是由于东征军实行了上述一系列正确政策，所以苏福省的经济迅速恢复了，并有所发展，日益繁荣。

第九章 江河日下

一、后期朝政的败坏

自从太平天国定都天京后,洪秀全就深居宫中,与斗争实践严重脱离。如果说洪秀全最初是想利用"拜上帝会"发动群众、组织起义,到了太平天国后期,洪秀全已经陷入迷信上帝的泥潭中不能自拔。他幽居深宫,潜心研读《圣经》,撰写空洞的宗教诗文。咸丰十一年(1861),他下达一道诏旨,将太平天国别出心裁地改为"上帝天国"。但他很快又感到这个称号还体现不出自己的绝对权威,又改为"天父天兄天王太平天国"。这种随心所欲的荒唐行为必然导致官员、百姓的思想混乱和天国将士们的不满。侍王李世贤在浙江辖区内颁布的几个安民告示落款为太平天国某年某月,而没注明"天父天兄天王"字样,竟被天王革职。

如果说,太平天国前期"拜上帝会"曾有利于组织和发动群众,"上天受命"的故事确曾激励了人们斗志的话,那么到了后期,宗教的激励作用已荡然无存。

面对天国军民的信仰危机,尤其是对宗教的无动于衷,以及每况愈下的局势,洪秀全无计可施,只能求助于上帝,通过强化神权来巩固自己的王权。他深居宫中,全心全意批注《圣经》,反复讲述着"上天受命"的故事,把自己的梦话作为圣旨训导大家,用来指导国家大事的处理。

正是受制于这种思想,十数万太平军将士奋勇杀敌,第二次粉碎江南大营大获全胜时,天王不但没有给以奖励,甚至没有接见有功将士。这种把大功据为己有、无视将士血汗的做法,让那些为天国事业舍生忘死、立下汗马功劳的将士们怎能不寒心呢?

洪秀全在日益磨灭了积极的进取精神的同时,却不断膨胀着封建帝王的思想，他对同姓家族以外的一切高级将领都不信任，唯恐他们"篡权夺位"，便专重同姓宗亲，以保王权。在洪秀全重用的同姓之中，只有洪仁玕有所成就，其余都无才无德。

洪秀全从咸丰十一年（1861）深秋开始滥封诸王。这时，长江上游重镇安庆陷落，陈玉成被剥夺王位。天王却在此时出人意料地加封了陈玉成部下的赖文光为遵王、陈得才为扶王、梁成富为启王、蓝成春为祜王、陈士荣为导王、林大居为敬王、秦日南为畏王，开了一个极坏的先例。同治元年（1862），李秀成的数十万大军进攻浙江，天王担心其拥兵自重，因此又加封童容海、谭绍光、陈炳文、郜永宽、陆顺得、黄文金、左隆贤、刘官芳等人为王；随后又加封了侍王李世贤和辅王杨辅清部下若干人为王。据统计，到同治二年三月（1863年4月），已有九十余人被封王。此风一发不可收，后来凡从两广起义出来的人都封王，自己的宗亲也都封王，甚至连不知世事的婴儿也可封王。洪秀全封王旨在削弱李秀成等人的势力，使诸王互相牵制，都听命于天王。然而滥封诸王却适得其反，所封各王各自为政，越发难以控制。任人唯亲、滥封王爵不仅使洪秀全事与愿违，而且深化了太平天国后期的危机。

太平天国后期，陈玉成、李秀成是两大军事支柱，天国的危局因而得以支撑。陈玉成担负保卫天京以西安徽重镇安庆的任务，皖南便成了他的势力范围；咸丰十年（1860），李秀成夺取常州和苏州，成立苏福省后，苏南便成了他的势力范围；随后李世贤占领浙江，控制了浙南。同治元年（1862）春，洪秀全为削弱李秀成的权势，划常州地区归陈坤书统领，苏南的一部分成了护王的"势力范围"。"分地制"使太平军协同作战的原则遭到了破坏。

二、再次西征

1. 英王受骗

咸丰十年七月下旬（1860年9月上旬），各路太平军将领再次聚集天京，共议西征事宜。会上对闰三月天京庆功会上制定的总战略加以肯定，决定立刻西征。西征有两个目的：一是解安庆之围，一是向西开辟统治区。为了解救安庆，太平军兵分四路攻打武汉三镇，"围魏救赵"故伎重施。

咸丰十年八月十六日（1860年9月30日），英王陈玉成召集了数万太平

第九章 江河日下

军,从天京九洪州启程北进,首先进行第二次西征。八月下旬(10月初)大军经仪征、全椒,八月二十五日(10月9日)攻打定远,营救了被清军围攻的皖北捻军,振奋了军心。初战告捷的陈玉成有些骄傲轻敌,接下来他又分兵三支,由吴定彩、吴如孝带领一支北进凤阳,一支由南攻兴安,自己则率主力进攻寿州。这时皖北聚集了数万清军,在上述三处,西征军遭遇奋力抵抗,未能得手,被迫退回定远。然而,陈玉成没有吸取教训,放弃皖北,争取时间进军湖北,而是重新出兵援救被困桐城的太平军。九月中旬(10月底),西征军到桐城西南之挂车河驻扎,与清军对峙一个多月,无所作为。十月二十八日(12月10日),清军全面进攻,西征军损伤惨重。十一月底(1861年1月)在枞阳再次遭遇清军,作战失利。陈玉成部西征军在皖北前后耽搁了近半年,伤亡惨重,士气低落,未能实现先解安庆之围的计划,只好按原定计划进军武昌。

咸丰十一年正月二十九日(1861年3月10日),陈玉成在皖北捻军协助下向西进军,一番苦战后,占据霍山,二月初四日(3月14日)越过大别山进入湖北。西征军日夜兼程,二月初八日(3月18日)顺利夺取鄂东重镇黄州。太平军从天而降,清政府手忙脚乱。当时清军主力及曾国藩的湘军都聚集在桐城、太湖及安庆附近,"黄州以上,极为空虚"。黄州距武昌仅仅百余里,城内清兵不足三千人,危在旦夕。胡林翼正在前线督军,原以为英王军队必自太湖经过,然而,西征军出人意料地直接进入湖北,打乱了清方的战略部署,急得胡林翼吐血。正当武昌攻克在即,英国侵略者进行干预。是时,第二次鸦片战争刚刚结束,清政府被迫签订了丧权辱国的《北京条约》,在长江沿岸新开镇江、南京、九江和汉口为通商口岸。此外,列强还获取了诸如外国船只(包括兵船)可以往来于中国沿海各通商口岸,可以在长江自由航行,外国人可以在中国内地通商、游历,鸦片烟贸易合法化,外国公使进驻北京等一系列特权,从而暂时满足了侵略者的胃口。天京大变乱削弱了太平天国的实力,太平军一时难以推翻清政府,建立全国性的新政权。西方侵略者为了维持并进一步扩大在华侵略利益,认为应当支持清政府;而清政府为了获得西方的支持不惜出卖国家。双方一拍即合,于是西方列强不再伪装中立,公然帮助清政府剿灭太平天国运动。西征军在攻克黄州、进逼武昌时,英国侵略者惊慌失措,因为他们在两三个小时内,可能丧失被寄以厚望的贸易权益。为此,英国参赞巴夏礼进行干预。二月十二日(3月22日),他从汉口抵达黄州求见陈玉成,要他放弃攻打汉口。不料巴夏礼的威胁居然奏效,因为英王也和天国的其他领袖一样,对"洋兄弟"一直没有清醒认识,为他们宣扬的中立所蒙蔽,又共同信仰一个上帝，不想反目成仇。况且，此时尚不知武昌城的敌情，协同作战的李秀成等部又没有动静，所以产生了动摇。

陈玉成让赖文光留守黄州，亲率主力于二月十九日（3月29日）攻打武汉附近的一些城镇，相继占领麻城、孝感、德安等地。二月二十三日（4月2日）攻克随州，三月中旬（4月下旬）回到安徽。武昌在太平军兵临城下之际，居然转危为安。事后巴夏礼自吹自擂："幸好我们及时赶到。如果晚一个星期，叛军就会得逞了。"

按照原计划，陈玉成由北路向湖北进军，李秀成由南路挺进湖北。不久，洪秀全命李秀成率军赴上游"扫北"，即西征。李秀成首次进攻上海失利后，正欲东下夺取杭州，他认为只有控制上海、杭州，向东部拓展势力，苏福省的安全才能确保。恰在此时，数十支江西、湖北的小股起义军派出四十名代表抵达苏州，请求加入。

咸丰十年九月上旬（1860年10月下旬），李秀成率军自天京启程，随后进入安徽，经芜湖、繁昌、南陵、太平，十月十九日（12月1日）抵达黟县，仅距曾国藩亲自防守的祁门六十余里。

2. 祁门洞开

曾国藩与官文、胡林翼等于咸丰九年秋冬之交兵分四路进军皖中腹地，又于咸丰十年五月间派三路兵力进军皖南。为了这个宏大计划的实现，咸丰十年七月十二日（8月28日），曾国藩与安徽巡抚联合上折，请求简放按察使衔新授浙江温处道李元度调补徽宁池太广道（简称皖南道）缺。在奏折中，他们称赞李元度"血诚果毅，练达戎机，每遇艰危之际，独能贞固不摇。前在江西迭著战功，皖南地势讲求亦熟"。于是，李元度领兵驻守徽州。八月初七日（9月21日），他抵达祁门曾国藩大营，与曾国藩促膝长谈。十二日，曾国藩跟他提及到任之事，认为"文人多夸夸其谈，不切实际""又戒待属员不可太谦，恐启宠而纳侮也"。十四日，李元度动身去徽州府城（今歙县），曾国藩对李元度寄予了殷切希望。

七月初四日，太平军占领广德。八月中旬，太平军攻克宁国，总兵周天受阵亡。至此，皖南四府一州，湘军只控制了徽州。同时，从徽州府城方面又传来湘军节节败退的消息，八月廿日（10月4日）二更三点，曾国藩得知次青所派防丛山关两营于十九日失利，彻夜难眠，因丛山关仅距徽州城九十里。自李元度自祁门去徽州后的六天中，曾国藩几乎每天写信给他。丛山关陷落后，曾国藩急得手忙脚乱，不断鼓励李元度，八月二十一日（10月5日）连写二信，

第九章　江河日下

廿二日写一信，廿三日和廿四日各写两信，廿五日一天中竟写五信。此时，太平军围困徽州，曾国藩立刻命鲍超由休宁入岭救援；令张运兰入岭防守渔亭，以保鲍超后路；又函请李续宜迅速从长江北岸率兵救援。可是，已经太迟了，到八月二十六日（10月10日）夜二更，曾国藩便得知徽州府城于前一天酉刻陷落，原皖南道福咸战死。这天，曾国藩又是难以入睡。

占领徽州以后，太平军继续西进，夺取休宁。太平军兵分三路，进军祁门。这时，祁门已不通文报，又因浮梁陷落，截断了祁门的粮道，军中上下急成一团，派人请曾国藩迅速救援。尽管曾国藩全力调兵遣将，但"环祁门无安土，屯军皆欲敛兵自守"而曾国藩仅有两千人在祁门身边；同时，"祁忧内讧"，因为清兵在接连战败中共损失了两万人，"拥塞祁门，满坑满谷，所在抢掠，油盐百物，皆无可买"；加上英法联军已抵达北京，皇室与大臣都避难于承德，曾国藩为此心烦意乱，夜不能寐，不断占卜吉凶，甚至悬剑帐内，立下遗嘱，打算一死。

可惜的是，李秀成率领的太平军没有进一步攻打祁门，而是绕道去了江西，使曾国藩躲过一劫。

曾国藩认为，"次青之败是因为骄傲轻敌"。九月初六日（10月19日），他收到了"次青廿六日在街口发的信"，认为他"极力为自己开脱罪责"，"此人不可信任"，又认为他"大节已亏，以后难以自立"。于是曾国藩在因失去徽州而自请兵部降罪的同时，打算弹劾李元度。

但是，曾氏的部下和幕友强烈反对参劾李元度。曾国藩的得意门生李鸿章原本就反对驻军祁门，曾发了火："你们如果害怕，可各散去！"到曾国藩打算参劾李元度时，李鸿章率幕友们纷纷劝阻，而且说如果参劾李元度，他们将不会代写奏折。曾国藩说，你不写，我自己写。李鸿章无法说服他，愤愤而去，曾国藩于是立刻命他去延建邵道赴任。这之后，曾国藩的另一幕友陈作梅特意写了一份说帖，极力劝谏说不宜过分参劾次青。曾国藩和他面谈时，他又再三强调，曾国藩只好删去奏稿中数句，但心里越发不快。

3. 错失良机西征败

咸丰十年十一月二十八日（1861年1月8日），李秀成部从江西转入浙江。十一月三十日（1861年1月10日）攻占常山，十二月初六日（1861年1月16日）夺取江山。因遭遇清军围攻，十二月二十五日（1861年2月4日）撤离浙江，再次进入江西，与湘军在玉山相持一个月，进军南部。咸丰十一年正月二十三日（1861年3月4日），开始攻打江西重镇建昌，尽管建昌城内防备空虚，李秀成却久攻不下，士气低落。主要由于征集的新兵未经训练，缺乏战斗力。李秀成被迫撤围，再北攻抚州，仍不能得手，便兵分两路。一支向西从宜黄进入丰城，二月二十六日（4月5日）攻占樟树镇；由李秀成亲自率领另一支南下夺取崇仁、乐安，于二月二十六日（4月5日）占领新淦县。李秀成本打算命太平军在樟树镇和新淦二地渡江北上进入湖北，但因水大没有成功，只好东下。三月初十日（4月19日），太平军渡过赣江，又北上渡过峡江，进攻临江失利，四月初六日（5月15日）攻占江西重镇瑞州。大军在瑞州短暂停留，又兵分两路北上。西路接连攻取上高、新昌，于四月二十日（5月29日）攻占义宁，由此进入湖北。李秀成率领东路军，于四月十二日（5月21日）夺取武宁后，迅速北上，五月初四日（6月11日）攻取兴国，第二天又夺取大冶，五月初六日（6月13日）占领武昌县，省府武昌城已在百里之内。这时已经比约定会师武汉的时间晚了两三个月，陈玉成已率军返回安徽去援救安庆，但有陈玉成的赖文光部驻守长江北面的黄州，隔江与李秀成大军相望。此时李秀成军共有三十余万兵力，假如联合二部全力进攻武汉三镇，是有希望克城的。收复武汉，安庆自然转危为安。正在紧急关头，李秀成退却了，主要因为他并不热衷于这次西征，缺乏信心，身在湖北却记挂着江、浙，一心希望早日回去进攻上海和杭州。正是这样，便没有注意打探敌情，积极进取。恰在此时，英国驻汉口领事金执尔重施巴夏礼故伎，力劝太平军放弃攻打武汉。李秀成决定退兵东返。至此，进攻湖北以援救安庆的计划以失败告终。

咸丰十一年三月初九日（1861年4月18日），陈玉成得知安庆告急，焦急万分，立刻留下两万余人防守德安、随州，亲率主力部队援救安庆。途中夺取蕲州、广济、黄梅，进入安徽，过太湖、宿松，于三月十八日（4月27日）抵达安庆城外的集贤关。陈玉成大军结束了在湖北的军事行动。

李秀成的南路军于五月十六日（6月23日）开始从湖北前线撤离武昌县城。湘军分两路乘机攻打，一路向东南，从保安、金牛进入兴国；一路向东由咸宁攻打蒲圻、崇阳、通城。李秀成不打算迎敌，连连撤退，于六月初（7月上旬）退出湖北，进入江西。接着进一步撤兵东返，七月底（9月初）返回浙江。至此，西征军全部结束了军事活动。

自从咸丰十年八月（1860年9月底），陈玉成大军撤离天京，到咸丰十一年七月底李秀成部返回浙江，西征军进行了将近一年的军事活动，却没有取得进展。西征半途而废使原"合取湖北"的计划破产，不仅未能解除安庆之围，而且加剧了整个太平天国后期的危机，导致了严重的后果。

三、安庆沦陷

1. 安庆之围

曾国藩遵循"两利相形,当取其重"的策略,在江西从三面受敌的困境中摆脱之后,又使朝廷变更了令他率军入蜀的谕旨,从而为从赣北进击皖南、从鄂东进击皖北,进而从上游直奔金陵提供了可能。胡林翼于咸丰八年四月(1858年5月)就提出过这个战略方针,他奏明朝廷东征大局时,建议先皖北、次皖南。曾国藩也于咸丰九年正月提出过。但他们那时都只是泛泛而谈,难以付诸实践。等到咸丰九年十月十七日(1859年11月11日),他和胡林翼在一本会奏的奏折中才比较清楚地做了阐述:"欲廓清诸路,必先攻破金陵。全局一振,而后江南大营之兵,可以分剿数省,其饷亦可分润数处。欲攻破金陵,必先驻重兵于滁、和,而后可以去江宁之外屏,断芜湖之粮路。欲驻兵滁、和,必先围安庆,以破陈逆之老巢,兼捣庐州,以攻陈逆之所必救。诚能围攻两处,略取旁县,该逆备多力分,不特不敢悉力北窜齐、豫,并不敢一意东顾江浦、六合。盖窃号之贼,未有不竭死力以护其本根也。"

太湖之役是湘军夺取安庆的序幕。太湖位于鄂皖的交通要道,从正西面防守安庆,太平军极力争夺。咸丰九年十一月,当两三万湘军于太湖城外聚集,并攻占石牌,断太平军后路之时,陈玉成立刻于十二月率大军救援,连垒七十余座,准备包围清军,随后联合太湖城内的将士一起,内外夹击。当时,胡林翼交给多隆阿太湖前线的指挥权。但湘军其他将领如曾国荃、李续宜均不愿听命于这个满人,借故拖延,因而湘军缺乏战斗力。多亏胡林翼派金国琛、余际昌率一万一千多人经吼水岭,从背后攻击太平军,鲍超部四千多人又乘机突围出小池驿,使太平军两面受敌,粮储被焚,被迫于咸丰十年正月二十六日(1860年2月17日)放弃太湖东撤。湘军趁机攻占潜山,开始从水陆两个方面包围安庆。清廷立刻于二月二十四日下达上谕,鼓励他们:"官文、胡林翼、曾国藩督师进剿,调度有方,均着先行交部从优议叙。"

三月,李元度、曾国荃等人也抵达宿松。咸丰九年六月十七日,曾国荃部和张运兰部等夺取景德镇之后,曾国荃就返乡迁祖坟、分家产、砌房子,十月初二日才返回在湖北巴河驻扎的曾国藩大营,但廿五日再次返乡。在当天的日记中,曾国藩满不在乎地写道:"弟此次到营,未满一月而还,究属不妥。"曾国藩尽管想拦阻,但因其弟意志坚决,只好作罢。他在家住了五个多月才返回。曾国藩见了他们三人,终日长谈,商计如何扭转战局,幕僚李鸿章也经常参与他们的商议。四月初十日,在鄂东英山驻扎的胡林翼也因吊唁罗遵殿而抵达宿松。浙江巡抚罗遵殿,字澹村,于太平军攻占杭州时服毒自杀,于四月初三日运灵柩到达宿松城外四十里的家乡,曾、胡、李等都出席葬礼。葬礼前后数日,他们经过反复磋商,确定多路进攻安庆以窥金陵,并达成这样的共识:绝不可撤安庆之围;固上游才可图下游;由于太平军在江浙连连胜利,必须集合湖南、湖北、江西三省之力联合防御太平军西进。同时,他们就一系列组织措施多次商讨,包括令左宗棠回湘组建军队;奏调张运兰"由湖南取道江西,至饶州一带听候调遣";派李元度于五月初九日出发,驰赴湖南;另募三千平江新勇,与饶廷选平江五营合并,抵御广信、玉山、衢州一路;又命李元度力劝正回乡休养的道员沈葆桢出山,"防守广信",与李、饶军齐心协力固守浙江上游咽喉,保江西江南重镇。于是紧锣密鼓地展开了一场为执行咸丰九年制定的战略方针的大规模军事行动。

宿松聚谈刚过去几天,曾国藩接到官文,得知自己已被任命为兵部尚书,署理两江总督。清廷是十九日发出这道上谕的,同一天,清廷便令曾国藩"即统率所部兵勇,取道宁国、广、建一带,径赴苏州,相机兜剿,以保全东南大局"。之后十二天,清廷又一连下达五道谕旨,督促曾国藩立刻上任两江总督,挽回江南败局。在这之前不到一个月,即四月初一(5月21日),清廷曾询问曾国藩:"安庆贼势颇众,曾国藩能否舍安庆而东下,着酌度情形,相机办理,迅速奏闻。"曾国藩于四月十三日答复,"未能舍安庆东下",并声称:"臣处自萧启江、张运兰拨赴楚、蜀后,不独将领无独当一面之才,且兵力亦太单薄,难当巨寇。目下贼势全趋常、苏,如常州不支,断非进攻芜湖一着之所能牵缀。此臣军不能舍安庆而趋芜湖之实情也。"但这本奏章抵达北京前,清廷已于四月初七(5月29日)变换了语气:"曾国藩现在围攻安庆,着即迅图克复,遵照前旨,率师东下,迅扫贼氛。"这道谕旨的漏洞显而易见,叫曾国藩"迅图克复"安庆,又叫他"率师东下",岂是短时间可以克复安庆的?所以"率师东下"根本不可能。曾国藩对这道谕旨置之不理。但四月十八日(6月7日)的上谕,语气更强硬了:"曾国藩规取安庆,顿兵坚城,即使安庆得手,而苏、常有失,亦属得不偿失。全局糜烂,补救更难。"规取安庆,是得不偿失,还是得大于失或其他?对于这两种截然不同的意见,曾国藩五月初二日在《通筹全局并办理大概情形折》中,明确回答说:"安庆一军,目前关系淮南之全局,将来即为克复金陵之张本。"

第九章 江河日下

曾国藩尽管上了奏章,但他素来谨慎,仍前思后想。如五月初十日,他仍与希庵就应否撤出安庆、桐城两军进行了两个小时的商讨。午饭后,"给胡中丞写信,决定不撤安庆、桐城二军,亦暂不动青草塥希庵之军"。这说明曾国藩对夺取安庆的战略部署确是经过反复思考,并征询了各方意见的。

太平军对安庆这个战略重地也很重视,因为它既是天京西面的屏障,又是战略物资的供应中心,还是联络捻军的通道。当时,八万多湘军,正在长江南北两岸分七路进军安庆、芜湖等地,打算控制上游之后,乘势攻打下游。他们计划宏大,来势汹汹,志在必得。然而,他们的计划却有个重大缺陷,即他们的后方湖北、江西两省防守薄弱。洪仁玕很快看破了这个弱点。他建议太平军先攻江南大营所必救——湖州和杭州,吸引清军援救,然后迅速回师,全力攻打江南大营。陈玉成、李秀成、李世贤等依计而行,于五月间顺利攻克江南大营。洪仁玕发现湘军后方薄弱的缺陷后,再次建议先攻敌人之所必救,趁机进军江西、湖北,直逼武汉,以分散敌人兵力,解救安庆。

2. 安庆之争

根据洪仁玕的建议,陈玉成和李秀成分别沿长江北南两岸西上,约定第二年四月在武昌会师。咸丰十年(1860)秋,陈玉成率五万大军从天京动身,经庐江、桐城,占领湖北蕲水、黄州,于咸丰十一年二月初七日直逼武昌。这时武昌城内,仅官文率三千人防守,见太平军兵临城下,乱作一团,大部分富户出逃。患病的胡林翼手忙脚乱,立刻回兵援救,但又要兼顾安庆前线,因而疲于奔命,劳累过度,加上他本有肺病,经常吐血。

再说,曾国藩在长江南岸驻扎,隔岸分析,估计彭玉麟、李续宜返回湖北后,太平军又会大军回师,进攻桐城、怀宁两军。他唯恐正围困安庆的曾国荃动摇,稳不住阵脚,所以匆忙于咸丰十一年二月初七、初八(1861年3月17日、18日)给曾国荃连连写信,要求他必须固守五六日,等待鲍超部前来援助。二月二十二日(4月1日)又给曾国荃写信,对太平军进攻武昌的战略目的做了准确分析:"群贼分路上犯,其意无非援救安庆。无论武汉幸而保全,贼必以全力回扑安庆围师;即不幸而武汉疏失,贼亦必以小支牵缀武昌,而以大支回扑安庆,或竟弃鄂不顾。去年之弃浙江而解金陵之围,乃贼中得意之笔。今年抄写前文无疑也。"随后,他又一再强调固守安庆阵地的重要性:"无论武汉之或保或否濠,总以狗逆回扑安庆时,官军之能守不能守以定乾坤之能转不能转。安庆之濠墙能守,则武昌虽失,必复为希庵所克,是乾坤有转机也;安庆之濠墙不能守,则武昌虽无恙,贼之气焰复振,是乾坤无转机也。"

然而，长江南岸的李秀成部，在陈玉成出发后一个月才向皖南进军，接连攻克徽州、休宁等城，仅距曾国藩祁门大营二十里，却自动撤退，于咸丰十一年正月绕道进入江西，并且在江西境内没有任何进展。

李秀成四处征募兵士，不紧不慢，至五月才抵达武昌前线，与北岸陈玉成部三月会师于武昌的计划因而破产。可恶的是，当时在汉口的英国侵略者何伯、巴夏礼等横加干涉陈玉成进逼武昌的行动。年仅二十六岁的陈玉成不欲对抗洋人，加上李秀成部一时还没抵达湖北，被迫打破原订计划，率兵回去援救安庆，于三月十八日抵达安庆西城外的险要地集贤关，拉开了争夺安庆最后决战的序幕。

当时，安庆城内有一万多太平军，四万湘军已经围城长达一年。湘军在城外挖了三道长壕，使城内太平军难以突围，城外太平军要进城会师援救也受阻。尽管陈玉成在菱湖建造十八座营垒，又派千余人入城助守，还送粮食进城，安庆局势暂时稳定下来，但来自各地的援军，包括来自天京的洪仁玕、林绍璋部，来自庐江的吴如孝部，来自芜湖的黄文金部和捻军，都被湘军多隆阿等部于挂车河、练潭一带阻击，无法与陈玉成部会师。陈玉成在集贤关内势单力孤，没有能力打退曾国荃的围军。

湘军从咸丰九年的太湖之役中吸取经验，这次仍然实行"围城打援"的战术。

他们旨在夺取安庆，而以打击、削弱太平军援军的有生力量为行动方向。是太湖之役时由胡林翼首先提出这个"围城打援"的战略的。他说："用兵之道，全军为上，得地次之。今日战功，破贼为大，复城镇为下。古之围者，必四面无敌；又兵法，十则围之。若我兵困于一隅，贼必以弱者居守，而旁轶横扰，乘我于不及之地，此危道也。然不围城，则无以致贼而求战。"湘军用这一正确战略不仅赢得了太湖之役，也最终取得安庆之役的胜利。

太平军援军在安庆外围的失利归咎于陈玉成的一个错误决策。

陈玉成部在集贤关也多次受到湘军攻击，进展缓慢。四月初十日（5月19日），陈玉成留下八千人固守菱湖南北两岸十八座新建造的营垒，派刘玱琳等率四千人在赤冈岭的四个营垒驻守，以牵制湘军。他亲率五千余人撤退至桐城，打算与洪仁玕等部会师，随后返回集贤关。刘玱琳部势单力孤，鲍超及成大吉部很快将其包围，同时，关内太平军与刘玱琳部的联系也被曾国荃切断。经过二十天激战，咸丰十一年五月初一、初二（1861年6月8日和9日）两天内，赤冈岭四座营垒相继失守，大部分太平军阵亡。曾国藩立刻上奏清廷

第九章 江河日下

说：自与太平军交战以来，"我军所斩长发老贼，至多不过数百名"，而此次"歼除长发老贼至四千名之多，实为从来所未有，厥功甚伟"。胡林翼则认为"功抵塔忠武岳州、李忠武九江"。刘玱琳部以自广西出征以来的老太平军战士为主，斗志昂扬，有很强的战斗力，是攻打常州、苏州时的前锋，赤冈岭一役，寡不敌众，又无援军，全军覆没，实是太平天国后期的重大损失。

赤冈岭和菱湖失利后，陈玉成虽仍率军进攻安庆外围，竭力扭转战局，但因敌众我寡，以失败而告终。安庆被困已近一年，城内缺粮少弹。此时洪仁玕已奉命返回天京。

李秀成军如能胜利进军湖北一举攻克武昌，是安庆解围的唯一希望。这样将自然解除安庆之围，至少在很大程度上可以缓解。然而，李秀成偏偏没有这样做，而是撤军返回，甚至在返回途中也没有协助援救安庆，继续东撤，于秋天返回浙江。这样，安庆解围的最后希望也失去了。

安庆守军及陈玉成余部眼见李秀成大军奔赴浙江，只有拼死做最后一搏。七月（8月），陈玉成、林绍璋、黄文金联合新来的杨辅清部进攻太湖湘军。七月初一日（8月6日），联军分三路，林绍璋部和黄文金部在挂车河攻打多隆阿部，陈玉成联合杨辅清部主力攻击集贤关。湘军早做了防备，很快击退林绍璋部和黄文金部。七月十二日（8月17日），陈玉成、杨辅清联军也作战失利。陈玉成整顿兵马，再次一搏。双方进行了半个月的激战。七月十五日（8月20日），太平军再次冲入集贤关。这时，安庆城内久已缺粮，但太平军战士仍然在西门上列队，与援军遥相呼应。陈玉成率部连日浴血奋战，勇往直前；城内守兵尽管又饿又困，仍坚持出战迎敌。但始终没能突破敌人的高垒深沟，无法会师。八月初一（9月5日），湘军炸塌北门城墙，涌入城中，大肆杀戮劫掠。陈玉成等遥见城内一片火光，再次发起两次攻击，都没成功，只好西撤。

争夺安庆一役，太平军的伤亡达到三万，城内叶芸莱、吴定彩等一万多人战死。安庆陷落以后，安徽的战事便基本结束了，江苏和浙江成为主要战场。

两年中，安庆保卫战耗费了双方大量兵力、物力，战线遍及大江南北。安庆陷落极不利于太平天国后期的局势，天京从此丧失了上游的重要屏障，首都在凶恶的湘军及其他清军部队面前完全暴露，形势危急。攻占安庆之后，湘军于八月初三日占领了安庆之北的桐城，初五日又占据池州。初七日，曾国藩从长江南岸的东流坐船到达安庆城下。第二天，湘军威风凛凛地进入城内。

3. 英王之死

安庆陷落后，陈玉成、杨辅清等不得不退守桐城，多隆阿于八月初三日

(9月7日)又乘势攻占桐城,陈玉成率军撤退至太湖、宿松,杨辅清则渡江到达皖南宁国。八月初八日(9月12日)无法固守宿松,陈玉成又退守湖北黄梅。

八月二十三日(9月27日),湘军进攻黄州,迫使陈玉成退往皖北庐州。十月初一日(11月3日),随着随州陷落,太平军几乎丧失了在湖北的全部阵地。从此,太平军结束了在湖北大规模的军事行动。

陈玉成军遭受致命打击之后,又去不了鄂北,只好打算北上进入淮北,联合捻军,进军河南、陕西等处。正在此时,天王洪秀全因失去安庆及处理外交事务失策,罢免了洪仁玕,代之以蒙德恩之子赞王蒙时雍。蒙时雍少不更事,无法处理朝政,天王洪秀全的两个哥哥洪仁达、洪仁发再次掌握了实权。洪氏兄弟本是庸才,而且一心谋求私利,李秀成、陈玉成等主要将领向来对其不满。陈玉成曾直言进谏,却激怒了天王,被革职。

出人意料的是,洪秀全在罢免了洪仁玕和陈玉成的同时,却大肆加封:封陈得才为扶王、赖文光为遵王、梁成富为启王、蓝成春为祜王、陈士荣为导王等。这些人大多隶属于陈玉成,主将兵败被革职,部下却被封王,这必然严重影响到太平天国的事业。

同治元年正月(1862年2月),清军各部和湘军包围了庐州,形势骤然紧张。陈玉成得知天王已派护王陈坤书领军救援,十分高兴,立刻于二月(3月)致函陈坤书。然而,陈坤书不但未能及时收到陈玉成的信,而且陈军出天京后立刻被清军围堵,无法与陈玉成会师。陈玉成固守庐州,屡次击溃清军,终因孤军奋战,难以反败为胜。三月中旬(4月下旬),清军进逼庐州南门,不断进行炮轰。三月底(5月上旬),清军张得胜部进逼庐州北门,陈玉成陷于极度的危境中。正在此时,太平军寿州守将苗沛霖写信给陈玉成,声称寿州兵粮充足,让他前去求得发展。苗沛霖是阴险小人,本是出身办团练的地主劣绅,因与地方官发生冲突投奔太平军,后来见太平军处于困境,又私下叛变投敌。是时,陈玉成手下将士已知道了苗沛霖的为人。然而陈玉成一心希望解庐州之围,抛开个人生死表示:"本总裁自用兵以来,战必胜,攻必取,虽虚心所受善言,此次尔等所言,大拂吾意。"陈玉成执意前往寿州。四月十七日(5月15日),陈玉成率导王陈士荣带领四千太平军精锐到达寿州,陈玉成亲率百余随从进城,立刻被叛徒捉拿,押至清胜保营中请功,四千太平军将士被收编。

陈玉成被俘后,丝毫没有屈服于敌人,充分展示了大无畏的革命精神,他牺牲后,洪秀全命李秀成统领英王残部。安庆陷落后,曾国藩直逼太平天国首

第九章 江河日下

都天京。为了使天京城陷于孤立,湘军先要攻克天京上游太平军在安徽皖南的基地。早在湘军夺取庐州之前,曾国荃便于二月下旬(3月下旬)率军沿长江北岸东进。三月十二日(4月10日)占领了太平天国在巢湖平原的主要粮仓巢县。吴如孝撤退至铜城闸,三月二十日(4月18日)又撤离铜城闸和含山,二十二日(4月20日)和县失守。在随后几天中,曾国荃又接连攻占裕溪口和西梁山等沿江战略要地。半个月内,太平军全部丧失在江北的城镇及皖北产粮区。

与此同时,曾国藩的另一个弟弟曾贞干进攻长江南岸。负责防守长江南岸的堵王黄文金、匡王赖文鸿见湘军有攻击的势头,先下手为强。三月十三日(4月11日)黄、赖率太平军主力攻打三山峡,却作战失利,旧县、荻港失守。三月二十一日(4月19日)繁昌又失。曾贞干乘势进攻南岸重镇芜湖。芜湖是另一个供应天京的粮食基地。三月二十七日(4月25日)和三十日(4月28日),湘军相继占领鲁港和南陵,随后移师南下,于四月二十日(5月18日)攻克太平府城,包围了芜湖。四月二十二日(5月20日)曾贞干全面进攻芜湖兵败,撤离,太平军至此全部丧失长江南岸基地,天京城陷于危境。

在皖南战场,辅王杨辅清及刘官芳、古隆贤等驻守宁国府。太平军与湘军悍将鲍超从三月初(4月初)开始,展开了激烈的争夺战,以确保皖南基地。三月二十八日(4月26日)鲍超军攻破泾县,宁国的西线屏障丧失了。杨辅清奋力固守宁国,鲍超自觉不敌,没有主动进攻,双方僵持。六月上旬(7月初)天王派洪仁玕援救宁国,鲍超军进行堵截,洪军失利。六月十五日(7月11日),杨辅清率军出城接应洪仁玕援军,大战鲍超湘军,受挫,宁国失守,退到广德州。下半年仍转战皖南地区,打算收复宁国,但没有成功。

同治二年(1863)上半年,太平军各在皖南及赣北分散活动,终因缺乏巩固的根据地和武器供应,又没有统一指挥,新兵战斗力不强,进展甚微。下半年又因为古隆贤等守将叛变投敌,形势每况愈下。截至十月初(11月下旬),太平军在皖南只剩下广德州一处基地。同治元年至二年(1862—1863),辅王杨辅清等人在困境中,率领十几万太平军战士与敌人展开激战,功不可没,湘军劲旅鲍超部和张运兰部受到牵制,使天京城在极其不利的形势下仍能长期固守。

第十章 天国覆亡

太平天国后期，朝政的进一步败坏，使太平军将领产生离心倾向，士兵战斗力差，士气不振，从而导致太平军在战场上节节败退。离京出走的石达开与清军周旋多年，最终因势单力薄而败亡大渡河。清军加紧围困天京，外国侵略者公然与清廷勾结，联合镇压太平天国。随着浙江、苏州等地的陷落，天京城最终不保，天国最终覆亡。

一、石达开败亡

石达开对洪秀全的多次召回均给以拒绝，进一步同其分裂。咸丰七年（1857）秋，他领兵从安徽安庆入江西，与其旧部会师，联合抵抗湘军，以求在江西立足，经半年多会战，失利，便移师浙江、福建。

咸丰八年正月十一日（1858年2月26日），石达开率军到达江西上饶，二月初六日（3月20日）进入浙江境内。石达开率大军入浙，极大地震动了清政府，他们唯恐清政府的饷源被切断，因而大量调兵。从三月初五日（4月18日）石达开抵达衢州起，便展开两个多月的攻城战，终因寡不敌众，再加曾国藩的湘军来援，石达开作战失利。六月初五日（7月15日）夜，撤出衢州。与此同时，其他部也出浙江，进军福建。石达开军转战浙江四个多月，相继夺取常山、开化、遂昌、龙泉、寿昌、处州等十多个府县，给清军以沉重打击，清江南、江北大营围攻天京的计划被扰乱了。

六月中旬（7月下旬），石达开进入福建北部地区，在松溪、政和等县大战清军，没有得手。转战闽北三个月后，因无法建立牢固的根据地，他于九月上

第十章 天国覆亡

旬（10月中旬）回到江西南部，占据瑞金县城。石达开率部经过一年的流动作战，在清朝全力镇压下连连败退，再加供给困难，缺乏粮草弹药，疾病流行，将士减员，因此士气低落，影响了战斗力。

石达开率军又在江西奋斗了三个月，仍旧处于被动地位，于是决定向湖南进军。咸丰九年二月（1859年3月）占领郴州、桂阳川、嘉州，四月二十六日（5月24日）着手进攻宝庆，久攻两月不下，不得不于七月（8月）退至广西。

九月二十日（10月15日），石达开夺取广西北部重镇庆远。（改名龙兴），决定在此稍事休整，再做打算。庆远位置偏僻，十分落后。石达开军纪严明，常用多余的粮食救济当地各族人民，百姓十分拥护他。休整了一个冬天，战士恢复了体力，精神焕发。由于军民友好相处，治安稳定，生产恢复并发展，石达开感到欣慰，但是依然处于困境。就在庆远休整期间，清军加紧包围他。与此同时，清军先全力剿灭了各小股起义军，得手后集中力量进攻石达开。坚守庆远半年后，粮食供应日益紧张，难以继续坚守。咸丰十年四月十九日（1860年6月8日），石达开不得不撤离庆远城，此时已处于极为不利的境地。撤出庆远后，一部分将领建议石达开率军返回天京，仍被拒绝，最后的机会也丧失了。彭大顺、朱衣点、吉庆元率军转战福建、江西，于咸丰十一年八月（1861年9月）返回天国，听命于忠王李秀成。

朱衣点等人脱离后，石军仅剩下1万余人，南下途中吸收了各地起义军，又壮大了力量。咸丰十一年六月（1861年7月）占领贵县。九月（10月）进入湖南，打算进军四川，悲壮的入蜀之行拉开了序幕。两次入川不成，石达开仍不放弃，同治元年十月（1862年11月）第三次入川行动开始了。激战两个月后，仍以失败告终。同治二年正月（1863年3月），石达开率军入川，渡过金沙江。三月二十七日（5月14日）到达大渡河南岸的紫打地。三月三十日（5月17日）着手渡河，四月初四日（5月21日），石达开亲率精兵数千，试图驾船抢渡。但是，由于大渡河水流湍急，北岸清军用炮猛攻，伤亡惨重，又告失败。四月十七日（6月3日），抢渡再次失利。石达开军损失严重，清军咄咄逼人，石军仅存五千余人，且尽失粮草辎重，人心不稳。在走投无路之际，石达开妻妾五人抱着两名幼子先行投河自尽，一部分军士溃逃。石达开本打算拼死一战，恰在此时，清四川总督骆秉章的招抚书传来，声称投降便可免死。"达开为保全兵士，令他们投降。"

四月二十七日（6月13日），石达开带宰辅曾仕和等人及五岁的儿子到清营投诚，立刻被拿下。骆秉章出尔反尔，将已经缴械的两千多名太平军将士残忍杀害。五月初十日（6月25日），又凌迟处死了石达开等人。"临刑之际，无所畏惧，泰然自若。"就这样，石达开英勇就义。虽然他后期与洪秀全领导的太平军分离了，但仍称得上太平天国的英雄、优秀的农民领袖。

二、浙江悲歌

1. 横扫清军

李秀成部太平军于咸丰十一年三月（1861年4月）在浙江展开了大规模的军事行动，到同治元年四月（1862年6月）止，历时一年有余。

李秀成率军第二次进军湖北时，其族弟侍王李世贤仍留在江浙活动。三月十六、十七日（4月26—27日），李世贤亲率大军攻占浙江龙游、汤溪，清提督张玉良巡视金华，得知太平军兵临城下，立刻返回，知府王桐见状也不战而逃，太平军未遇强敌，即于三月十九日（4月29日）攻占金华。据封建文人记载："十九日，贼至，王桐走，城遂失。"金华是浙江中部重镇，位于金华江和梅溪的交汇处，为水陆交通枢纽，战略意义重要。浙江巡抚王有龄得知金华失守，仓皇失措，立刻开会，却没有人自告奋勇抵敌，后勉强派出总兵文瑞率三千人救援，随后又派总兵米兴朝统带四千六百清军增援。五月下旬（7月初）张玉良率清军进攻兰溪，大战太平军，相持近一个月，胜负未分。李秀成由江西返回浙江后与李世贤商议，由李世贤部以金华为据点，进军温州、处州等地。九月十七日，太平军占领处州府城，李世贤由金华启程，于十月二十六日（11月28日）夺取仙居，十一月初一日（12月2日）又攻克台州府，让李鸿剑留守，率军继续南下，十一月初八日（12月9日）夺取黄岩，向乐清进军，前锋直逼温州。在温州，太平军遭遇奋力抵抗，未能得手，李世贤回到金华。

李秀成在严州召集李世贤等人聚议，决定由黄呈忠、范汝增率领太平军从严州动身，进军宁波。十月底（11月底）从南北两路夹攻宁波。此时，第二次鸦片战争早已结束，宁波口岸有西方列强的巨大利益，所以他们极力阻碍太平军的行动。太平军发动强攻，宁波城处于危境，列强公开派代表出面往见太平军将领戴王黄呈忠和首王范汝增，劝其放弃攻打宁波，被断然拒绝后又提出五日之后再进攻，黄、范同意延期三日。

第十章 天国覆亡

第四日黄、范果然全面进攻宁波。经过一场激战，十一月八日（12月9日）夺取宁波，西方侵略者阻挠太平军进占宁波未能得逞。太平军乘势长驱直入，攻占象山县，控制了宁波府的绝大部分地区。太平天国将镇海关更名为天平关，管辖了第一个沿海的海关。

几乎与黄呈忠、范汝增同时由严州动身的任天义、陆顺得，率领太平军挺进浙江东北的绍兴。绍兴是通往宁波、杭州的要冲，是浙东重镇，但由于清朝政府的黑暗统治，人民生活困苦，陆顺得首先顺路于九月二十九日（10月27日）攻占萧山，迅速东进，抵达绍兴城下。在城内百姓的协助下，九月二十八日（11月1日）顺利夺取绍兴。清军萧、绍失守，杭州丧失屏障，陷于孤立。

李秀成率领的大军负责全面进攻。七月末（9月8日）李秀成由江西进入浙江，原石达开部的汪海洋、朱衣点等此时回到江西，与李秀成部会师，又有来自江西、湖北的各部起义军，李秀成拥有了数十万兵力，在太平天国战斗力最强。严州会议后，李秀成于九月上旬（10月中旬）亲率部队大举从严州启程进军杭州，九月下旬（11月初）抵达杭州城外。杭州城虽有清军数万，却不堪一击。浙江巡抚王有龄四处求救，曾国藩拒不出兵，王有龄只有再次求助于洋鬼子。从十月初五日（11月7日）起太平军开始攻打杭州，正面轰城的同时暗挖地道。太平军围攻两个月之后，十一月二十八日（12月29日）攻占杭州城。

杭州被攻克，但满人仍控制着满城（即内城）。李秀成经天王洪秀全同意，赦免投降的满人。李秀成告谕满城官兵："言和成事，免伤男女大小姓（性）命之意，愿给舟只；尔有金银，并尔带去，如无，愿给助资，送到镇江而止。"杭州将军瑞昌仍拼死反抗，甚至开枪打死千余名太平军将士。十二月初一日（12月31日），李秀成下令进攻满城，很快攻下。杭州将军瑞昌，副都统杰纯、关福自杀身亡。夺取杭州后，李秀成安抚民心，发粮发款，减轻赋税，深受百姓拥护。

全面进攻浙江的第五路军的任务是攻占浙北重镇湖州。湖州城有一个著名的地主团练头子赵景贤，自从太平军夺取南京起他就着手举办团练，反对太平军。咸丰十一年十二月十四日（1862年1月13日），太平军数万大军占领菱湖，十七日攻下荻港，二十四日（23日）直逼湖州。赵景贤依靠在湖州的团练和太湖大钱口的水师进行抵抗。同治元年正月中旬（1862年2月中旬），太平军先夺取大钱口，孤立了湖州。正月至三月（2—4月），湖州被围困两月之久，城内缺乏粮食，清军和团练居然大肆搜刮百姓，人们对其深恶痛绝，迫切希望太平军早日入城。三月中旬，恭王谭绍光率军赶来增援，进一步增强了太平军力量。五月初三日（5月30日），湖州被困四个多月后，终于被太平军攻克，清军千总熊得胜领兵投降，知府瑞春、知县许承岳等身亡。

李秀成军团全面进攻浙江，一年中夺取九府七十余县。

太平军控制浙江后，与原有苏福省相连接，从而得以给予天京更有力的财力和物力的支持，有利于天京与各路清军及湘军继续斗争，暂时保全了首都。

然而，太平天国在胜利的背后隐藏着危机。这便是李秀成因为一心经营浙江，没有积极解救安庆，导致安庆陷落，丧失安徽，使湘军有机会对天京展开更大规模的围困。

2. 宁波陷落

太平军攻克宁波后，高度重视与洋人搞好关系。四个多月里，二者表面上互不相犯，背地里却钩心斗角。清军不甘心把宁波拱手让与太平军，全力发动反攻。

同治元年三月十三日（1862年4月22日），防守宁波的太平军将士热烈欢迎来自天京的首领范汝增，英国驻宁波海军以弹片落在其军舰上为借口向太平军提出抗议，英国驻宁波领事刁乐德克声称"城外正在建筑的炮台严重威胁了外国租界"，必须"立即将炮台拆毁，并将我国租界对面的城上大炮一律撤走"。为了息事宁人，太平军将领黄呈忠和范汝增尽量满足英国的无理要求。他们在复照中指出：

> 自我军克宁波后，双方始终友好亲睦。我国对贵国全无猜嫌，曾经尽力保护贵国商业，遵守各项信约。凡前来控告我军兵士有违法者，莫不彻底究办……冀与贵国永远和好，业已竭力而为之矣。该日鸣炮之流弹纯系意外，本主将已对肇事者加以惩处。至于该处修建炮台，原系我军自卫所必需，与外国人并无妨碍，此点曾向贵军蒙高马来队长言明。

然而，并非无限制地容忍，必须坚持原则，太平军誓死保卫宁波。为此黄、范郑重声明：

> 至于清兵带得无数大炮（兵）船前来攻取宁波，本主将等奉命专征，复有何虑？唯炮台、城墙、炮眼，我军性命攸关，清兵由何处前来，我国自必对何处开炮……清兵由别处来攻宁波，勿由江北而来，我国不对江北岸开炮……

第十章　天国覆亡

> 所有恳本主将等弃此宁波，本主将等北剿南征，无非欲得疆土，如镇海滨海小邑，弃之无妨，宁郡何能擅弃？本主将为臣下者，有一分力自要尽其一分，如其与清妖争斗不胜，即弃之再为缓图，断不能擅自弃之也。

此时，英法侵略者已公然支持清政府，与清地方官勾结，协助清军攻城，所谓"保持完全中立"，只是外交上冠冕堂皇的空话。侵略者对太平军的严正立场大为恼火。四月十二日（5月10日），英法侵略军对太平军防御工事进行炮击，从上午十时一直持续到下午三时多。由于重炮轰击，无数太平军将士和无辜百姓丧命。中外反动派联合镇压，又无援军，为了保有实力，太平军不得不撤离。侵略者用炮舰护送清朝已革职道员张景渠去州府衙门复职。显然，宁波失守应归咎于英法侵略者。

3. 左宗棠镇压太平军

①组建楚军

左宗棠字季高，少年时狂妄不逊，常自诩为王佐才，曾追随骆秉章，被以礼相待，由他裁决属僚禀告之事。左宗棠位高权重，但也几乎因此而丧命。永州总兵樊燮，为人自负，骆秉章对他不满，将其革职，不料樊燮疏通都察院，奏称无罪。朝廷命湖广总督官文查办，官文有意偏袒，密查骆秉章弹章出自于左宗棠手，便把左宗棠召到武昌对质，要严加惩处。骆秉章立刻致函在京编修郭嵩涛，令他向军机大臣肃顺说情。郭嵩涛与左宗棠同乡，当然帮忙解救左宗棠，随后曾、胡二公又上疏荐左宗棠为可用之才，想方设法保全了左宗棠，使其脱罪回籍。

曾国藩深知左宗棠志高才大，非比寻常，因而决定让左宗棠招募湖南兵勇，自行建立一军，将来大有用武之地，并奏经清廷批准。左宗棠对咸丰帝的破格起用受宠若惊，更认为形势变化提供给他难得的机遇，能充分施展才华。于是他就在长沙招兵买马，着手建立自己的军队，首先吸收一批人才。因为他在湘期间，负责湖南军政，提拔了湘军许多将弁，所以笼络了人心，这些人早就甘心听命于他。左宗棠除礼聘王珍从弟、道员王开化（字梅村，当时正在湖南养病）外，又招收了湘楚旧将弁崔大光、李世颜、罗近秋、黄有功、戴国泰、黄少春、张志超、朱明亮、张声醒等九人。随后各地招兵，应募者有所谓湘勇、郴勇、桂勇，仅仅一个多月，就有了五千兵力，号称"楚军"。楚军分为两部分：一部分是由左宗棠委任的崔大光等九人招募的，共三千五百多人；另一部分则是重整王珍的"老湘军"旧部，由王珍的弟弟王开琳率领，计一千四百多人。王珍原来奉张亮基、左宗棠之命与罗泽南一道最早组建湘勇，后因对曾国藩规定的湘军编制和统一指挥不满而被曾排斥，独自留在湖南省内。咸丰四年（1854），王珍率部与太平军于岳州交战失利返回，左宗棠和巡抚骆秉章不但不治罪，反而好言安抚。因此，王珍十分感激左宗棠，誓死追随。王珍笃信程朱理学，坚决捍卫封建礼制，所部老湘营专门学习《四书》《孝经》和《小学集注》等封建典籍，经过一处，常常邀请地方"大儒"来营讲授儒学，向士卒们极力灌输封建伦理道德。据说该军每天晚上都高声朗读儒学经典，是地主武装中颇有特色的一支。王珍本人谨守程朱教条，严格要求自己，善待部众，但不准他们得钱发家。因此，在各支湘军中以"纪律严肃"著称。全军尽管只有三千余人，但却有很强的战斗力。王珍本人有"王老虎"的绰号，其部将也个个骁勇善战。可见，这是一支具有封建纲常、程朱理学思想、久经沙场的劲旅。咸丰七年（1857），王珍阵亡，由其亲属、部将统率余部。左宗棠一到长沙招兵，王珍余部便纷纷投靠，楚军因而有了强有力的领导。由崔大光等征集的三千多人虽是临时招募的，但其中不乏身经百战的老兵。所以楚军尽管成立较晚，但却并非乌合之众，而且在历史上将弁们与左宗棠有着不一般的关系，所以就成为左宗棠可资利用的本钱。从派系上说，这支楚军从属于湘军。左宗棠之所以不继续用湘军名号，是因为他一向不愿受制于曾国藩，决心自立门户。在组建楚军过程中，他也确实对湘军的经验教训进行了总结和吸收，从而使楚军不同于湘军。

在士兵来源上，左宗棠对楚军兵勇的籍贯构成做了变更，其所部多来自沅、湘、沣、资，即来自湖南各府县，而不像曾国藩、曾国荃兄弟那样以湘乡籍者为主。左宗棠觉得曾氏兄弟的招兵方式大有缺陷，"无论一具难供数省之用，且一处有挫，士气均裹"，很不明智。在营官任用上，曾国藩要求"第一要才堪治民"，他不用旧绿营兵将弁和普通武夫，各营都由文官统领。这些人一旦翅膀硬了，就会效仿左宗棠另立门户。因为根据清朝职官制度，文员积功擢升，可由州县、道府、两司而巡抚、总督，自行开府统管一省或数省军政，其可以很快拥有实权。连曾国藩也感叹这些人不愿听命于他。左宗棠接受了曾国藩的教训，在任用营官时以武人为主，注重勇武朴实。在早期营官中，除亲兵队长张声恒出身农村三家村塾师外，其他如罗近秋、黄少春等均出身湘军勇丁，朱明亮出身地方团练小武官。他们是骁勇善战的"武夫"。论官职，副将最大，其余是游击、都司、千总等，以后积功晋升提督，仍然受制于督抚，也就只能听命于左宗棠。只有营务处（相当于后世的参谋长）由文员负责。正职

第十章 天国覆亡

王开化，系王珍从弟，由他负责处理全军营务，副职刘典、杨昌浚，与左宗棠一样都是封建卫道士。这是出于治理军队和参谋军务的实际需要，左宗棠仍大权在握，拥有对一切要事的最终决定权。在将弁构成上楚军的这个特点，有利于防止因部将自立门户而削弱力量。以后左宗棠各地转战，所部都受节制。但是，其部属后来很少能晋升高级官职，因而在湘淮系的派系争夺中，左宗棠一系最弱，以致左宗棠在统治集团内部斗争中经常陷于孤立。楚军在编制上，实行营、总哨、旗等多种形式。新军四营基本沿用旧湘军编制，每营五百官兵；四总哨，每哨三百二十余名官兵；老湘营四旗，每旗三百六十官兵；另立八队"精锐"，每队二十五人，直接听命于主帅；又每营旗配置二百名"长夫"，运输军需物资。楚军的长夫比湘军每营多二十名，旨在使军队行动迅速，不致对地方造成不必要的骚扰，避免双方冲突。各营战后减员时，从长夫中可随时挑选补充勇丁，以维持军队实力。一开始招募工作，左宗棠就规定："凡勇夫人等，务须一律精壮朴实，毋得以吸食洋烟及酗酒、赌博、市井无赖之徒充数。选定后，取具的保甘结，缮具花名清册，务将真实籍贯、住址、三代、年貌及十指箕斗详细注明，以杜顶替抽换之弊。"这些做法基本效仿曾国藩创定的湘军营制，又结合了王珍制定的"老湘营"旗制。这样就形成了楚军混杂的编制，能够应付各种情况。此外，在将弁待遇方面，营官"每月二千五百余坐粮，每月二千八百行粮，每名散勇每月四两二钱（火勇一钱，长夫一钱），招募成军，每月每名百文口食钱"。

②攻剿浙杭

不久，清廷依据曾国藩的陈奏，改任左宗棠由襄办军务为帮办军务，听起来差别不大，但变成了曾国藩的副手。随后又提升左宗棠为太常寺卿（正三品，以前的四品、三品京堂均为虚衔）。这是左宗棠出山后近十年首次封官。六月初二日（7月9日），左宗棠留军驻景德镇，自率四千人东进，进驻皖南婺源。八月一日（9月5日），湘军占领了被称为扼江淮之喉、当吴楚之冲的长江中游重镇安庆。安庆陷落了，使太平军整个战局逆转。慈禧太后上台后，于十月八日（11月20日）命曾国藩负责苏、皖、赣、浙四省军务，节制提镇以下。曾国藩打算调派湘军顺流东下，攻打天京的同时，就想到应另派一军进入浙江，以牵制太平军。在曾国藩看来，左宗棠是最佳人选。十月十六日（11月28日），曾国藩奏请清廷由左部援浙，于是清廷命左宗棠"督办浙江军务"。其时太平军已控制了整个浙江。太平军李世贤部在攻打赣北、皖南失利后，转而挺进兵力空虚的浙江，接连夺取浙西、浙北和中部许多重镇。随后由李秀成率领号称七十万人的大军，也由江西进入浙江，试图全力经营东南。十一月二十八日，李秀成集中力量攻占了浙江省会杭州。清廷浙江巡抚王有龄自尽。北京得知太平军围攻杭州，刑部给事中高延祐等立刻上奏清廷，称浙江巡抚王有龄等无力抵抗太平军进攻，应改任左宗棠为浙江巡抚，则可保浙江。王有龄和杭州将军瑞昌自知回天无力，也曾主动奏请左宗棠负责军务，代骆秉章为湖南巡抚的毛鸿宾等随声附和，仅仅领兵打仗对左宗棠来说是大材小用，应该委以重任。曾国藩于是密奏清廷，称王有龄难以胜任浙抚一职，提议改任左宗棠抚浙。咸丰十一年十二月廿四日（1862年1月23日），清廷在曾国藩举荐下，任命左宗棠为浙江巡抚，收复全浙。自此，左宗棠跻身上层统治集团阵营。太平军夺取杭州后，极大地震动了清廷。当时浙东、浙西、浙北，清军只盘踞衢州，太平军李世贤、汪海洋等部已控制了各主要府县。曾国藩在上呈清廷的奏疏中对浙江局势进行分析，认为"全浙唯衢州一府可以图存"。于是清廷命左宗棠立刻赶往衢州，先收复金华、严州两府，再攻取全浙。左宗棠上奏疏，反对首先增援衢州：

> 臣前奉谕旨办浙江军务，甫三日即接徽防副将张运桂等"首逆杨辅清率大股贼众犯徽"之禀。深恐徽，婺稍有疏虞，则江西饶、广腹地防不胜防，而衢城又成孤注，臣军入衢后路将梗。不得已派各营马步三千馀，交刘典率以赴婺，为固婺援徽之计。拟徽事速竣，此军即由徽入浙，臣由玉山入浙……。旋贼数万已由遂安踞开化……，逼婺东……，……每遇坚城，必取远势包围，待自困而后陷之……。办贼之法，必避长围，防后路，先为自固之计，然后可以制贼而不为贼所制。臣若先入衢州，无论不能固江、皖边围，亦且不能壮衢州声援，一堕逆贼长围诡谋，又成粮尽援绝之局。故决计……由婺入浙，先剿开化……，以清徽郡后路，……由白沙关……扼华埠……广两郡相庇以安，……

左宗棠在上述奏疏中表达了他"收复"浙江的策略：第一，鉴于太平军已控制绝大部分浙江，而左军兵力不足，因此应当采用"蹈虚乘瑕，诱贼野战"的战术，假如以劣势兵力一步步攻击，或打攻坚消耗战，预期作战目的都将无法达到；第二，由于远势包围、截其后路为太平军惯用之术，左军收复浙江时要善于"避长围、防后路"，只有巩固了自己，然后才能掌握战争的主动权，即制太平军而不能受制于太平军。基于这一点，他高度重视如何运用自己野战

第十章 天国覆亡

兵力，以期抓住战机，在运动战中消灭太平军的主力，而绝不可恋战而被太平军包围。左宗棠后来在浙江基本就是按这一思路对付太平军的。因为清政府逐步扩充他统率的兵力，才使他有足够的力量巩固其占领区，无须担忧后路，从而在余杭、富阳等城进行攻坚战。

当左宗棠受命巡抚浙江时，立刻奏调广西臬司、湘军将领蒋益沣（字芗泉，湖南湘乡人，先投奔王珍、罗泽南，后由骆秉章派援广西）率部赴浙，又增调处州镇总兵刘培元领兵前来援助。二月上旬，左宗棠率部从婺源越过大庚岭，占领浙江开化、遂安。他依据原计划，决定先取严州，认为这样不仅能巩固徽州后路和江西内地粮食供应地，而且可以向东威胁杭州，向西防守衢州。后因李世贤太平军主力攻打衢州，并将由此入赣以切断左军与曾国藩湘军的饷源，左宗棠只有赶去救援。同治元年（1862）春、夏，左宗棠在衢州、龙游、遂安之间多次大战李世贤部，难分胜负。五月十二日（6月8日），左宗棠指挥新任按察使刘典、道员屈蟠、王德榜及总兵刘培元、李定太等兵分九路联合进攻，在龙游附近打退李世贤部。十五日，李再战，再次失败，于是从龙游撤至金华府。这时太平军与广东"花旗"产生激烈冲突，加上将帅互相猜疑，李世贤命令得不到有效执行，所以强有力的攻势组织不起来。二十四日（6月20日），天王洪秀全命李世贤回援天京。从全局看，太平军此时陷于被动。

③借师助剿

所谓"借师助剿"，是指在第二次鸦片战争后清政府勾结外国侵略者，联合镇压太平天国农民战争的反动政策。

五月三日（1862年5月30日），湘军从水路和陆路直逼天京，曾国荃率领的陆军在雨花台驻扎，彭玉麟率领的水师停驻护河口，包围了天京。这时，李秀成正率大军再次攻打上海（第一次攻打上海在咸丰十年六七月间），此时外国侵略者已彻底丢掉"中立"的伪装，公然对抗太平军，清政府正式批准"借师助剿"，上海正式组建"中外会防局"，宣布由外国侵略军防守上海。

太平军英勇回击中外反动派的联军，并连连获胜，但因天京危急，天王命李秀成、李世贤迅速援救。二人只好于五月二十三日、二十四日分别撤离前线，并于八月下旬返回天京。从全局看，太平军此时已处于被动地位，而左宗棠统率的军队屡经增调和扩编，已拥有三万兵力，并且大量装备外国侵略者提供的新式武器，大大增强了实力。六月初七日（7月3日），左宗棠分南北两路继续东进，由刘典、杨昌浚率领一路攻打衢州北部地区，接连攻克太平军三十余座营垒；由刘培元、屈蟠、王德榜等指挥另一路破除太平军衢州东南两侧面的营垒，太平军被迫退守龙游、兰溪。李世贤因急于甩掉左宗棠，以援救天京，于六月中旬以攻为守，兵分两路直取遂安，进攻左军后路。于是左宗棠调刘典等九营4000人援救。六月二十日，刘典等部与太平军在遂安东南交战。二十七日（7月23日），李世贤撤至金华，在金华、兰溪、龙游、武义一线集中兵力，进行固守。左宗棠率军进入浙江以来，由于太平军将士骁勇善战，迟迟未有重大进展，入浙八个月衢州一线一直没有能越过。直至同治元年八月上旬，新任浙江布政使蒋益沣率广西左江镇总兵高连升、副将熊建益八千湘军从广西经湖南抵达衢州，才逐步扭转战局。七月，清军占领处州府，闰八月十三日（10月6日），蒋部高连升一军攻克严州府寿昌。李世贤见一时难以打退左宗棠，只有在金华、汤溪、龙游一带分兵扼守，阻止清军东进。他自己则于是年闰八月（1862年10月上旬）率7万多精兵回援天京。这样大大削弱了浙江太平军实力，重点防守的龙游、汤溪等城，只有数千具有战斗力的留防士兵。由于远离统帅，没有统一指挥，留浙各支太平军士气大挫，个别将领甚至叛变投敌。这一切都使左宗棠有机可乘。此后半年内，清军相继夺取汤溪、龙游、兰溪、金华、武义、永康、东阳、义乌、浦江、诸暨等地，尤其是占领了严州西北的战略要地桐庐。桐庐地处浙江中游，自桐庐七里泷径下地势平坦，江面开阔（其下即富春江、钱塘江）。由于桐庐陷落，在杭州上游太平军只有富阳（属杭州府）一处重地了，浙西防线全线崩溃。为指挥各军沿江进攻杭州，左宗棠于同治二年正月下旬（1863年3月中旬）将根据地从金华迁到严州府治（在浙江上游），派蒋益沣攻打杭州。

在浙东方面，英法侵略联军于同治元年四月十二日（1862年5月10日）悍然对宁波的太平军发起进攻。当时英国有四艘战舰，330名水兵，由"争胜"号舰长刁乐克率领；两艘法舰，70余水兵，由"伊台"号舰长耿尼统率。双方交战过后，太平军戴王黄呈忠、首王范汝增受重伤撤退，法舰长耿尼丧命，法舰由"孔夫子"号舰长勒伯勒东指挥。此外，刁乐克还招募当地1000人，由英人整训，成立中英混合军，称"常安军"和"定胜军"，又称"绿头勇"。六月（7月），法国人、宁波海关税务司日意格也征集400名士兵，成立中法混合军——"常捷军"，亦称"花头勇"。中英、中法混合军组建后，就联合清廷已革道台张景渠，攻克慈澳、余姚，占领奉化。此后，双方僵持不下。

这时，清廷答应了法国公使，任命勒伯勒东为署浙江总兵，带1500"常捷军"驻守宁波。宁波是一个重要的对外贸易口岸，既可通过宁波运输军火、粮食等重要战略物资，又能获取海关税这笔重要收入，所以它具有重要的军事地位。左宗棠十分重视宁波,他委派史致谔署理宁绍台道,并明确指出:"浙中饷源全在宁波海口,此处无人筹划,终无自立之理。仰面求人,其效已可睹也。"

在金华方面失利的同时,黄呈忠、范汝增在绍兴、宁波战区也节节败退,法国侵略者日意格等人建立的"常捷军"已达到数千人的规模,凭借优势武器公然协助清军进攻绍兴。正月二十三日(3月12日)绍兴陷落。

宁波、金华、绍兴等地先后失守后,太平军丧失了在浙南、浙中的基地,于是以左氏湘军为主的清军便以杭州为主要目标。左氏南北夹攻,太平军杭州守将汪海洋则分别在余杭、富阳、杭州三城设防,试图坚守。左氏湘军连连强攻,汪海洋率领太平军奋力抵抗,半年仍未有进展,后左氏召来一千五百名"常捷军",凭借优势武器发起猛攻,富阳守兵不敌,八月中旬(9月底)富阳陷落,湘军再全力进攻余杭和杭州。在极端的困境中,左氏故伎重施,诱降太平军,许多意志薄弱的太平军将领相继投敌变节,形势每况愈下。不久余杭失守,敌人集中全部兵力围攻杭州,并派投降的太平军充当前锋,另加凶恶的"常捷军",杭州太平军兵力和武器都与敌军悬殊。二月十三日(3月31日)太平军被迫撤离杭州。杭州失守后,太平军在浙江只剩湖州一处战略基地。清方得以大量调兵遣将加紧进攻天京,太平天国危在旦夕。

三、混战江苏

1. 再攻上海

① "洋枪队"上阵

咸丰十一年(1861)夏,由于洋鬼子的公然干预,李秀成首次攻打上海失利。十一月二十八日(1861年12月29日),李秀成一举攻克杭州后,于十二月初八(1862年1月7日)乘胜率大军北上,再次进攻上海。

十三日,李秀成率大军抵青浦县朱家角镇,随后返回苏州,由慕王谭绍光负责前线军事,谭绍光分兵两路,一路攻吴淞,直逼宝山;一路由松江攻取南桥。逢天义刘肇钧部自苏州动身,攻嘉定,也逼近宝山。这年年底(1862年1月底),太平军已抵达浦东,与上海县城隔江相望。上海城区及附近清军尽管有四五万,但在数十万太平军浩大的声势面前手忙脚乱。江苏巡抚薛焕及上海道吴煦赶紧求助于洋人。英、法殖民者为维护本国的侵略利益，立刻丢掉"中立"伪装，组建一支三千余人的队伍，直接攻打太平军，此时，他们面临许多无法克服的困难。首先，各资本主义国家互相进行着激烈的较量，统一的联军根本无法组织。假如由在华侵略利益最大、军事力量最强的英国单独出面，同样是力不从心。截至1860年第二次鸦片战争结束时，英国在华只有两万兵力，如何能够长期对抗几十万英勇的太平军？何况其远离本土，根本得不到及时有效的补给。英国外交大臣罗塞尔也不得不承认："如果我们从事镇压太平叛乱，我们很快就要陷入一场广泛的战争中去。"狡猾的英国殖民者是不会做于己不利的事情的。那么怎样协助清政府剿灭内地的太平军呢？他们想到了华尔的"洋枪队"。

早在咸丰十年（1860）太平军首次进攻上海时，美国人华尔依靠大商人杨坊及上海道吴煦的支持建立了一支包括二百名外国亡命徒的"洋枪队"。咸丰十年五月（1860年6月），华尔率领这支"洋枪队"进攻松江的太平军，在清军的协助下占领了松江城，华尔等人从中渔利。从此，"洋枪队"出了名，外国亡命徒纷纷加入。随即，得意忘形的华尔"洋枪队"攻打青浦，被太平军还以颜色，死伤三分之一，撤退到松江，华尔也被击伤。不久，华尔又建议吸收中国人，使用洋枪洋炮，听命于洋人。本来，英国人对华尔组织"洋枪队"持反对态度，他们担心美国人获取更大的权利，从而使英国利益受损。如今情况不同了，即决定帮助清政府镇压太平天国后，他们改变了立场，全力支持"洋枪队"。至此，"洋枪队"装备不仅包括洋枪，还有大炮和战船。据记载，这是"一支由二千七百人和十一座炮，四百八十名英国兵士、水手和水兵，八百名印度兵，四百名美国兵士和水手同一千名常胜军组成的别动队"。正月二十六日（2月24日），一支由一千五百人组成的联军悍然进攻太平军的高桥基地。高桥之战是太平军兴军以来首次正面对抗外国侵略者，太平军措手不及，再加上武器落后，吃了败仗，伤亡惨重。

高桥得手后，侵略者又于二月初一日（3月1日）强攻在浦东箫塘镇驻守的太平军，太平军再次遭到重创。外国侵略者武力直接干预，振奋了清地方官，他们感恩戴德，并将华尔的"洋枪队"改名为"常胜军"，不久又扩大到四千五百人。

忠王李秀成得知太平军失利后，决定分别由慕王谭绍光、忠二殿下李容发、六王宗李明成、逢天义刘肇钧率军四路进攻上海。太平军再次大举进兵，清军与外国侵略者加强了联合。三月初六日（4月4日），清军伙同洋鬼子进

第十章 天国覆亡

攻太平军王家寺大营，太平军奋力回击，损失巨大，王家寺大营被破。次日，敌军又对罗家港太平军营地发起进攻。三月十九日（4月17日），英法联军与"常胜军"再次攻打浦东周浦的太平军阵地，迫使太平军撤退到川沙。四月初三日（5月1日）嘉定城陷落。

②李鸿章建淮军

李鸿章（1823—1901），字少荃。道光二十七年（1847）间中进士，改翰林院庶吉士，两年后散馆授编修。咸丰三年正月，太平军攻占南京前，他正在家乡安徽合肥一带随工部侍郎吕贤基办团练，前后长达六年。安徽巡抚蒋文庆、江忠源相继被太平军杀死或自杀后，新任巡抚叫福济，他贪生怕死，竟不敢在省城庐州（今合肥）住，而驻留县乡。咸丰三年十一月吕贤基去世后，李鸿章成为福济的幕僚，仍统领团练，因不得志而抑郁。福济部下、寿春镇总兵郑魁士排挤李鸿章，甚至叫他离开安徽，回京叙职。李鸿章无法待在安徽，乃于咸丰八年十月间从庐州至江西建昌，追随他的老师曾国藩，充当幕僚，咸丰九年，又在景德镇跟随曾国荃，为其谋划。李鸿章的父亲李文安与曾国藩年纪相同，同在京师为官时，关系密切。故李鸿章1843年至京后，以年家子身份，跟从曾国藩，跟他"求义理经世之学"，又参加以曾国藩为首的文社，向曾等学习诗文。李鸿章追随曾氏后，开始没有受到重用，无所作为，虚度时光。

咸丰十一年，李秀成的大军相继攻占了江苏和浙江的大部分城市，孤立了上海。在上海聚集的商人和地主们仓皇失措，向湘军求援。

曾国藩与李鸿章共同策划招募淮勇，以补给湘军。皖北一带素有强悍的民风，团练很有成绩。李鸿章先已办过团练，与团练中人交往甚密。所以，曾国藩决定让李鸿章协助征集淮勇。

李鸿章把握机会，大力募集淮勇。他分别联络刘铭传、潘鼎新、张树声、吴长庆等团练头目，整编原有的练勇部，称为铭字营、鼎字营、树字营、庆字营等，再加上原有张遇春的春字营，共成五营，短短两个月便完成。

李鸿章带这些新兵到安庆后，像训练湘军一样进行编练。同治元年正月二十四日（1862年2月22日），李鸿章将第一批淮军五个营集结于安庆北门城外，淮军初步建立。曾国藩亲临现场祝贺。从这一天起，李鸿章每天深入兵营沟通将弁武夫，研究练兵事宜。

曾国藩相继给他调拨几个营以增强这支新军的实力。分别是由韩正国统率的曾氏两江总督的标兵两个营；从曾国荃部调来、由程学启统带的开字两营；由滕嗣林、滕嗣武兄弟统带的林字两营；由陈飞熊统带的熊字营；由马先槐统带的坦字营。

二月初四日（3月4日），曾国藩应李鸿章之请，来城外再次检阅淮军，淮军正式成立。这时淮军已有十一营了。各营官互不隶属，只听命于李鸿章一人。

③攻打上海失利

同治元年（1862）春，太平军所面对的形势越来越紧张。三四月份（4—5月），曾国藩派其幕僚李鸿章率六千多名淮军到达上海。一到上海，李鸿章立刻伙同洋鬼子计划新一轮进攻，形势骤然紧张。四月十四日（5月12日），李秀成亲率大军由苏州启程，进军上海，立刻扭转了战场形势，太平军狠狠打击了外国侵略者，挫败了他们的锐气，振奋了太平军军心。

五月二十一日（6月17日），李秀成率太平军慕王谭绍光、听王陈炳文、纳王郜永宽等部五六万人逼近上海，对虹桥淮军兵营发起猛攻，狂轰滥炸程学启等营。

在这之前，洋人曾要与李鸿章联合作战，遭到拒绝；又提出由他派淮军守城，仍被拒绝，他说："吾所将数千人皆战兵也，能合不能分，岂区区守此二城者乎？俟寇自来送死，观我胜之。"这回太平军已兵临城下，李鸿章相约各营将领：一定要打好此仗，因为到上海两个月以来，一个痛快仗还没有打过，会被洋人看扁了；应该趁机以逸待劳，发起强攻，不可坐失良机。未刻，李鸿章亲率春、树、庆、熊、坦字各营，分成六队，由排炮轰击掩护，分路前往救援。当情势危急时，洋人有数千兵力，却在洋泾浜袖手旁观。李鸿章见状，心急如焚，便抛开生死，一马当先，官兵见主帅身先士卒，也都勇往直前。程学启部也趁势突围，内外夹攻。三千余名太平军被杀，剩下的撤退到泗泾。

正当此时，天京城告急，"天王一天之内三次派人去松江"，督促忠王回援天京，李秀成被迫放弃松江，于五月二十六日（6月22日）回到苏州。至此，太平军结束了大规模攻打上海的军事行动。李秀成撤出太平军主力后不久，太平军相继丢失在上海附近的城镇。到是年九月（11月），清军已全部占领上海附近数县地方。

多方面的原因造成了太平军二次攻打上海失利，而外国侵略者公然协助清朝剿杀太平军是其中最重要的一条，而太平军恰恰没有警惕这一点，没有认清其凶残的本性。

这也表明，中国人民的革命斗争同时面对国内、国外两股敌对势力。太平天国的英雄们在强大的外国侵略者面前英勇不屈、浴血奋战的大无畏精神将永远是历史书上光辉闪耀的一页。

第十章 天国覆亡

2. 苏、常失陷

同治二年五月十一日（1863年6月26日），李鸿章上《分路规取苏州折》。这时淮军占据了松沪地区十余县，拥有四五万兵力，得以立足，可以向外拓展势力了。李鸿章计划兵分三路：由程学启率领中路由昆山进苏州；由李鹤章和刘铭传带领北路由常熟进江阴、无锡；由李朝斌带太湖水师作为南路由泖殿河进吴江、太湖。三路之外，以黄翼升率淮阳水师作为机动部队；以常胜军驻扎昆山接应各路；以驻于金山卫的潘鼎新部，驻洙泾的刘秉璋部，驻张堰的杨鼎勋部，联合抵御太平军攻袭松沪后路，进行了极为周密的部署。

五月二十二日（7月7日），李秀成返回苏州，与战将商定兵分四路，进攻苏州外围城镇，不料此时天京又出现紧急情况，李秀成被迫再次回援，至此苏州战区形势逆转。

在苏浙交界，六月十二日（7月27日），程学启和戈登共同攻占了太湖枢纽花泾港。十四日（29日）又夺取吴江和震泽县城，清军水师因此得以直下太湖，同时割断了驻守浙江嘉兴和江苏苏州的太平军之间的联系。

七月二十九日（9月11日），李鸿章亲督郭松林、滕嗣武等各军夺取荡口镇，并一路追击，兵临苏州城下。太平军纳王退守苏州城内。

在北路，经多次交战，八月初一日（9月13日），李鹤章、刘铭传、郭松林、黄翼升等攻占江阴。太平军广王李恺顺撤至常州。李鸿章上奏朝廷说，江阴俯常州、无锡之背，是太平军南北往来必经之地，现经二十余日血战，十余万太平军援军被击溃，两万多人被歼灭，而淮军官兵也有一千多人的伤亡。这番战斗确实艰苦。苏州就是下一个目标。

太平天国后期军事统帅忠王李秀成以苏州为大营，它位于东南水陆要道，具有重要的战略地位，李秀成全力以赴争取。他率慕王谭绍光、洋人白齐文火速援救。但十六日（28日）城东南宝带桥被淮军夺去，三十日（10月12日），白齐文献给天国的高桥小火轮被烧毁。轮船上支持太平军的洋人也伤亡惨重。

九月十二日（10月24日），淮军程学启率陆军，李朝斌率水师，戈登率他的"常胜军"乘坐轮船，对苏州盘门以外的五龙桥发动联合进攻。十五日（27日），淮军再次抵达吴江，太平军又受挫。二十日（11月1日），苏州齐门外的蠡口太平军营盘被攻克。

李鸿章于十月十二日（11月22日）到苏州亲自督战。十五日（25日），程学启和戈登移师吴江，击溃太平军三万浙江援军。十七日（27日），戈登等遭到有准备的太平军的重挫，如果太平军的纳王出兵，戈登等会被全部歼灭。

十九日（29日），戈登与淮军再次攻打苏州城，恰好遭遇忠王李秀成所率三百名卫队，戈登失利，但因纳王等不听命于忠王，以致李秀成和谭绍光反被淮军用四十六门大炮打败。苏州城外的宝带桥、五龙桥、蠡口、黄埭、浒墅、王瓜泾、观音庙、十里亭、虎丘及附近石垒相继失守。太平军纳王郜永宽等见回天无力，找到原为太平军、现为淮军副将的刘国能，通过他转而向程学启和戈登等求降。

二十日（30日），李秀成见军心溃散，带所部人马万余人连夜出城。

二十二日（12月2日）夜里，双方在苏州城北的阳澄湖上程学启的一只船上订立降约，纳王郜永宽等许诺除掉慕王谭绍光后领兵来降，降后须授予二品顶戴。程学启信誓旦旦，戈登也说李鸿章此次绝不会杀掉降兵。尔后，程学启与纳王就具体事宜进行商谈。次日，程学启告知戈登，纳王等人已决定投降，仍主战的只有慕王。于是戈登要求李鸿章善待降兵，李鸿章接受了。

二十四日（4日），太平天国纳王郜永宽、比王伍贵文、康王汪安钧、宁王周文佳，及天将范起发、张大洲、汪绳武、汪有为八人在商讨军事时，杀死慕王谭绍光。夜间，郜等开城投敌献上谭的首级，苏州失陷。

苏州城失守后，天京在长江下游最重要的屏障和饷源也丧失了。

十月二十九日（12月9日），李鸿章进据苏州，督率僚属处理善后。城内共有十几万降兵难民，拨放路费给原籍广东、湖北、湖南、江西者，把他们遣返回籍；另行安置安徽、浙江、江苏者。同时，对新的军事行动进行部署。

十一月初二日（12月12日），郭松林、李鹤章、刘铭传夺取苏州西北的无锡、金匮，活捉太平军潮王黄子隆父子。

太平天国主帅李秀成兵败返回天京。天京城内发生人相食的惨剧。

李鸿章预测次年春夏将全面扭转局势。他写信给曾国荃，告知已令人代购六十八磅洋炮，为他攻打金陵助一臂之力。近代武器使李鸿章尝到了甜头，因此他开始传经送宝了。

李鸿章随即兵分两路攻打常州。同治二年十一月初八日（1863年12月18日），淮军攻打戚墅堰，常州保卫战的序幕拉开了。

十一月十四日（12月24日），淮军刘铭传部攻占常州东北门外十余座太平军营垒。十一月十七日（12月27日），常州西门外的几处重要关隘如奔牛、罗墅湾、石桥湾等失守。十一月二十八日（1864年1月7日），李鸿章又拿下了常州南门外的德安桥营垒。敌军势如破竹，包围了常州。常州守将护王陈坤书一面全力固守，一面飞函向章王林绍璋求援。陈坤书立刻与来自句容、丹阳的援军进攻淮军，夺回石桥湾、罗墅湾等关隘，一部分援军进入城内协助常州守军一起抗击敌人。

此时，陈坤书及其援军尚有十余万兵力，李鸿章见难以强攻，不急于求成，对常州展开围攻，抽调一部分主力攻打外围各县，一部分兵力仍然围困常州，牵制陈坤书主力。同治三年正月十二日（1864年2月19日），戈登率"常胜军"协助淮军攻打宜兴。正月二十四日（3月2日）宜兴陷落，二月初一日（3月8日）溧阳又失，常州形势更加紧张，城内守军与外部援军里应外合攻击，仍未得手。

三月十日（4月15日），李鸿章视察常州，淮军已经久攻常州三四个月，仍攻不下。他亲自部署。十八日（23日），戈登率领"常胜军"抵达，炮击城池，构成四面长围。但常州城内的太平军接受苏州教训拼死固守，决不投降。二十二日（27日），刘铭传率淮军、戈登率"常胜军"，以大炮轰城。太平军全力反击，大败淮军，击毙一千五百多名淮军和"常胜军"。"常胜军"的将领马敦等十人丧命。

后来，淮军以四万兵力，又凭借常胜军炮火猛攻，才在四月初六日（5月11日）炸塌城墙，一拥而入。护王陈坤书率众进行巷战，终因寡不敌众而被俘，后在东门被处以极刑。陈坤书是太平军中除陈玉成、李秀成和李世贤外很有资历的首领，他的阵亡，对太平军是一大打击。

因常州太平军拒不投降，这次淮军便大肆屠城，以致血流成河。城破五十余日，仍没有人清理，臭气熏天。守城淮军禁止乡民入内，每天又到农村大肆搜捕。各处田地荒芜，一片萧条，并被恐怖所笼罩。常州陷落有着和苏州失守相同的原因，又加上此时处于太平天国的末期，包括李秀成在内的许多人已心灰意冷。李鸿章积极进行诱降，致使意志薄弱的守将纷纷降敌，太平军的力量大为削弱。常州陷落后，天京城已危在旦夕。

四、天王陨灭

1. 雨花台会战

曾国荃部夺取安庆之后，便顺江而下，直逼金陵。同治元年五月，湘军的水陆主力抵达金陵城下。直到同治三年六月攻克金陵，湘军屯兵金陵城下长达两年两个月。

在太平天国方面,洪秀全仍然深居宫中,对国事置之不理,只迷信上帝,甚至声称:"朕天生真命主,不用兵而定天下一统。"他首先重用幼西王萧有和,其次重用王长兄洪仁发、王次兄洪仁达,再次重用干王洪仁玕,第四重用驸马钟姓、黄姓,领军打仗的陈玉成和李秀成排在其后。陈玉成被杀后,李秀成、李世贤兄弟掌握了太平军的主要力量。而李秀成统领的七八十万人大多是他挺进赣、鄂和进攻苏、浙时征募的,成分复杂,纪律不严,缺乏战斗力。同时,太平天国贪污贿赂之风盛行,日益腐败,李秀成在天京、苏州都有豪华的王府。太平天国在政治上如此堕落,使曾国藩及其湘军有机可乘。

却说曾国荃攻打江宁,李秀成前去救援,曾国藩派遣江浙军协助其弟镇压,然而援兵却久拖不至,此时江宁及苏浙三处,都在激战。曾国荃还没有一万兵力,加上杨、彭两路水师,仍不足两万人,而且不少士兵因疾病流行而丧命,情势十分危急,突闻李秀成率数十万太平军,大举来攻,曾国荃赶紧加强工事,准备拼死固守。太平军发起强攻,曾国荃坚守不出,李秀成一时攻不下,便建造二百余座营垒,围住曾国荃营。曾国荃日夜不宁,只指挥三军,全力抵抗。李秀成令部众轮流攻打,前赴后继。不料曾国荃很是厉害,未让太平军占到任何便宜。双方连续大战十昼夜,到第十日早上,炮声震天,不绝于耳。曾国荃部将倪桂,立刻率军堵截,一颗炮弹从天而降,坠地爆炸,火星遍地都是。倪桂中弹身亡。军士连声说:"这是开花炮!这是开花炮!"还没说完,曾国荃已怒马冲出,斩杀了第一个叫开花炮的人,然后上前亲挡炮弹。第二个炮弹恰好又射来,曾国荃用手中令旗抵挡,那弹坠入壕中,却未爆炸。军士看了,才知开花炮弹也有不炸的,便壮了胆,勇往直前。曾国荃下令飞掷火箭、火球,杀死了不少太平军。次日,灰蒙蒙的天下着雨,开花炮发不了威。连日降雨,太平军用枪攻打,曾国荃令军士持枪回击,相持之下,一粒子弹击中曾国荃面部,血流如注。他咬牙督战,军士见主帅这般顽强,自然拼死抵敌。到第十六日间,李世贤又从浙江率大军援助李秀成,一到壕外,就发起强攻。这时候,曾营将士已走投无路,干脆拼死一搏,经过两昼夜激战,才稍稍休息。曾军伤亡惨重,曾国荃极力抚慰将士,亲自为他们包扎伤口,部众十分感动,越发效忠于他。

几天后,太平军稍有懈怠,曾国荃对众将道:"当心有诈!"果然到了第二天清晨,一声怪响,土石飞起,数丈壁垒坍去,太平军一拥而入。曾国荃立刻下令乱掷火球,夹以枪炮,支撑了足足三个时辰,击毙了几千名进来的太平

第十章　天国覆亡

军,也堵好了缺口。太平军未能得手。嗣后太平军暗地开挖地道,私埋火药。曾国荃分军为三,一军专务防堵,一军增筑内墙,一军专挖地道。太平军挖了七处地洞,都被曾营发觉并堵住,太平军再次受挫。曾国荃突然开城迎战,兵将士气正旺,气势汹汹杀出,令太平军大惊失色。曾国荃很快攻破十余座营垒,歼灭数百人,方才回营。太平军见难攻下曾营,于是分兵攻打饷道,饷道由曾国葆防守,早已严加戒备。曾国葆染了病,寒热交乘,此时强力支撑,指挥作战,屡战屡胜。曾国荃又出兵援助,杀退太平军。自同治元年闰八月十九日起,直至十月初四日,共计四十六天,曾国荃全力攻打太平军,誓死破敌,军士也奋勇拼杀。初五日黎明,太平军再次发动进攻,曾国荃率全营军士出城迎战。这次更加凶悍,攻克数十座敌营,太平军节节败退,李秀成、李世贤无法招架,被迫撤退,曾国荃始解大营之围。这是湘军首次恶战。面对太平军,湘军坚守不出,双方僵持了三日,太平军耗费了大量武器弹药,被迫减缓攻势。李秀成从两线出击、战线过长中吸取教训,在东路集中兵力。九月十二日（11月3日）再次进攻雨花台湘军,遭遇顽抗,太平军损失较重。曾国荃依然固守,太平军损失东路的同时,湘军积极联系安庆曾国藩,而太平军却忽视了这一点,没有设法切断曾国荃部湘军与总部的联系。曾国荃以此获得大量人力和物力的支援。从九月初（10月下旬）开始,曾国藩全力向湘军雨花台大营提供补给;相反,李秀成大军不但没有天京方面的支援,还要运粮食弹药入城。城外的十余万大军需自己解决日用口粮给养。随着冬季来临,士兵"缺衣少粮",两相对峙。九月初（10月下旬）,李秀成见攻破雨花台湘军营垒无望,只得分路撤出。这场持续了一个半月的大会战确实沉重打击了曾国荃的湘军,此时曾国荃的湘军更加无力攻打天京城。然而,雨花台大会战没有实现太平军的预期目的,未能解除天京之围,表明太平天国战斗力大不如前。

2．兵败如山倒

雨花台会战受挫后,洪秀全决定"进兵北行",这便是曾国藩所谓的"进北攻南"。这种战略实际上仍是第二次攻克江南大营时采取的"围魏救赵"的计策。由李秀成率军渡过长江,挺进皖北,再攻武昌,迫使围攻天京的曾国荃部湘军前去救援,从而解除天京之围。

同治元年十月十八日（1862年12月9日）,章王林绍璋和对王洪春元率领太平军先遣部队,渡过长江,迅速夺取含山、巢县、和州等地。李秀成正打算领兵跟进,得知江苏常熟太平军守将骆国忠投降,常熟陷落。李秀成立刻由天京奔赴苏州,联合慕王谭绍光共同讨伐叛徒,欲收复常熟。不料遭遇李鸿章的淮军和洋人"常胜军"的截击，没能得手，被迫放弃常熟。同治二年正月中旬（1863年3月）进入安徽，夺回两浦。皖省境内本是太平军的粮仓，但连年征战和湘军的暴政造成田地荒芜，一片萧条。在这里太平军不但没有充足的粮食，反而要用自己的粮食救济饥肠辘辘的贫苦百姓。

三月二十五日（5月12日），李秀成大军对六安州发起进攻，曾国藩赶紧从庐州调悍将鲍超，从无为州调毛有铭率军援助六安州守军。在极端的困境中，太平军久攻不下，伤亡惨重，被迫撤离六安州。四月初二日（5月19日）经寿州边界东退，途中又遭遇太平军的死对头苗佩林（沛霖），被长久围困，很多士兵因缺粮而饿死，退入巢县。不久，又失巢县。李秀成本打算由此进入湖北，与陈玉成的余部陈得才会合。此时，陈得才部太平军已进入河南、陕西地区，无法会师，被迫东返，四月二十四日（6月10日）抵达天京。正在此时，曾国荃的湘军在雨花台又强攻天京，太平军丧失聚宝门外阵地，天京危在旦夕，洪秀全急诏回援。李秀成撤离天长经九洪洲返天京，在九洪洲被湘军南北夹击，遭受重创，"进北攻南"的计划破产。

五月初五日（6月20日），李秀成回到天京，洪秀全立刻封他为真忠军师，命他驻守天京城。正在此时，下游形势进一步恶化，苏州、杭州先后传来警讯。李秀成留京不到十日，便于五月十三日（6月28日）奔赴苏州。湘军趁李秀成不在再次进攻，李秀成闻讯后又赶紧回援天京。七月中旬（8月下旬），李秀成率军攻打围困天京的鲍超大营，未能得手。

七月下旬（9月初），东线情势又趋恶化。如果失去苏、杭，首都唯一的接济基地也将丧失，天京将完全陷于孤立，后果极为严重。为此，李秀成再次要求回援东线。天王鉴于首都陷于危境，雨花台失守，可以委以防务重任的人一时又找不出，没有同意。苏州城陷落后，李秀成驻扎丹阳，其族弟侍王李世贤驻扎溧阳，曾建议李秀成前去，另做打算，遭到拒绝。在极端的危境中，虽然李秀成不满天王，但从未生背叛之心。十一月初十日（12月20日），李秀成返回天京，首都的形势更加危急。天京西南的博望镇，天京东南的上方桥、上方门、高桥门、双桥门、方山、土山、秣陵关、中和桥，天京城东的淳化、解溪、隆都、湖墅、三岔镇及孝陵卫等战略要地都被湘军攻克，太平军只控制着天保城、地保城、神策门、太平门等几处据点。更为严重的是天京城已与外界失去联系，天京城的粮源被切断。

在这种情势下，李秀成意识到已无法保住天京。为此他上奏天王，称"京城不能保守，曾帅兵困甚严，壕深垒固，内无粮草，外救不来，让城别走"。

第十章 天国覆亡

但是，久居深宫作威作福的洪秀全此时斗志已荡然无存。洪秀全原本借助"拜上帝会"动员群众进行斗争，现在他深陷其中不能自拔，完全被束缚了手脚，认为"天父""天兄"会保佑他化险为夷。因此，他对"让城别走"的建议断然拒绝。

洪秀全此时只有天京一处要地，其他散布在赣皖的余部已成强弩之末。洪秀全自知走投无路，便大肆封王，希望他们感恩图报，不料事与愿违，反而导致令不行、禁不止。曾国荃得知已夺取苏、浙，独未克江宁，不断激励诸军，发起进攻。李秀成领数万败众，驻守丹阳、句容间，亲率数百骑入江宁，建议洪秀全放弃天京，遭到拒绝。李秀成写信给李世贤，约他就守江西，自留江宁助守，不断攻打曾国荃营。曾国荃招兵买马，先夺雨花台，又克聚宝门外九座石垒，分军驻守孝陵卫。只江宁对岸重镇九洪洲，太平军凭借数百战舰，严加防守，与城中呼应同时截击长江。太平军还聚集在阑江矶、草鞋峡、七里洲、燕子矶、上关、下关诸隘，气势很旺。杨载福已更名岳斌，率水师至九洪洲，与彭玉麟分兵夹攻。彭玉麟自草鞋峡进，杨岳斌自燕子矶进，一路火炮齐发。洲两岸遍布芦荻，杨岳斌浇上油，火势迅速蔓延，焚毁许多太平军屯船，彭玉麟率总兵成发翔登陆南岸。北岸太平军，仍大战杨岳斌，总兵胡俊友阵亡，杨岳斌怒不可遏，传令洲破才收兵。部将俞俊明、王吉、任星元等，轮流攻打，到了傍晚，将士趁暗登洲，奋勇向前，竟破九洪洲，将敌军全部歼灭，并获三百匹马。

自破此洲后，江宁更加危急，曾国荃乘胜占据钟山石垒。这钟山石垒，太平军称为天保城，是江宁城外第一屏障。曾国荃攻克后，便包围了天京。鲍超又夺取句容、金坛，太平军逃到江西，鲍超联合杨岳斌水师，穷追不舍。彭玉麟又进驻九江。清廷担心曾国荃势单力孤，命李鸿章去江宁增援。曾国荃自攻打江宁以来，呕心沥血，历尽千辛万苦，才团团围住江宁城，此时大功告成在即，偏有人出来分功，不仅曾国荃不愿，连曾国荃部下诸将士，也都忿忿不平。李鸿章本是曾国藩举荐，自然不欲与曾国荃争功，借口有病不往，将五十万两轮船经费，资助曾国荃营。

曾国荃又激励将士，夺取龙膊子山阴坚垒，这垒比钟山还要坚固，太平军称其为地保城。曾攻占地保城，就在城上搭建炮台，炮轰城中。可怜城中弹尽粮绝，最后只能以草根树皮充饥。时间一久，天王也患了病。但洪秀全迷信上天，拒不服药，致使身体每况愈下。同治三年四月二十七日，洪秀全病逝，风云跌宕的一生画上了句号，终年五十一岁。天王临终前下了最后一道诏旨："大众安心，朕即上天堂，向天父天兄领到天兵，保固天京。"由此可见洪秀全对上帝迷信到了何种程度。

3. 血染天京城

洪仁发、洪仁达等，拥立只有十五六岁的幼主福瑱登基。曾国荃得知后，令军士轮流进攻，连凿三十余穴地道，却都被城内堵住。曾国荃部将李臣典，又率吴宗国等，在敌军炮火密集的地方开挖地道。至六月十六日，地道竣工，曾国荃下令放置引线，用火点燃。只听轰隆一声响，二十余丈城垣被炸塌，李臣典率官军蜂拥而入，太平军火药倾盆而下，军队稍退。彭毓橘、萧孚泗等，亲手杀了数人，振奋了军心，兵士又分路进击。王远和、王仕益、朱洪章、罗雨春、沈鸿宾、黄润昌、熊上珍等攻打中路，直逼天王府。刘连捷、张诗日、谭国泰、崔文田等，攻打右路，由台城入神策门。朱南桂、朱惟堂、梁美材诸人，正好也登入神策门，兵力增加，鏖战至狮子山，攻占仪凤门。彭毓橘、武明良等从左路，自内城旧址，逼近通济门。萧孚泗、熊登武、萧庆衍、萧开印等，又分路攻下朝阳、洪武二门。这时太平军忠王李秀成展开巷战，见回天无力，打算奔往旱西门，不料清将陈湜、易良虎等，正从旱西门杀入，其被迫返回清凉山，藏在民房里。黄翼升率水师占领中关、拦江矶石垒，逼近旱西门，遂与陈湜、易良虎攻下水西、旱西两门，至此湘军已攻破全城各门。

天色已晚，只是还没攻入天王府，曾国荃令军士稍事休息，命王远和、王仕益、朱洪章等，趁夜进攻。三更时，千余悍党忽然从天王府冲出，手执洋枪，狂奔向民房街巷。官军任由他去，进入天王府内，把火扑灭，查验遗尸，多是府内宫女，洪秀全尸首及幼主福瑱却没发现。天亮了，曾国荃下令闭城，进行了三天的大肆搜杀，击毙十余万太平军。到十九日，萧孚泗俘获洪仁发、李秀成等，才得知秀全尸首埋于宫内，幼主福瑱乘官兵夜战时，已由缺口逃亡。至此，太平天国建都十二年的天京全部沦陷。太平军进行了艰苦卓绝的斗争以保卫天京。当时，天京城内仅有三万人，一万多太平军战士只有三四千人能守城。但是他们英勇顽强，坚韧不拔，令人钦佩。连曾国藩也承认："自得天堡城后，城中防守益密，地堡城扼住隘路，百计环攻，无隙可乘"；"此次金陵城破，十万余贼无一降者，至聚众自焚而不悔，实为古今罕见之剧寇"。太平天国战士用自己的鲜血在中国农民起义战争史上写下了最悲壮的一页。曾国藩、曾国荃向朝廷请功时说："此次攻城剿洗老巢之难，与悍贼拼死鏖战之苦，实为久历戎行者所未见。"这从侧面表明了太平军战士大无畏的革命气概。

第二天，李秀成被押往湘军大营，曾国荃对几年来使其大伤脑筋的太平天

第十章　天国覆亡

国骁将恨之入骨，将李秀成施以酷刑。面对敌人的凶残，李秀成毫不屈服，表示"唯死而已，顾至江右皆旧部，得以尺书散遣之，免戕贼彼此之命，则瞑目无憾"。敌人也说"忠酋殊不动"。六月二十五日（7月28日），曾国藩从其湘军总部安庆奔赴南京，亲自审讯李秀成。在敌人的大牢里，李秀成用了九天时间，写下了多达五万字的《自述》，对自己的家世及太平天国十几年的奋斗史进行追述；从太平天国的失败中总结出"天朝十误"，建议"防鬼为先"；为了使太平军余部将士不再送命，提出了由自己亲自出面召集仍与清军为敌的太平军余部的"招降十要"；呼吁曾氏兄弟"用仁爱为刀，而平定天下，不可以杀为威，杀之不尽，仁义而服世间"。这仅仅是李秀成的良好愿望，事实上绝对不会实现。

七月初六日（8月7日），李秀成在写完《自述》的当天下午，就在南京被曾国藩杀害了。

幼天王失去与李秀成的联络后，在身边将士的誓死保卫下，经句容于六月二十六日（7月29日）抵达浙江湖州。当时，堵王黄文金驻守湖州。当时驻军安徽广德州的洪仁玕听说幼主已到湖州，便立刻率军前往。群臣认为："湖州缺兵少粮，难以久持，所以决定去建昌、抚州等处同侍王、康王一道移师湖北，再与翼王、扶王等会师。"堵王黄文金接受了洪仁玕的提议，撤离湖州，同幼天王共赴广德州。七月底（8月底）由广德动身挺进宁国，遭到敌人截击，改道浙江昌化，打算同侍王李世贤部会合。然而，李世贤此时已入福建。堵王黄文金途中不幸病故。骁将黄文金身经百战，功劳显赫，手下部众骁勇善战。堵王之死导致军心涣散。侍王已走，堵王病故，几千太平军将士在浙江、江西漫无目的地转战，九月上旬（10月上旬）抵达石城，敌军趁夜偷袭，太平军大败，洪仁玕面对敌人，英勇不屈，二十五日（11月23日）在南昌就义。

幼天王与洪仁玕失散后，独自在荒山野岭躲了四天，后被清军俘获，押至席宝田部。尽管幼天王尚少不更事，仍逃不过凶残的敌人的魔掌，十月二十日（11月18日）在南京被杀害。十月廿五日，曾国藩起草并亲自书写了一篇碑文，立于金陵城垣坍塌的龙膊子。文曰：

> 道光三十年，广西贼首洪秀全等作乱。咸丰三年二月十日，陷我金陵，据为伪都。官军围攻，八年不克。十年闰三月，师溃。贼势益张，有众三百万，扰乱十有六省。同治元年五月，浙江巡抚曾国荃率师进攻金陵。三年六月十六日，于钟山之麓，用地道克之。是岁十月，修治缺口工

竣，镌石以识其处。铭曰：穷天下力，复此金汤；苦哉将士，来者勿忘！

这块碑显示了湘军和曾氏兄弟所取得的重大胜利，更反映了太平天国革命的悲壮。

轰轰烈烈的太平天国运动最终被清政府和外国侵略者联合剿杀了，这场农民大革命持续了十四年，转战十八省，不但沉重打击了腐朽的清王朝，也让整个世界为之震撼。洪秀全作为这场农民运动的领袖，是在一次次的对敌斗争中成长起来的。他从屡试不第的封建文人转变为杰出的农民革命领袖，志在解救苍生，并为之坚定不移地奋斗，借助拜上帝会，发动和组织群众同敌人进行了艰苦卓绝的斗争，建立了自己的"天国"。受历史的局限，他既高举反封建大旗，又深受皇权主义的束缚；他既积极无畏地反对侵略，又陷入宗教迷信不能自拔；他既是伟大业绩的创造者，又是历史悲剧的书写者。虽然太平天国以失败而告终，但洪秀全不愧为伟大的农民革命英雄，他的名字及他的不朽业绩将永垂青史。